新世纪高职高专
国际经济与贸易类课程规划教材

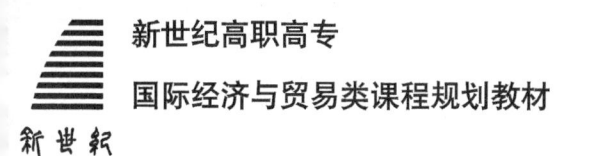

国际商法

(第二版)

新世纪高职高专教材编审委员会 组编

主　编　吴　薇　廖晓虹
副主编　彭彩虹　李　洁

大连理工大学出版社

图书在版编目(CIP)数据

国际商法 / 吴薇，廖晓虹主编. -- 2 版. -- 大连：大连理工大学出版社，2021.2(2024.8重印)
新世纪高职高专国际经济与贸易类课程规划教材
ISBN 978-7-5685-2795-8

Ⅰ. ①国… Ⅱ. ①吴… ②廖… Ⅲ. ①国际商法－高等职业教育－教材 Ⅳ. ①D996.1

中国版本图书馆 CIP 数据核字(2020)第 242767 号

大连理工大学出版社出版

地址：大连市软件园路 80 号　邮政编码：116023
发行：0411-84708842　邮购：0411-84708943　传真：0411-84701466
E-mail：dutp@dutp.cn　URL：https://www.dutp.cn
北京虎彩文化传播有限公司印刷　大连理工大学出版社发行

幅面尺寸：185mm×260mm　印张：16.25　字数：374 千字
2014 年 8 月第 1 版　　　　　　　　　2021 年 2 月第 2 版
2024 年 8 月第 3 次印刷

责任编辑：夏圆圆　　　　　　　　　　责任校对：刘丹丹
　　　　　　　　封面设计：对岸书影

ISBN 978-7-5685-2795-8　　　　　　　定　价：49.80 元

本书如有印刷质量问题，请与我社发行部联系更换。

前　言

《国际商法》(第二版)是新世纪高职高专教材编审委员会组编的国际经济与贸易类课程规划教材之一。

我国加入世界贸易组织以来正在日益融入世界经济大循环,国际化趋势成为中国企业的必然选择,各种涉外商务活动也越来越频繁,国际商法知识的应用越来越广泛,企业要求外贸职业技能人才具有相应的法律知识和应用能力。本教材正是为满足高等职业教育培养国际贸易专业人才的需求而编写的,力求通过理论与实践的教学,培养和提高学生理解和处理国际商事活动中法律事务的能力。

为了适应高职高专的教学规律和特征,本教材的内容按照国际贸易专业国际商法课程的教学大纲要求设置,在专业教学计划整体上考虑内容的取舍,力求与其他国际贸易专业课程(如国际贸易实务、国际结算等)有机衔接,做到既相互联系、互为补充,又不过多重复。选择适当的深度和角度,以实用、管用、够用为度,完善国际贸易专业学生的法律知识架构。教材设定了"了解""理解"和"掌握"三个层次的学习目标,内容全面覆盖知识点,言简意赅,够用为止,不过于深究理论。

本教材的内容包括绪论、国际商事组织法、商事代理法、国际商事合同法、产品责任法、与贸易有关的知识产权法、票据法以及国际商事争议的解决。练习与实践部分指导学生对每章应掌握的知识点进行练习,紧密配合实践设计习题,并结合每章的特点,充分引入案例,使学生掌握重要的基础知识和基本技能。

具体来说,本教材有以下特点:

1. 根据高职高专层次教学的实际情况,内容按需设计,讲究实效。

2. 在理论方面,既注重系统性,又讲究实用性和针对性。

3. 以实例问题引导课程内容,最终回到解决问题上来,增加了案例阅读、案例分析、训练和演练的比重,以培养学生独立分析问题和解决问题的能力。

4. 内容深入浅出、简明扼要，既方便教师教学，又方便学生自学。

5. 以应用为目标，将引导案例、课程内容、案例阅读和课后训练等内容密切衔接。

6. 注重国际贸易活动的工作特点和工作内容，知识运用更加注重实际效果。

本教材适用于高职高专以及应用型本科院校国际贸易及相关专业的教学需要，可以作为教学用书，也可以作为企业职业资格培训教材，还可以作为外贸工作人员自学的参考用书。

本教材由广东轻工职业技术学院吴薇、广东工贸职业技术学院廖晓虹任主编，广东工贸职业技术学院彭彩虹、武汉交通职业学院李洁任副主编。本教材的编者大多是"双师型"教师。其中吴薇是高级国际商务师，执业律师；廖晓虹、彭彩虹都是法学硕士、经济师，也都是有实践经验的执业律师。编者能够将现实素材加入本教材的编写中，内容取舍有度，表述言简意赅、深入浅出。

在编写本教材的过程中，我们参考了众多专家、学者的著作和研究成果，在此表示衷心的感谢！请相关著作权人看到本教材后与出版社联系，出版社将按照相关法律的规定支付稿酬。

虽然编者尽心竭力，但限于水平，加之时间仓促，教材中仍可能存在错漏，恳请读者批评指正。我们会跟踪使用效果，不断发现问题，总结经验，提高教材的质量水平。

编　者

2021 年 2 月

所有意见和建议请发往：dutpgz@163.com
欢迎访问职教数字化服务平台：http://sve.dutpbook.com
联系电话：0411-84707492　84706671

目 录

第一章 绪 论 ... 1
- 学习目标 ... 1
- 第一节 国际商法概述 ... 2
- 第二节 西方国家两大法系 ... 4
- 第三节 中国现行法律 ... 8
- 练习与实践 ... 10

第二章 国际商事组织法 ... 12
- 学习目标 ... 12
- 第一节 商事组织概述 ... 13
- 第二节 个人独资企业法 ... 14
- 第三节 合伙企业法 ... 16
- 第四节 公司法 ... 30
- 练习与实践 ... 54

第三章 商事代理法 ... 58
- 学习目标 ... 58
- 第一节 代理法概述 ... 58
- 第二节 代理权的产生与代理关系的终止 ... 61
- 第三节 无权代理与特殊代理 ... 65
- 第四节 代理的内部与外部法律关系 ... 71
- 第五节 中国的外贸代理制度 ... 76
- 练习与实践 ... 77

第四章 国际商事合同法 ... 80
- 学习目标 ... 80
- 第一节 合同法概述 ... 81
- 第二节 合同的成立与生效 ... 84
- 第三节 合同的履行 ... 90
- 第四节 合同的变更、转让与终止 ... 96
- 第五节 合同的违约责任与救济 ... 102
- 练习与实践 ... 107

第五章　产品责任法 110
　学习目标 110
　第一节　产品责任法概述 111
　第二节　美国的产品责任法 117
　第三节　关于产品责任的国际公约 126
　第四节　中国的产品责任法 131
　练习与实践 136

第六章　与贸易有关的知识产权法 139
　学习目标 139
　第一节　知识产权法概述 140
　第二节　专利法 143
　第三节　商标法 151
　第四节　著作权法 158
　第五节　知识产权的国际保护 166
　练习与实践 177

第七章　票据法 180
　学习目标 180
　第一节　票据概述 181
　第二节　票据法律关系、票据行为与票据权利 186
　第三节　汇票、本票和支票 192
　第四节　国际支付方式 201
　练习与实践 207

第八章　国际商事争议的解决 212
　学习目标 212
　第一节　国际商事争议 213
　第二节　国际商事仲裁 216
　第三节　国际商事诉讼 241
　练习与实践 251

参考文献 253

第一章
绪 论

学习目标

通过本章的学习,学生可了解国际商法的基本概念;了解国际商法与相关法律部门的关系,理解国际商法的调整对象,理解并掌握国际商法的渊源;掌握两大法系的形成、特点及其发展趋势;了解我国的基本法律制度,初步建立法律观念。

案例导入

印度国贸公司(以下简称印度公司)分别与马来西亚的巴拉普尔公司、库帕克公司、纳林公司(以下简称马来西亚公司)签订了购买棕榈脂肪酸馏出物的合同,价格条件为 CIF 孟买。一个月后的 6 月 26 日,印度公司与马来西亚橡胶开发有限公司签订了购买烟花胶片和 20 号标准橡胶的合同,价格条件为 CFR 马达拉斯。7 月 2 日至 7 月 15 日,上述货物装上巴拿马东方快运公司的"热带皇后"号货轮。7 月 23 日,货轮驶往印度,8 月 5 日,货轮失去联系。印度公司与马来西亚公司分别从保险公司获偿。

同年 8 月 25 日,中国香港利高洋行与中国的兴利公司、广澳公司签订了出售成交确认书,广澳公司又同利高洋行签订了购买工业用棕榈油的成交确认书。两份成交确认书约定:货物的装船船名为"塔瓦洛希望"号。8 月 29 日,利高洋行通知广澳公司船已抵达中国汕头港,办理货物进关手续。广澳公司凭利高洋行提交的提单接收货物,但因橡胶无进口许可证,海关监管保存(当年10月至第二年4月,广澳公司将棕榈油卖掉,只留一点棕榈油做样品)。到9月份,取得印度公司和马来西亚公司"代位求偿证书"的保险公司得知"塔瓦洛希望"号货轮在中国汕头港卸下一批棕榈脂肪酸馏出物和橡胶,认为该货轮即为"热带皇后"号货轮,该货即为印度公司和马来西亚公司丢失的货物。由于追索未果,印度公司和马来西亚公司遂以广澳公司为被告向中国广东省高级人民法院起诉,要求广澳公司归还货物或返还货物的价款。

分析:
1. 广东省高级人民法院能否受案?本案适用哪国法律?
2. 广澳公司能否胜诉?是否要归还货物或返还货物的价款?

第一节 国际商法概述

一、国际商法的概念

1. 国际商法(International Commercial Law)的概念

国际商法是调整跨越国界或区域的商事组织之间从事国际商事交易活动所形成的各种关系的法律规范的总和。也就是说,国际商事关系的法律规范的总和构成国际商法。所谓法律规范,是指由国家制定或认可,依靠国家强制力保障实施的社会行为规范。法律规范的内容体现为法律主体的权利与义务。

2. 国际商法的调整对象

国际商法的调整对象是国际商事关系。所谓国际商事关系是指具有涉外或国际因素的商事关系。应该从以下三方面来理解:

(1)具有国际因素,是指商事关系的主体、客体或内容涉及不同的国家或区域。例如,当事人的营业地分处不同的国家,当事人具有不同的国籍,商事关系的对象位于当事人所在国之外的国家或地区等,这种商事关系被视为具有国际因素。

(2)所谓商事交易活动,不仅包括货物买卖,还包括技术贸易、服务贸易以及其他新型的国际商事交易方式。例如,国际投资、融资租赁、国际合作、项目开发和技术转让、国际咨询、金融保险、客货运服务等。

(3)所谓商事关系,是指平等主体之间的、以赢利为目的的经营活动所建立起来的社会经济关系。也就是说,商事关系必须具有商业性,商业性主要从主体的动机来考察,商事主体的行为动机是追求赢利,至于是否达到赢利结果,并不是考察商业性的标准。

3. 国际商法的研究范围

国际商法的研究范围也就是调整国际商事交易关系的法律,可分为以下几类:

(1)规范国际商事主体的国际商事组织法,主要包括独资企业法、合伙企业法、公司法。

(2)调整国际商事组织之间商事交易的法律,包括国际商事合同法、代理法、国际货物买卖法、国际运输与保险法、票据法等。由于国际商事交易的多样化和广泛性,使得商事交易法律越来越庞杂,本书仅就国贸专业常用法律加以介绍。

(3)解决国际商事争议的法律。解决国际商事争议的方式有协商、调解、仲裁和诉讼,涉及的法律主要是国际商事仲裁法和诉讼法等程序法。

二、国际商法的渊源

国际商法的渊源,是指国际商法创立的方式和表现形式,即国际法的形式渊源。国际商法的渊源主要有两个方面:国际法渊源(国际商事条约、国际商事惯例)和国内法渊源(各国商事立法或商事判例)。概括归纳为以下四种:

(一)国际商事条约

各国缔结的有关国际商事的国际条约或公约是国际商法的重要渊源。这方面的国际条约可以分为两种:一种是属于实体法规则的国际条约,如 1980 年《联合国国际货物销售合同公约》、1978 年《联合国海上货物运输公约》《国际汇票和本票公约》等;另一种是属于冲突法规则的国际公约,如《国际货物销售合同适用法律公约》《关于产品责任适用法律的公约》等。

(二)国际商事惯例

国际商事惯例,是指在国际商事交往中,由于长期、反复的国际实践而逐渐形成并受到普遍遵守的商事原则和规则。对国际商事活动有约束力的惯例须具备三个条件:(1)具有确定的内容,即具体包含了确定国际商事主体的权利和义务的规则;(2)它已成为国际商事活动中长期反复使用的习惯;(3)它是被普遍承认并具有拘束力的通例。

(三)国内立法

由于现有的有关国际商事的国际条约和惯例还远不能包含国际商事诸领域中的一切问题,而且现有的国际商事条约和惯例也尚未被所有国家和地区一致承认或采用。不仅如此,个人或企业在从事超越国境的经贸和商事活动时,也可能选择某国的国内法为准则。因此,国内法在国际商法中仍占有重要地位。作为国际商法渊源的国内法,主要是指各国制定的有关调整本国对外经贸关系方面的法律、法规、条例、决议、命令等,也包括英美法中具有拘束力的判例。

(四)判例

判例一直是英美法系国家的重要法律渊源,上级法院的判决对下级法院的审判具有拘束力。因此,在英美法系国家,判例是其商法的重要渊源。

三、国际商法的基本原则

国际商法直接反映国际商事交易关系的客观规律,具有很强的社会性和国际性。各国商法存在一些具有普遍适用意义的、共同的基本原则,主要包括以下原则。

(一)平等和公平交易原则

鉴于商事主体法律地位平等,市场经济的基本要求是平等交易和公平交易,因此商事主体必须在公平竞争、自主经营环境下从事交易行为,这也是国际商法体现的民法的基本特征。

(二) 自愿和诚实信用原则

商事主体必须根据交易习惯,按照诚实信用和善意的原则进行交易。禁止欺诈、胁迫和不正当交易行为,以维护公平交易原则。自愿和诚实信用原则也是民法的基本原则。

(三) 保障交易安全原则

商事立法对于交易安全的保护主要体现在强制主义、公示主义、外观主义和严格责任主义原则上。

(1) 强制主义原则,是指国家出于交易安全的需要对某些商事行为做强制性的规定的原则。例如,公司章程必须有必要事项的记载,公司议决重要事项必须符合法定程序,各种票据、提单、保险单、保函等商业证券必须符合法律规定的形式。这些规定对于防止欺诈与不正当的商业行为,维护社会交易的安全,起到很大的作用。

(2) 公示主义原则,是指交易当事人对于涉及利害关系人利益的营业上的事实,负有公示告知的义务。这一法律原则保护了社会交易人和不特定第三人的利益。公示主义原则在商法许多领域都有具体的规定。例如,根据公司法的规定,公司设立、增资、减资、解散等均应登记,非经登记不能发生法律效力。公司决议合并或减少资本时,应向各债权人发出公告。票据法规定,票据代理必须明确记载被代理人名称与代理文句,凡实施票据行为者,必须在票据上签名,并须依照票据所载之文义负责。这些都是公示主义原则的具体体现。

(3) 外观主义原则,是指交易行为的效果以交易当事人的外观为准。商法中有很多这类规定。例如,公司法规定,公司对公司董事或经理权力的限制,不得对抗善意第三人。票据法规定,在解释票据行为人意思表示的内容时,只能以票据上的文字记载为准。如果票据行为具备法律要求的形式要件,就不问其记载事项是否与事实相符,即使不相符,也只能遵循票据上的文义,而不影响票据行为的效力。这些法律规定也是外观主义原则的体现,其立法精神在于保护社会交易的安全。

(4) 严格责任主义原则,是指某些从事商事交易行为的人,对自己的行为所产生的后果,应承担特别严格的责任。例如,公司法规定,无限公司及两合公司的无限责任股东,对公司的债务负连带责任。票据法规定,票据的发票人、承兑人、背书人及其他票据债务人,对持票人负连带担保责任。现代产品责任法在处理产品责任案件时,普遍实行严格责任原则。凡此种种规定,都加重了商事交易当事人的责任,其立法精神也在于保护社会交易的安全。

第二节 西方国家两大法系

法系是根据各国法律的历史传统和特点不同,对其所做的分类。凡是属于同一历史传统并具有相同特点的国家法律划为统一法系。当代世界主要分为五大法系:大陆法系、英美法系、印度法系、阿拉伯法系和中华法系。其中大陆法系和英美法系对国际商法影响最大。

一、两大法系的结构特点

(一)大陆法系(Continental Law System)

1. 大陆法系的概念

大陆法系又称罗马法系、罗马-日耳曼法系、民法法系、成文法系、法典法系等,是世界上历史最久、影响最大、分布最广的一个法系。大陆法系是以罗马法为基础建立起来的,作为一个法系形成于13世纪的西欧。1804年的《法国民法典》和1900年的《德国民法典》标志着大陆法系的最后形成。

2. 大陆法系的主要特点

(1)大陆法系有完整的成文法体系,逻辑化的系统分类

大陆法系把法律划分为公法和私法两个部分。所谓公法是以保护国家或公共利益为目的的法律,其主体为国家或公共团体,公法包括宪法、行政法、刑法、诉讼法和国际公法等;所谓私法是以保护私人利益为目的的法律,其主体为私人或私人团体,私法分为民法、商法和家庭法等。进入20世纪后,资本主义各国大规模干预经济生活,干预传统的私法领域,出现了私法公法化、私法社会化的趋势,从而降低了公法和私法划分的意义。尽管如此,公法和私法之间依然存在着界限,以公法和私法的划分为原则编纂的法典体系至今未变,绝大多数大陆法系的法学家仍把此种划分看作是法律分类的基础。因此,把法律划分为公法和私法两大类是大陆法系的一个显著特征。

(2)大陆法系崇尚成文法典化

各国都大量编纂法典,各种法律要求系统完整、逻辑严密、清晰明了。民商分立的国家,如法国、德国和日本有民法和商法分别独立的法典;而民商合一的国家,如瑞士、荷兰和意大利,把商法并入民法中,成为民商法典的一个组成部分。

(3)大陆法系各国强调成文法

当事人的权利和义务已由成文法加以规定,因此,当事人在通过诉讼获得救济时,程序法只是一种获得救济的手段和工具而已。大陆法系各国在诉讼程序上大多采用传统的职权制,法官在诉讼中居于主要地位,证据可于当事人不在场时提出。

3. 大陆法系分布的国家和地区

大陆法系分布的国家和地区的数量是世界上最多的。以法国、德国为代表的欧洲大陆国家,包括比利时、意大利、荷兰、瑞士、西班牙、葡萄牙、奥地利等国,东欧的大多数国家,以及曾是法国、西班牙、荷兰、葡萄牙四国殖民地的国家和地区,包括拉丁美洲大部分国家,非洲的埃及、刚果(布)、阿尔及利亚、摩洛哥、刚果(金)、索马里等国,还有亚洲的日本、泰国、土耳其、韩国及我国台湾地区、澳门地区,都属于大陆法系。另外,加拿大魁北克省、美国的路易斯安那州也都属于大陆法系。

(二)英美法系(Common Law System)

1. 英美法系的概念

英美法系又称普通法系、英吉利法系、海洋法系或判例法系,是世界第二大法系。英

美法系是指英国从11世纪起主要以源于日耳曼习惯的普通法为基础逐渐形成的一种独特的法律制度,以及仿效英国的其他一些国家和地区的法律制度的总称。

英国法分为普通法与衡平法,这种二元性结构是英国法的一个主要特点。公元1066年,诺曼底的威廉公爵征服了英国,建立了中央集权的王朝。威廉国王为削弱封建领主势力,加强王权,除发布敕令作为适用于全国的法律外,还通过设立王室法院,允许法官有选择地采用各地的习惯法审理案件而形成判例,形成了一套推行全国的普遍适用的法律制度,这就是普通法。因为普通法是以判例形式出现的,所以又称为判例法。衡平法出现于14世纪,兴起于16世纪,是对因普通法程序的呆板和机械而无法得到救济的案件,当事人向英王及其咨询机关枢密院甚至国会提出申请,由英王的近臣枢密院大法官不受普通法的约束,而凭"良心",即"公平和正义"的原则判案,以补充和匡正普通法的不足所形成的法律制度。

知识拓展

普通法与衡平法的区别

普通法与衡平法的区别在于:普通法有两种救济方法,以金钱赔偿为主,辅以返还财产;衡平法的救济方法包括实际履行和禁令。诉讼程序和证据规则方面:普通法法院有陪审团制度,衡平法法院则不设陪审团;普通法法院听取口头答辩,采取口头询问方式审理案件,而衡平法法院则采取书面诉讼程序,衡平法的诉讼程序比较灵活。从法院的组织系统来看:在过去相当长的时期内,英国出现了普通法法院与衡平法法院两种法院并存的局面。直到1875年颁布了法院组织法,才取消了普通法法院与衡平法法院的划分,建立了统一的法院体系。同时规定普通法和衡平法都为同一法院适用,而且衡平法优先于普通法的原则在法律上被规定下来。高等法院内设有王座法庭,适用普通法的诉讼程序法,另外设有枢密大臣法庭,适用衡平法的书面诉讼程序。现在,在确定某种案件应属于高等法院内的王座法庭还是枢密大臣法庭管辖时,不是根据该案件适用的法律是普通法还是衡平法,而是考虑哪一种诉讼程序对该案件的审理更为合适。原则上凡适宜用书面诉讼程序审理的案件均由枢密大臣法庭管辖;凡适宜用口头诉讼程序审理的案件则由王座法庭管辖。现在普通法包括刑法、合同法和侵权行为(民事责任)法,也适用由衡平法发展起来的"不正确说明""不正当的影响"以及"禁止自食其言"等原则。衡平法则包括不动产法、公司法、信托法、破产法、遗嘱与继承法等。在法律术语方面,为了避免与普通法法院发生冲突,衡平法法院在司法活动中使用它自己所特有的法律术语。

2. 英美法系的主要特点

(1)英美法系都遵守"先例约束力"的原则处理案件

"先例约束力"原则是英美法系一项重要的司法原则,英美法系国家的法院在处理具体案件时,法官不是引证某项法律,而是参照以前类似案件的判例,按照"公平与正义"的原则作出判决。上级法院,尤其是最高法院的判决对下级法院日后处理同类案件具有约束力,维持前例是英美法院的一个重要原则。因此,普通法又称为判例法。

(2) 英美法系诉讼强调程序法

英美法系诉讼强调程序法,庭审采用对抗制,当事人要想通过诉讼获得救济,必须依据一定的诉讼根据向法院起诉,而依据不同的诉讼根据提起诉讼的案件,其诉讼程序也不同,又不得相互通用。这样,当事人在实体法上的权利,只能通过一定的诉讼程序才能实现。故英美法系国家注重诉讼法,在诉讼程序上一般采用对抗制,即在民事诉讼中由双方律师、在刑事诉讼中由公诉人和辩护人充当主要角色,证据必须在当事人在场时提出,当事人可以同对方证人对质,法官居中进行裁决,同时实行陪审团制度。

3. 英美法系分布的国家和地区

英美法系分布范围也极为广泛,绝大多数以英语为官方语言的国家都属于英美法系。它包括英国(苏格兰除外)、美国(路易斯安那州除外)、爱尔兰以及曾作为英国殖民地、附属国的许多国家和地区,其中包括加拿大(魁北克省除外)、澳大利亚、新西兰、印度、巴基斯坦、孟加拉国、缅甸、马来西亚、新加坡、中国香港地区以及非洲的苏丹和拉丁美洲的一些英语国家。据有关资料统计,目前世界上有近33%的人口生活在属于英美法系或深受英美法系影响的国家和地区内。南非、斯里兰卡和菲律宾等国原属大陆法系,后来随着英美势力的渗入,引进了普通法的因素,成为两大法系的混合物。

二、两大法系的法律渊源

(一) 大陆法系的法律渊源

大陆法系的法律渊源主要有法律、习惯以及国际条约等,司法判例和学理只能构成其辅助性渊源。

1. 法律

法律是大陆法系的主要渊源,它包括宪法、法典、法律和行政法规等。这些法律制定的机关不同,其效力等级也有差异。一般来说,宪法是具有最高权威性和效力的法律,其他法律均不得与之相抵触。

2. 习惯

习惯作为法律渊源,已得到大陆法系各国的普遍承认,而各国对习惯在法律渊源中的地位和在实际中的作用却存在不同的理解。但总体来说,这种习惯必须是具有法律意义的、不得与法律相抵触。

3. 国际条约

国际条约虽然不是国家立法机关制定的法律,但是某国一旦参加某一国际条约,根据"约定必须遵守"的原则,该国就必须受该条约的约束,因此,该条约就成为该国法律的组成部分。一国是否同意参加某一国际条约通常由该国议会决定。

4. 司法判例

由于大陆法系国家强调成文法的作用,所以原则上不承认司法判例具有与法律同等的效力、不承认司法判例可作为一个独立的法律渊源。一个判决只对当事人和本案有效,而不能约束日后法院对同类案件的审理和判决。但是,进入20世纪后,大陆法系国家开始重视司法判例的作用,在司法过程中,法官的判决加强了对法律的解释作用。

5. 学理

一般来说,学理不是法的渊源。但在大陆法系发展的过程中,学理曾起过重要的作用。如 12 世纪~17 世纪,罗马法复兴时期先后产生的"注释学派""后注释学派"及"自然法学派",其理论对大陆法系的形成有不可忽视的影响。学理对法律的影响主要表现在:它可为立法者提供法学理论、词汇和概念,通过立法者的活动,制定成为法律;它可对法律进行解释,对判例进行分析和评论;通过法学家的著作,培训法律人员,可影响法律实施的过程。

(二)英美法系的法律渊源

英美法系的法律渊源主要包括判例法、成文法、国际条约等。

1. 判例法

判例法是不成文法,由普通法和衡平法两大系统组成。判例产生于法官对具体案件的判决。判决生效后,就被称为判例。但是,判例仅指判决中所体现的法律原则,而不是判决的全部。判例成立后,法官在以后的审判中必须像遵守立法机关制定的法律一样遵守此种法律规则,这就是"先例约束力"原则。由无数判例构成的总体就是英美法系所称的判例法。

2. 成文法

成文法只是对判例法所做的补充或修正,它必须通过判例法才能发挥作用。但目前在英美两国,制定的成文法的数量已经超过了判例法,其作用也越来越重要。

3. 国际条约

国际条约虽然不是国家立法机关制定的法律,但是某国一旦参加某一国际条约,根据"国际条约的效力优先"原则,该国就必须受该条约约束,除声明保留的条款以外,该条约就成为该国法律的组成部分。一国是否同意参加某一国际条约通常由该国议会决定,在这一点上,两大法系没有什么不同。

第三节 中国现行法律

一、中国法律制度的发展

中国的法律制度最早产生于公元前 21 世纪的夏代。夏、商、西周是我国奴隶制法律形成和发展的时期。春秋战国时期,魏国大夫李悝制定了中国历史上第一部成文法典《法经》。中国封建法律制度在唐朝达到鼎盛,唐律和《唐律疏议》成为中国封建法律的典型代表,对后世及亚洲其他国家均产生了重大的影响。但 1840 年鸦片战争后,中国沦为半封建半殖民地社会,清末统治者被迫参照西方国家的法律修改封建法制。中华人民共和国成立后,具有中国特色的社会主义法律制度逐步形成并日益完善。

二、中国法律的渊源

(一) 制定法

1. 宪法

2018年3月11日,第十三届全国人民代表大会第一次会议通过了修正的《中华人民共和国宪法》。其序言中规定:"本宪法以法律的形式确认了中国各族人民奋斗的成果,规定了国家的根本制度和根本任务,是国家的根本法,具有最高的法律效力。"

2. 法律

广义的法律包括《中华人民共和国宪法》及其他由全国人民代表大会及其常务委员会分别制定的法律。狭义的法律则仅指全国人民代表大会及其常务委员会制定的、主要规定和调整国家和社会生活某一方面问题的法律。法律从属于宪法,其效力仅次于宪法。

3. 行政法规

作为国家最高行政机关,国务院有权根据宪法和法律制定行政法规,发布决定和命令。国务院制定的行政法规直接调整全国政治、经济、文化、教育等各个方面的事项,其效力仅次于宪法和法律。

4. 地方性法规、自治条例和单行条例

《中华人民共和国宪法》第一百条规定:"省、直辖市的人民代表大会和它们的常务委员会,在不同宪法、法律、行政法规相抵触的前提下,可以制定地方性法规,报全国人民代表大会常务委员会备案。设区的市的人民代表大会和它们的常务委员会,在不同宪法、法律、行政法规和本省、自治区的地方性法规相抵触的前提下,可以依照法律规定制定地方性法规,报本省、自治区人民代表大会常务委员会批准后施行。"

《中华人民共和国宪法》第一百一十六条规定:"民族自治地方的人民代表大会有权依照当地民族的政治、经济和文化的特点,制定自治条例和单行条例。自治区的自治条例和单行条例,报全国人民代表大会常务委员会批准后生效。自治州、自治县的自治条例和单行条例,报省或者自治区的人民代表大会常务委员会批准后生效,并报全国人民代表大会常务委员会备案。"

5. 特别行政区的法律

《中华人民共和国香港特别行政区基本法》第八条规定:"香港原有法律,即普通法、衡平法、条例、附属立法和习惯法,除同本法相抵触或经香港特别行政区的立法机关作出修改者外,予以保留。"因此,香港特别行政区实行的法律为《中华人民共和国香港特别行政区基本法》、上述香港原有法律和香港特别行政区立法机关制定的法律三类。澳门特别行政区所实行的法律,其结构和类型与香港特别行政区的法律基本相似。

(二) 法律解释

1. 立法解释

《中华人民共和国宪法》规定,全国人民代表大会常务委员会对宪法和法律拥有解释权。凡关于宪法或法律的条文本身需要进一步明确界限或做补充规定的,由全国人民代表大会常务委员会进行解释或以法律加以规定。省、直辖市人民代表大会常务委员会有权对地方性法规进行解释。

2. 司法解释

对于法院审判工作和检察院检察工作中具体应用法律的问题,分别由最高人民法院和最高人民检察院进行解释。它们所做的解释对其下级法院及检察院的审判和检察工作均有拘束力。

3. 行政解释

国务院及其主管部门对有关法律和法规所做的解释称为"行政解释"。

(三) 判例

在中国,判例在法律上和理论上不被认为是法律的渊源。最高人民法院及其他上级人民法院所做的判决对下级法院没有拘束力。这一点与欧洲大陆法系国家相似。中国加入 WTO 以后,及时公布涉外经贸案例已成为中国必须履行的一项义务。

练习与实践

一、名词解释
国际商法　大陆法系　英美法系

二、思考题
1. 什么是国际商法?其主要渊源有哪些?
2. 论述国际商事惯例的法律效力。
3. 大陆法系包括哪些国家和地区?
4. 大陆法系是如何解释公法和私法之间的关系的?
5. 指出英美法系的分布范围。
6. 英美国家的法律渊源与法院组织有哪些异同点?
7. 你认为我国的法律制度受哪个法系的影响更大些?为什么?

三、选择题
(一) 单选题

1. 罗马法对普通法的影响的主要表现之一是(　　)。
   A. 教会法的影响　　　B. 法律　　　C. 习惯　　　D. 判例
2. 下列属于大陆法系国家或地区的是(　　)。
   A. 加拿大　　　　　　　　　　B. 澳大利亚
   C. 加拿大的魁北克　　　　　　D. 爱尔兰
3. 下列国家中,属于普通法体系的是(　　)。
   A. 加拿大　　　B. 瑞典　　　C. 日本　　　D. 瑞士
4. 采用民商合一形式的国家是(　　)。
   A. 日本　　　B. 法国　　　C. 德国　　　D. 意大利
5. 以下属于普通法系的国家是(　　)。
   A. 卢森堡　　　B. 奥地利　　　C. 比利时　　　D. 马来西亚

6.下列属于英美普通法系的国家是（　　）。
A.西班牙　　　　　B.荷兰　　　　　C.英国的苏格兰　　D.爱尔兰
7.国际商法的渊源之一是（　　）。
A.商人习惯法　　　B.法学阶梯　　　C.国际贸易惯例　　D.学说汇编
8.下列哪一个法院组织不属于大陆法国家的法院组织（　　）。
A.第一审法院　　　B.上诉法院　　　C.王冠法院　　　　D.最高法院

（二）多选题
1.衡平法院（　　）。
A.设立陪审团　　　　　　　　　　B.不设立陪审团
C.用口头方式审案　　　　　　　　D.采用书面诉讼程序
E.诉讼程序较灵活
2.大陆法系的特征是（　　）。
A.以成文法为主　　　　　　　　　B.以判例法为主
C.受罗马法影响很小　　　　　　　D.受罗马法影响很大
E.民商合一
3.英国"先例约束力"原则是指（　　）。
A.所有法院的判决都可构成有约束力的先例
B.只有上议院的判决构成有约束力的先例
C.上议院的判决构成有约束力的先例
D.上诉法院的判决构成有约束力的先例
E.上议院、上诉法院都要受其所立先例的拘束
4.传统的商法包括（　　）。
A.保险法　　　　　B.公司法　　　　C.票据法　　　　　D.海商法
5.大陆法系采用民商分立的国家是（　　）。
A.瑞士　　　　　　B.荷兰　　　　　C.意大利　　　　　D.日本
E.德国
6.国际商法的渊源是（　　）。
A.国际商事条约　　　　　　　　　B.国际商事惯例
C.有关的国内法　　　　　　　　　D.判例

四、判断题
1.国际商法的"国际"一词是"国家与国家"的意思。　　　　　　　　（　　）
2.大陆法国家原则上都承认判例具有与法律同等的效力。　　　　　　（　　）
3.一般来说,学理也是大陆法系的渊源。　　　　　　　　　　　　　（　　）
4.英国法分为普通法与衡平法,这种二元性结构是英国法的一个主要特点。（　　）
5.美国法律协会编纂的《法律重述》虽不是法典,没有法律效力,但对司法机关具有重要的参考价值。　　　　　　　　　　　　　　　　　　　　　　　（　　）

第二章
国际商事组织法

学习目标

任何商事交往都具有参与交易的商事主体,即商事组织。商事组织的主要形式包括公司、合伙企业、独资企业等。目前,国际上没有统一的商事组织法。通过本章的学习,使学生掌握各商事组织的概念、基本形式及其法律特征;理解个人独资企业和合伙企业的设立、组织机构、解散清算等相关法律规定;掌握有限责任公司和股份有限公司的设立、组织机构、解散、清算及其对内和对外的法律关系;了解其他商事组织法律制度。

案例导入

某在美国纽约证券交易所等多地上市的世界级的光伏制造销售企业,多年前与中国一家民营企业合资设立中外合资多晶硅公司。经数年运营,该合资公司虽然取得长足的发展,但是,由于合资双方经营理念分歧严重等原因,双方决定终止合作,由中方收购外方所持全部股权。对于股权转让款,双方同意部分以货币支付,部分以多晶硅料充抵,但外方对于充抵量有决定权。股权转让协议签订后,该合资公司已经变更为内资公司,中方虽也支付了部分股权转让款(包括以多晶硅料充抵),但尚有人民币1.37亿余元没有支付,而中方对于外方的付款及供货请求却置之不理,并采取回避策略。外方被迫根据股权转让协议约定的仲裁条款向中国国际经济贸易仲裁委员会(CIETAC)申请仲裁,要求中方以货币方式支付全部股权转让款,中方对此提出股权转让协议无效、股权转让款已转化为预付款等十多项抗辩。

分析:

外方要求中方支付全部股权转让款的要求是否合理?推断一下中国国际经济贸易仲裁委员会(CIETAC)的仲裁结果。

第一节　商事组织概述

一、商事组织的概念及特征

商事组织也称商事企业,区别于商事自然人,它包括商事法人及不具备法人资格的各类企业,即能够以自己的名义从事经营活动,以营利为目的且具有一定规模的经济组织。调整企业的法律规范是各国商事法律的主体部分。商事组织是商法的核心内容,也是商法区别于民法的标志之一。

商事组织的主要特征包括:
(1)商事组织是独立的经济组织。
(2)商事组织是以营利为目的的组织。
(3)商事组织是商人的组织表现。

国际商事组织以营利为目的从事商事行为,活跃于国际经济领域中,是国际商事交易中最重要的主体,也是国际商法的核心内容。国际商事的各种交易都是建立在各种国际商事组织的经营活动基础之上的。

二、商事组织的分类

从大多数国家商法的规定来看,商事组织有多种多样的组织形式,不同形式的商事组织在法律地位、设立程序、组织机构、投资者的利益与责任、业务执行权利的分配、资金的筹措以及税收等方面有所不同。因此,选择适当的法律形式,对于企业的发展以及投资者期望的实现具有非常重要的意义。

一般而言,大多数国家的商事组织主要有三种基本的法律形式:个人独资企业、合伙企业和公司。其中,公司是最重要的商事组织形式。

三、商事组织法

商事组织法是调整各类商事组织设立和活动的法律规范的总称。就我国目前的立法现状来看,商事组织法律规范主要是按照企业类型分别进行立法,有《中华人民共和国个人独资企业法》《中华人民共和国合伙企业法》《中华人民共和国公司法》。

第二节　个人独资企业法

一、个人独资企业概述

个人独资企业（Sole Proprietorship Enterprise），是指由一个自然人投资，财产为投资者个人所有，投资人以其个人财产对企业债务承担无限责任的不具有法人资格的经营实体。

相对于其他企业类型而言，个人独资企业是最为简单、出现最早的企业形式。个人独资企业一般规模较小，没有法人资格，其生产产值在国民生产总值中所占比重较小，在世界各国经济发展中不起主要作用，通常还受到诸如经营范围等方面的限制。例如，在日本，个人企业不得从事银行、保险等金融事业。所以，个人企业通常分布在零售业、服务业和农业等行业。

个人独资企业具有以下特征：

1. 个人独资企业的出资人是一个自然人，且仅限于自然人

投资人为一人，这是个人独资企业的质的规定，是其与合伙企业的最大区别。此外，个人独资企业的出资人必须是自然人，不能是法人、其他社会组织或国家；该自然人应当是具有完全民事行为能力的中国公民，并且不能是法律、行政法规禁止从事营利性活动的人，如国家公务员、公职人员、特定行业（银行、证券公司等）的从业人员。

2. 个人独资企业不具有法人资格

个人独资企业属于自然人企业的范畴，只是自然人进行经营活动的特殊形态，不具有法人资格。因此，独资企业不能独立承担民事法律责任。

3. 投资者对个人独资企业单独经营管理，享有完全的控制和支配的权利

独资企业的经营发展方向完全由投资者操控与支配，不存在与他人分享对企业的管理和控制的情况，投资者也因此可以单独享有企业业绩所带来的所有利益，同时要独自承担企业经营过程中的所有风险。

4. 企业财产是投资人个人所有的财产

个人独资企业的财产包括投资人对企业的实际出资以及企业取得的一切收益，投资人个人享有企业财产的所有权，其相关权利可以依法进行转让或继承。

5. 投资人以其个人财产对独资企业的债务承担无限清偿责任

因为投资人对个人独资企业的财产及经营管理享有完全的控制和支配的权利，所以当企业的财产不足以清偿企业到期债务时，投资人就必须以其个人财产甚至是家庭财产来清偿企业债务，即承担无限清偿责任。即使企业解散后，投资人仍应对企业解散前未能清偿的企业债务承担继续偿还的责任。

5. 个人独资企业的内部结构简单，经营灵活，法律限制较少，税负较轻

因为只有一个投资人，资本数量较少，经营范围较小，雇用人员较少，所以个人独资企业一般规模较小，内部结构简单，经营灵活，法律限制也较少。另外，从世界各国对个人独

资企业的税收政策来看,个人独资企业的出资人一般只需要交纳个人所得税,而企业无须再缴纳企业所得税,所以相对其他商事组织而言税负较轻。

二、个人独资企业的设立

(一)设立条件

《中华人民共和国个人独资企业法》第八条规定,设立个人独资企业应当具备下列条件:

(1)投资人为一个自然人;
(2)有合法的企业名称;
(3)有投资人申报的出资;
(4)有固定的生产经营场所和必要的生产经营条件;
(5)有必要的从业人员。

个人独资企业的投资人数少、规模小、营业范围广泛、投资少、便于安置更多的就业人员,所以个人独资企业的设立条件较为宽松,在其他国家要求也非常宽松,尤其是在美国、加拿大,"一元企业"均属常见。

(二)设立程序

在中国,申请设立个人独资企业,应当由投资人或其委托的代理人向个人独资企业所在地的登记机关提交设立申请书、投资人身份证明、生产经营场所使用证明等文件。委托代理人申请设立登记时,应当出具投资人的委托书和代理人的合法证明。个人独资企业设立申请书应载明下列事项:企业的名称和住所、投资人的姓名和居所、投资人的出资额和出资方式以及经营范围。登记机关应当在收到设立申请文件之日起十五日内,对符合法律规定条件的予以登记,发给营业执照,营业执照签发日即为独资企业成立日;对不符合法律规定条件的,不予登记,并应当给予书面答复,说明理由。

美国的个人所有权公司(Sole Proprietorship)是由一个自然人拥有的责任无限的公司,它类似于我国的个人独资企业。公司的投资人行使企业经营的全部职能,自行作出决定,享有全部的利润,缴纳全部的税款,赔偿所有的损失,承担一切风险。投资人对企业经营所引起的法定责任承担无限的连带责任,公司或个人的全部财产都可被法定地用来清偿债务。事实上,由于拥有者本人和公司之间没有明确的界限,拥有者一般以自己的名义来进行经营,可以以个人的名义给客户开发票,并不必进行公司注册,但是投资人必须在当地的市政府进行登记并得到营业许可证。

三、个人独资企业的事务管理

个人独资企业由一个自然人投资建立,投资者作为个人独资企业的所有人对企业财产享有完全的控制和支配的权利,在不违反法律规定的前提下,投资人可以根据经营管理的需要和条件,选择任何一种或者数种有利于提高经营效益的方式对企业进行管理,他有权决定如何利用企业财产以创造经济效益,有权决定采用何种方式来管理本企业的事务。

《中华人民共和国个人独资企业法》第十九条规定:"个人独资企业投资人可以自行管

理企业事务,也可以委托或者聘用其他具有民事行为能力的人负责企业的事务管理。"受托人或被聘用人的法律地位相当于公司中的经理,应当履行诚信、勤勉义务,按照与投资人签订的合同负责个人独资企业的事务管理。投资人对受托人或者被聘用人员职权的限制,不得对抗善意第三人。善意第三人不知受托人或者被聘用人员违反委托合同规定的权限而与其发生交易时,投资人不得以委托权利的限制对抗该善意第三人,即要求投资人承担委托的法律后果。

四、个人独资企业的财产所有权制度

个人独资企业的财产的来源,主要由两部分构成:一部分是投资人在设立企业时的出资;另一部分是企业在经营过程中积累起来的财产。在个人独资企业依法设立后和从事生产经营的过程中,这些财产必然会形成个人独资企业的财产关系。财产归属关系,在法律上必须通过财产所有权制度来实现。因此,《中华人民共和国个人独资企业法》第十七条规定:"个人独资企业投资人对本企业的财产依法享有所有权,其有关权利可以依法进行转让或继承。"个人独资企业财产所有权制度包含如下内容:

(1)个人独资企业财产所有权的主体是个人独资企业投资人。个人独资企业的财产是属于其投资人的个人财产,企业财产与个人财产二者在法律上没有界限。

(2)投资人对本企业的财产享有合法占有、使用、收益和处分的权利。这种权利是一种充分完整的支配权,投资人在不违反法律的前提下,可以按照自己的意志控制、支配个人独资企业的财产,从中直接取得物质利益,其对本企业财产的支配权是不受限制的,任何人都不得对投资人正当行使这种支配权加以妨碍或者干涉。并且,投资人对企业的这些财产权利可以依法进行转让或继承。

(3)当个人独资企业的财产受到非法侵犯,或者当投资人对企业财产行使支配权受到他人妨碍时,投资人可以向侵犯其财产或者妨碍其行使权利的人提出追索、排除妨碍等请求权。

第三节 合伙企业法

一、合伙企业概述

(一)合伙企业的概念

合伙企业(Partnership),是指自然人、法人和其他组织依照合伙企业法设立的普通合伙企业和有限合伙企业。普通合伙企业由普通合伙人组成,合伙人对合伙企业债务承担无限连带责任。有限合伙企业由普通合伙人和有限合伙人组成,普通合伙人对合伙企业债务承担无限连带责任,有限合伙人以其认缴的出资额为限对合伙企业债务承担责任。合伙企业是众多商事组织形式的一种,由于合伙组织成立的手续比较简便,经营方式也比较灵活,因此是很多中小投资者愿意采取的一种经营方式。在各国的经济制度中,合伙组织发挥着其他商事组织无法替代的作用。合伙企业由于资金和法律方面的限制，一般采用中小型企业的形式，规模有限，主要分布在商业、零售业和服务业领域。

(二)合伙企业的法律地位

自罗马法以来，传统立法都不承认合伙为法人，其主体资格只能是合伙人个人。其理由是：合伙一般较为松散，是人的组合，不具备法人的外部特征；它不具有独立的财产，主张合伙关系只是合伙人之间的合同关系，不具有外部的统一性，其对外活动仍然以公民个人资格进行。但是，随着时代的变迁，社会经济的发展，许多发达国家有关合伙的立法发生了很大的变化，不再将合伙仅仅作为单纯的契约关系来处理。

在大陆法系国家，合伙分为"民事合伙"和"商事合伙"，分别适用民法典和商法典或有关的商事法规，如日本、法国等国家，这些国家的法律中规定各种合伙企业类型均可以获得法人的主体资格，但并不免除合伙人对合伙债务的连带责任。

英美法系国家不赋予合伙企业法人的资格，但承认其作为营利性经济组织的主体地位。如英国不仅为合伙确立了企业的地位，而且将它限定为商事合伙，说明英国的合伙制度更为注重合伙的团体性。美国的合伙法属于州法，为了统一各州的合伙法，消除差异，美国的统一州法全国委员会在1914年起草制定了《统一合伙法》和《统一有限合伙法》两部标准法，将合伙分为普通合伙和有限合伙，均不承认其具有法人地位，但可以自己的名义进行经营、转让活动。

因此，无论是英美法系国家还是大陆法系国家，无论是采取民商合一体例还是采取民商分立体例，现代国家总的趋势都是注重提高合伙的商事主体地位，将合伙规定为公司，赋予其法人的身份，强调合伙的团体性及其主体性资格。

《中华人民共和国合伙企业法》强调合伙企业是一种组织体，将合伙企业视为一种独立的民事主体，还规定可以以合伙企业的名义对外经营、享有权利、承担义务，合伙企业可以有自己的财产等，这些都表明合伙企业在我国具有团体资格，是一种经济组织，可以作为独立的纳税主体。因此，我国法律实质上将合伙企业定位为商业团体。

(三)合伙企业的法律特征

与其他商事组织相比，合伙企业主要具有以下法律特征：

1.合伙是基于合伙协议而产生，以合伙协议为成立基础的

合伙协议对合伙人的共同经营、利益分配进行约定，是合伙人之间建立合伙关系，确立各合伙人的权利、义务，以及设立合伙组织的前提，是联结合伙人之间关系的纽带。

2.合伙企业由合伙人共同出资、共同经营、共享收益、共担风险

首先，合伙人共同出资是合伙人共同经营的物质条件。合伙人可以以现金、实物、土地使用权和知识产权、劳务、技术等方式出资。各合伙人的出资数额、方式、期限等，可根据各合伙人的不同资力、不同情况作出不同的约定。

其次，合伙人原则上具有平等参与合伙事务管理的权利，合伙人共同享有合伙的权利和承担合伙的义务。各合伙人均既是出资者，也是经营者。对于合伙企业的事务，各合伙人有平等的决策权、执行权和监管权，都可以对合伙事务进行干预，除非合伙协议有特别规定限制某个或某些合伙人参与经营。

第三，合伙企业是营利性的经济组织，有着共同的经济目的，各合伙人在合伙组织中具有相同的地位，对合伙企业的收益共享，并共同承担合伙经营中所遇到的风险。

3. 合伙人对合伙企业的债务承担无限连带责任

这是合伙企业区别于其他类型企业的最为显著的特征。当合伙财产不足以清偿合伙债务时，各合伙人必须以个人所有的财产对未清偿的那部分合伙债务承担无限连带的清偿责任。在这种责任制度中，债权人有权请求全体合伙人、部分合伙人或任何一位合伙人清偿合伙企业的所有债务，并且当合伙企业财产不足时，可直接追索至债务人的个人财产，合伙人不得以其出资为限或盈利分配的多少为由来拒绝清偿，清偿企业债务的合伙人可以依合伙协议，就其多承担的部分向其他合伙人进行追偿。

4. 合伙企业一般不具有法人资格

合伙企业通常不具有法人资格，但不同国家有不同的法律规定，如法国、荷兰、比利时等国的法律规定合伙企业具有法人资格，英美国家则不承认合伙企业的法人资格。

5. 合伙是"人的组合"

合伙人与合伙企业的关系密切，合伙企业是合伙人的联合。合伙企业是基于合伙人之间的相互信任关系而成立的，强调的是"人的组合"。合伙人通过订立合伙协议来成立合伙企业，合伙协议规定合伙人各自享有的权利和应承担的义务，合伙人建立起一个为实现共同目的而进行活动的实体，因此，合伙人的死亡、破产、退出等，都会影响合伙企业的存续，甚至导致合伙企业的解散。

二、合伙企业的类型

(一)普通合伙企业和有限合伙企业

根据合伙的责任承担方式不同，合伙企业可以分为普通合伙企业和有限合伙企业。

1. 普通合伙企业

普通合伙企业是指对依法成立的合伙企业，各合伙人均对合伙企业债务承担无限连带责任(有的国家称为无限公司)。这是合伙企业的常见形态，其他形式的合伙企业也都是以普通合伙企业为基础的。

2. 有限合伙企业

有限合伙企业相当于两合公司，是指各合伙人对合伙企业债务的承担方式不同，有承担有限责任的有限合伙人，也有承担无限责任的普通合伙人。因此，有限合伙企业至少应有一名普通合伙人和一名有限合伙人。在有限合伙企业中，普通合伙人执行合伙事务，对外代表合伙组织，对合伙债务承担无限连带责任；而有限合伙人一般不参与合伙的经营，按出资比例享受利润和承担损失，对合伙债务承担有限责任，其行为对合伙无拘束力，但有限合伙人可以依照有关规定查询合伙企业的经营账目等。

《中华人民共和国合伙企业法》第二条规定："有限合伙企业由普通合伙人和有限合伙人组成，普通合伙人对合伙企业债务承担无限连带责任，有限合伙人以其认缴的出资额为限对合伙企业债务承担责任。"

设立有限合伙企业制度的目的主要是适应发展风险投资的需要，适用于科技成果的商品化等。受资金、风险、资信及可行性等因素的影响，初期的科技成果转化项目的实施很难以公司的形式向社会筹集资金，所以可通过有限合伙企业的方式筹集资金。虽然企业规模较小，但对科技成果商品化的风险性经营来讲，无疑是最佳的选择。该制度能很好地将有良好投资意识的专业管理机构或个人的管理才能和富余的资金结合起来，从而促进风险投资的发展。

美国是知识经济较发达的国家之一，对有限合伙企业的利用也是比较成功的。美国的有限合伙企业基本上由当事人自治，其主要做法如下：第一，普通合伙人通常由创业投资机构专业管理人员担任，有限合伙人往往是养老基金、人寿基金等机构的投资者和外国投资人等；第二，企业通常由有限合伙人百分之百出资，普通合伙人即使出资一般也不超过1%；第三，在有限合伙人收回其投资前，普通合伙人不得参与盈余分配，投资收回后普通合伙人则可按其持股份额参与分红；第四，有限合伙企业订有存续期限，通常是七年到十年；第五，为了减缓普通合伙人及经营者的偏好及道德风险，作为激励和约束，通常约定在企业达到经营目标后，可增加普通合伙人及经营者的持股份额。

(二) 显名合伙企业和隐名合伙企业

根据是否显示合伙人，合伙企业可以分为显名合伙企业和隐名合伙企业。

1. 显名合伙企业

显名合伙企业也就是普通的合伙企业，与隐名合伙企业相对而言。

2. 隐名合伙企业

隐名合伙企业指当事人约定，一方对合伙经营的事业出资，并不参与合伙事务的经营管理的决策和执行，但分享合伙营业所得的收益，并仅以其出资为限承担合伙企业经营损失的合伙企业类型。出资一方称为隐名合伙人；利用隐名合伙人的出资以自己的名义进行经济活动的一方称为出名营业人。

隐名合伙为大陆法系国家所特有。隐名合伙起源于中世纪意大利商港所遵行的"柯曼达"（Commenda）契约：一方合伙人被称为Stans，只提供资金但待在家里；另一方合伙人被称为Tractator，从事航行。出资方与从事航行的一方按三比一的比例分配利润。最早规定隐名合伙制度的国家当属德国，《德国商法典》第二篇第五章第三百三十五至三百四十二条对隐名合伙制度作了相关的规定，明确界定隐名合伙是作为隐名合伙的出资者与商业企业业主之间的一种契约，根据该契约，隐名合伙人负责向企业提供一定数额的资金，并相应地参与企业利润的分配，分担企业的亏损。1978年修改后的《法国民法典》则专门规定了一章"隐名合伙"，但不认为其具有独立人格。大多大陆法国家和地区都对隐名合伙作了相关的规定。而英美法国家，虽没有隐名合伙这一术语，但其关于有限合伙的规定与隐名合伙制度较为接近。

三、合伙企业的设立

各国政府对合伙企业的监督和管理比较宽松，合伙企业的设立手续简单、费用较少，这些都令合伙企业有较大的经营自由和灵活性。设立合伙企业必须满足法律所规定的条件。例如，《中华人民共和国合伙企业法》第十四条规定了在中国设立普通合伙企业应当具备的条件:"(一)有二个以上合伙人,合伙人为自然人的,应当具有完全民事行为能力;(二)有书面合伙协议;(三)有合伙人认缴或者实际缴付的出资;(四)有合伙企业的名称和生产经营场所;(五)法律、行政法规规定的其他条件。"

(一)合伙人的范围与人数

设立合伙企业,首要条件是应当有两个以上的合伙人。《中华人民共和国合伙企业法》第二条规定:自然人、法人和其他组织可以成为合伙人。这意味着有限责任公司、股份有限公司等企业法人均可以通过合伙的方式进行转投资。值得注意的是,上市公司、国有独资公司、国有企业以及公益性的事业单位、社会团体等均不得成为普通合伙人,但仍可成为有限合伙人。

各国有关合伙的法律都规定合伙企业要有至少两个以上的合伙人,但对合伙人的范围问题规定不一。英美法系国家,如美国《统一合伙法》明确规定组成合伙的"人"(Persons)包括自然人、合伙企业、公司和其他组织,《统一有限合伙法》也规定无论是普通合伙人还是有限合伙人,"人"系指自然人、合伙企业、有限合伙企业、信托机构、财团、协会或公司。大陆法系国家如德国、日本等国,虽然没有美国这样明确的规定,但其法律没有限制或禁止法人充当合伙人的规定。《瑞士债务法》第五百五十二、五百五十三条规定禁止法人作为合伙成员。

此外,由于合伙企业是合伙人基于相互的信任关系而成立的,因此有的国家对合伙企业的人数上限作了规定。英国和我国的澳门特别行政区都规定合伙企业的人数不得超过30人。但大多数国家则只规定人数的下限,而未规定人数上限。例如,美国的合伙法就规定合伙应是两人或多人以上的联合的营利性组织。

《中华人民共和国合伙企业法》对普通合伙企业没有规定合伙人数的上限,但对有限合伙企业的合伙人数规定了上限。该法第六十一条规定:"有限合伙企业由二个以上五十个以下合伙人设立;但是,法律另有规定的除外。有限合伙企业至少应当有一个普通合伙人。"

(二)合伙协议

合伙协议是规定合伙人之间权利和义务的法律文件,是确定合伙人在出资、利润的分配、风险及责任的分担、合伙的经营等方面权利和义务的基本依据,对每一个合伙人均具有约束力。合伙协议一般应采用书面形式,但也可以根据合伙人间的口头方式以及他们的行为来确定他们之间存在合伙关系。但需注意的是,合伙协议是处理合伙人相互之间权利和义务关系的内部法律文件,即合伙协议仅具有对内的效力,只约束合伙人,对合伙人以外的人没有约束力。《中华人民共和国合伙企业法》规定,合伙协议应当依法由全体合伙人协商一致、以书面形式订立;合伙协议经全体合伙人签名、盖章后生效;合伙人按照合伙协议享有权利,履行义务。

各国法律规定的合伙协议的主要条款包括下列八个方面的内容:

(1)合伙企业的名称和各合伙人的姓名。在不少国家,合伙企业的名称多以合伙人的姓氏命名,在合伙人的姓氏之后可加上"商行"(Firm)或"企业"(Company or Enterprise)的字样。如英国《合伙法》规定,合伙组织的商号应以普通合伙人的姓氏命名,在姓氏之后,加上"商号"或"公司"字样,但不得带有"有限"字样,否则将予以罚款。

(2)合伙企业所经营业务的性质和范围。

(3)合伙的期限。一些国家对合伙的期限加以限制,如法国法律规定,合伙的期限不得超过九十九年,但合伙人可以在此期限到期后请求延长。

(4)合伙人出资的种类及金额。

(5)合伙人之间利润的分配和亏损的分担办法。

(6)合伙企业的经营管理方式。

(7)合伙人死亡或退出时,对企业财产及合伙人利益的处理方法以及合伙企业继续存续的途径。

(8)合伙人认为其他必须约定的内容。

《中华人民共和国合伙企业法》第十八条规定了普通合伙企业的合伙协议应当载明的事项:

(1)合伙企业的名称和主要经营场所的地点;

(2)合伙目的和合伙经营范围;

(3)合伙人的姓名或者名称、住所;

(4)合伙人的出资方式、数额和缴付期限;

(5)利润分配、亏损分担方式;

(6)合伙事务的执行;

(7)入伙与退伙;

(8)争议解决办法;

(9)合伙企业的解散与清算;

(10)违约责任。

该法第六十三条还规定了有限合伙企业的合伙协议除符合该法第十八条的规定外,还应当载明的事项:

(1)普通合伙人和有限合伙人的姓名或者名称、住所;

(2)执行事务合伙人应具备的条件和选择程序;

(3)执行事务合伙人权限与违约处理办法;

(4)执行事务合伙人的除名条件和更换程序;

(5)有限合伙人入伙、退伙的条件、程序以及相关责任;

(6)有限合伙人和普通合伙人相互转变程序。

(三)合伙企业申请设立登记的程序

《中华人民共和国合伙企业法》规定了中国的合伙企业申请设立登记的基本程序:

1. 向有关国家登记机关提交要求提交的法律文件

申请设立一般合伙企业,应当向企业登记机关提交登记申请书、合伙协议书、合伙人身份证明、审批文件及其他法定的证明文件。其他法定的证明文件包括:全体合伙人指定的代表或者共同委托的代理人的委托书;出资权属证明;经营场所证明等。有限合伙企业在登记事项中还应当载明有限合伙人的姓名或者名称及认缴的出资数额。

合伙企业的经营范围中有属于法律、行政法规规定在登记前须经批准的项目的,该项经营业务应当依法经过批准,并在登记时提交批准文件。

2. 核发营业执照

若申请人提交的登记申请材料齐全、符合法定形式,企业登记机关能够当场登记的,则应予当场登记,发给营业执照。

若申请人提交的材料不齐全,也不完全符合法定情形需补充相关材料的或者材料需要进一步核实的,则企业登记机关应当自受理申请之日起二十日内(包括节假日)作出是否登记的决定。予以登记的,发给营业执照;不予登记的,应当给予书面答复,并说明理由。

其他国家对合伙企业登记的程序要求不一。对于普通合伙的登记,有的国家要求合伙组织必须履行登记手续,如《法国民法典》规定:"除隐名合伙以外的合伙,自登记之日起享有法人资格。"

而英美国家则并不要求合伙必须登记,只要合伙协议已经签订,资金已经到位,合伙即可认为成立。如美国《统一合伙法》规定,合伙有合法目的即可依合伙协议组成合伙企业。

与普通合伙不同,有限合伙的设立较为复杂。多数国家规定有限合伙须在有关机关注册,并提交合伙章程。英国《有限合伙法》规定,合伙章程应载明:企业名称、所营事业的一般性质、主要营业地点、合伙人的姓名、合伙企业经营期限及开业日期,注明是有限合伙企业,载明有限责任合伙人的姓名,每个有限合伙人出资的金额和类型。

四、合伙企业的财产

各国关于合伙的立法例表明,合伙财产具有共有的特征。英国《合伙法》规定,合伙财产(包括投入财产、为合伙之经营目的而购入财产以及以其他形式取得的财产)归合伙人共同拥有。《德国民法典》规定,合伙财产是属于全体合伙人的共同财产,包括合伙人的出资以及在合伙存续期间因合伙事务而得到的财产。《日本民法典》也规定各合伙人及其他合伙财产属于全体合伙人共有。《中华人民共和国合伙企业法》第二十条规定:"合伙人的出资、以合伙企业名义取得的收益和依法取得的其他财产,均为合伙企业的财产。"由此可见,合伙企业的财产包括合伙人出资形成的财产和合伙经营创造和积累的财产。

(一)合伙人出资财产部分的性质

合伙人以现金或明确以财产所有权出资的,出资人不再享有出资财产的所有权,而由全体合伙人共同享有。以土地使用权、房屋使用权、商标使用权、专利使用权等权利出资的,若合伙协议约定合伙企业对这些财产只享有使用权和管理权,则合伙人退伙或者合伙企业解散时,合伙人有权要求返还原物。若合伙协议约定上述权利出资的所有权转移,则在所有权转移之后形成合伙人之间的共有关系,合伙人退伙或者合伙企业解散时,只能以分配共有财产的方式收回出资的价值量。

(二)合伙企业存续期间积累财产的性质

一般认为,合伙积累的财产归合伙人共有,这种共有是按份共有。但是在合伙企业存续期间,合伙人不得以份额比例要求分割财产,也不得以份额大小来决定合伙人对合伙财产的使用和管理方面的权利以及合伙事务执行方面的权利。只有在分配合伙企业利润、退伙以及合伙企业解散时,合伙人才可以按照份额或约定的比例进行分配。

《中华人民共和国合伙企业法》第三十三条规定,"合伙企业的利润分配、亏损分担,按照合伙协议的约定办理;合伙协议未约定或者约定不明确的,由合伙人协商决定;协商不成的,由合伙人按照实缴出资比例分配、分担;无法确定出资比例的,由合伙人平均分配、分担。合伙协议不得约定将全部利润分配给部分合伙人或者由部分合伙人承担全部亏损。"

(三)合伙企业财产的处分

合伙人向合伙人以外的人转让其在合伙企业中的全部或者部分财产份额时,须经其他合伙人一致同意。合伙人之间转让在合伙企业中的全部或者部分财产份额时,应当通知其他合伙人。合伙人向合伙人以外的人转让其在合伙企业中的财产份额时,在同等条件下,其他合伙人有优先购买权。合伙人以外的人依法受让合伙人在合伙企业中的财产份额的,经修改合伙协议即成为合伙企业的合伙人,享有权利,履行义务。

《中华人民共和国合伙企业法》第二十一、二十五条还对合伙人对合伙财产的处分进行了一定的限制,如第二十一条规定:"合伙人在合伙企业清算前,不得请求分割合伙企业的财产;但是,本法另有规定的除外。合伙人在合伙企业清算前私自转移或者处分合伙企业财产的,合伙企业不得以此对抗善意第三人。"第二十五条规定:"合伙人以其在合伙企业中的财产份额出质的,须经其他合伙人一致同意;未经其他合伙人一致同意,其行为无效,由此给善意第三人造成损失的,由行为人依法承担赔偿责任。"

(四)合伙企业财产责任的承担

由于合伙企业没有独立的法人资格,且合伙人投入合伙的财产与其个人财产并未完全分离,因此在合伙企业的对外关系中所产生的企业债务最终是要由合伙人来承担的,合伙人须以个人财产对合伙企业的对外债务承担无限连带责任。

五、合伙企业的内部关系和外部关系

(一)合伙企业的内部关系

合伙企业的内部关系主要指合伙企业内部的事务执行分配以及合伙成员之间的权利与义务关系。

1. 合伙企业的事务执行

合伙企业的事务执行指为实现合伙企业设立的目的而进行的各种业务活动的具体实现。合伙与其他商事组织不同,是人合组织,与公司相比是较为松散的经济组织,没有代表企业为意思表示的专门组织机构,没有严格的组织领导。原则上,每一个合伙人对执行合伙事务享有同等的权利,合伙人均有权执行合伙企业的事务,代表合伙企业对外进行业务往来。

《德国民法典》规定，合伙事务由合伙人共同执行之。合伙人履行其负担的义务，应与处理自己的事务一样注意。英国《合伙法》规定，每个合伙人均可参加合伙商业的经营管理活动。

但是，合伙人均可参加合伙事务的执行，在实践中必然会出现意见不一致的情况，因此各国合伙法规定，合伙企业可以委任一个或数个合伙人作为合伙的执行代表，一项业务的执行应取得全体合伙人的同意。如果合伙人对事务的执行有异议，则应暂停执行，然后由全体合伙人作出决定。合伙企业还可以聘任合伙人以外的人担任合伙企业的经营管理人员。被聘任的合伙企业的经营管理人员应当在合伙企业授权范围内履行职务。

《中华人民共和国合伙企业法》第二十六、二十七条规定，按照合伙协议的约定或者经全体合伙人决定，可以委托一个或者数个合伙人对外代表合伙企业，执行合伙事务。作为合伙人的法人、其他组织执行合伙事务的，由其委派的代表执行。委托一个或者数个合伙人执行合伙事务的，其他合伙人不再执行合伙事务。不执行合伙事务的合伙人有权监督执行事务合伙人执行合伙事务的情况。

2. 合伙人的权利

合伙人在合伙企业事务的执行中享有如下几项主要权利：

(1) 分享利润、获得补偿的权利

英、美、德等国家的法律规定，合伙人应平均分配利润，而不考虑合伙人出资多少。法国规定应按合伙人的出资比例分享利润。

合伙人对合伙债务承担无限连带责任，偿还合伙债务超过自己应承担的份额时，有权向其他合伙人追偿。合伙人为处理企业的正常业务或维持企业的正常经营，维护企业的财产利益而垫付的个人费用或因此遭受的个人财产损失，合伙企业和其他合伙人应予以补偿。

(2) 参加合伙企业经营管理，对合伙事务执行进行监督的权利

合伙企业事务执行人应向其他不参加执行事务的合伙人报告其事务的执行情况以及合伙企业的经营状况和财务情况。不参加合伙事务执行的合伙人同样有权监督执行事务的合伙人，检查其执行合伙企业事务的情况，有权了解合伙企业经营状况，有权查阅合伙账册，并可以提出质询，合伙企业事务执行人不得拒绝。一些国家对合伙人的这项权利加以限制，以保证合伙企业的经营管理能够顺利进行。例如，法国法律规定，不参与日常管理的合伙人一年内查阅合伙账目一般不得超过两次。

(3) 合伙人享有对合伙企业事务的决策权

除非合伙协议有相反的规定，对合伙企业有关事项通过表决作出决议时，每一合伙人通常有参与表决的权利。一般情况下，合伙事务的决定需要全体合伙人一致同意。

《中华人民共和国合伙企业法》第三十一条规定："除合伙协议另有约定外，合伙企业的下列事项应当经全体合伙人一致同意：(一) 改变合伙企业的名称；(二) 改变合伙企业的经营范围、主要经营场所的地点；(三) 处分合伙企业的不动产；(四) 转让或者处分合伙企业的知识产权和其他财产权利；(五) 以合伙企业名义为他人提供担保；(六) 聘任合伙人以

外的人担任合伙企业的经营管理人员。"

(4)合伙人的优先权利

合伙企业经营效益较好且需要扩大投资规模时,合伙人有权优先投资。合伙人依法转让其在合伙企业中的份额时,在同等条件下,其他合伙人有优先受让权。

3.合伙人的义务

合伙人的义务,总体上可以分为资金方面的义务和经营方面的义务。

(1)资金方面的义务

合伙人在资金方面的义务主要包括出资义务和财产份额合法转移的义务。

合伙人在签订合伙协议之后,有义务按照协议规定的期限、出资数额、方式缴纳出资。如合伙人到期拒不缴纳出资而使合伙无法成立或给其他合伙人造成损失的,其他合伙人有权要求其赔偿。《中华人民共和国合伙企业法》规定,普通合伙企业的合伙人一般可以货币、实物、技术或已完成了的劳务出资。有限合伙企业的合伙人可以用货币、实物、知识产权、土地使用权或者其他财产权利作价出资,但不得以劳务出资。

合伙人在合伙企业清算前,不得请求分割合伙企业的财产;合伙人向合伙人以外的人转让其在合伙企业中的全部或者部分财产份额时,须经其他合伙人一致同意。合伙人之间转让在合伙企业中的全部或者部分财产份额时,应当通知其他合伙人。合伙人向合伙人以外的人转让其在合伙企业中的财产份额时,在同等条件下,其他合伙人有优先购买权。

(2)经营方面的义务

①忠实义务。合伙人对合伙企业及其他合伙人负有忠实义务,要求每个合伙人在执行合伙企业的事务时,须对其他合伙人负绝对真诚之责,不得牟私利,亦不得欺诈,应以善良管理人的谨慎和注意管理经营合伙企业的财产,维护合伙企业的整体利益,及时向合伙企业报告有关信息和事务的执行情况,向其他合伙人提供合伙企业的真实账目和一切情况,以取得合伙企业利益的最大化。

②竞业禁止义务。合伙企业事务执行的收益应归合伙企业所有。合伙人不得擅自利用合伙企业的财产为自己牟取私利,不得经营与合伙企业相竞争的事业,不得私自以合伙企业的名义与自己订立合同。如合伙人违反忠实义务和竞业禁止义务,其所得利益应归全体合伙人,对企业有损害时,其他合伙人有权要求其赔偿。

③谨慎和注意义务。被委托执行合伙企业事务的合伙人,应当严格按照合伙协议或者全体合伙人的决定执行合伙企业事务,否则其他合伙人有撤销对其委托的权利。参与经营管理的合伙人在执行合伙业务时,必须履行谨慎和注意义务。如因其失职而给合伙企业造成损失,其他合伙人有权请求赔偿。被聘任的合伙企业的经营管理人员,超越合伙企业授权范围履行职务,或者在履行职务过程中因故意或者重大过失给合伙企业造成损失的,依法承担赔偿责任。

(二)合伙企业的外部关系

合伙企业的外部关系主要涉及合伙企业的对外代表权、合伙企业与第三人的关系以及合伙企业的债务承担等问题。

1. 合伙企业的对外代表权

关于合伙企业的对外代表权的法律性质,从各国的立法例来看,都认为是代理关系,即对外执行合伙企业事务的合伙人是合伙企业和其他合伙人的代理人。对合伙企业外部而言,执行合伙事务的合伙人对外代表合伙企业,其执行合伙事务所产生的收益归全体合伙人,所产生的亏损或者民事责任由全体合伙人共同承担。

2. 合伙企业与第三人的关系

各国法律一般都规定,每个普通合伙人在企业所从事的业务范围内,都有权作为合伙企业与其他合伙人的代理人,在经营合伙企业通常的业务中所做的行为及由此产生的后果,对合伙企业和其他合伙人均有约束力,这就是对第三人适用的相互代理原则。这种合伙人之间的相互代理原则决定了合伙企业与第三人的关系有以下三个方面的特点:

(1) 每个合伙人在执行合伙企业通常业务中所做的行为,对合伙企业和其他合伙人都具有拘束力,合伙人之间约定的对某个合伙人权力的限制约定,不得用来作为对不知情的第三人的抗辩。也就是说,如果合伙人的代表权有限制而该限制不为善意的第三人所知的话,则该合伙人与善意第三人之间进行的交易行为对合伙企业是有效的。但是,如果第三人与某一合伙人进行交易时,明知该合伙人不具有这种权利而与其发生法律行为,则合伙企业和其他合伙人对该合伙人的行为不负责任。

(2) 如果执行合伙事务的合伙人在执行合伙企业事务的过程中对他人造成了损害,侵害了他人的合法权益,该侵权行为的后果应先由合伙企业承担赔偿责任,然后,合伙企业有权依据合伙企业内部规章或合伙协议追究执行合伙事务的合伙人个人的责任,要求其赔偿企业由此遭受的损失。

(3) 合伙人的债权人的抵销权与代位权的行使受到限制。合伙企业中某一合伙人的债权人,不得以该债权抵销其对合伙企业的债务,也不得代位行使该合伙人在合伙企业中的权利。当合伙人个人财产不足清偿其个人所负债务时,该合伙人只能以其从合伙企业中分取的收益用于清偿;债权人也可以依法请求法院强制执行该合伙人在合伙企业中的财产份额用于清偿。

3. 合伙企业的债务承担

大多数国家的法律规定,合伙企业的债务应首先以合伙企业的全部财产清偿,合伙企业的财产不足以清偿其到期债务的,合伙人应当承担无限连带清偿责任或无限责任。合伙人内部有关债务承担份额的约定不得对抗合伙企业的债权人。如果合伙人所清偿的数额超过其应当承担的份额时,有权向其他合伙人追偿。

如《德国民法典》规定合伙人对合伙债务承担无限连带责任,合伙财产不足以清偿共同债务时,各合伙人应按照对亏损负担的比例分担债务,如果一合伙人无力交纳应负担的债务,其余合伙人应按比例承担这部分债务。瑞士法律也有相似的规定,合伙企业为合伙人的共有团体,合伙债务为合伙人的共同债务,应由合伙团体来承担。但《日本民法典》只要求合伙人承担无限责任,不要求承担连带责任。

阅读资料

新合伙人对于入伙之后合伙企业所负担的债务，应与其他合伙人一样承担无限连带责任。但是，新合伙人对于其入伙前合伙企业已存在的债务如何承担责任，各国法律规定也有所不同，主要有三种立法例：

(1)新合伙人对入伙前合伙企业的债务与其他原合伙人一样承担无限连带责任，如法国、日本、瑞士等大陆法系国家均规定，新合伙人应对入伙前合伙企业的债务承担连带责任。《中华人民共和国合伙企业法》也采取了这种做法。

(2)新合伙人对于合伙原有债务不承担责任，如英国法律规定，加入商行的合伙人对入伙前的商行债务不承担责任。

(3)新合伙人对入伙前发生的债务承担责任，但若这种债务仅以合伙财产清偿时的情况则除外，如美国。

对于已退出合伙企业的原合伙人而言，若日后发生的债务是在其退伙之前的交易结果，则其仍需对债权人负责。其目的是最大限度地保护合伙企业债权人的利益，防止合伙人借退伙逃避债务，这也是由合伙责任的连带特点决定的。但如该债务与其退伙之前的交易无关，且第三人知道其已不是合伙人，则其对退伙后第三人的债务不承担任何责任。

六、入伙与退伙

(一)入伙

入伙是指在合伙企业存续期间，原来不具有合伙人身份的第三人加入合伙企业，取得合伙人身份的法律行为。许多国家法律都规定，合伙企业要接纳新合伙人，必须得到全体合伙人的同意，如果合伙人中有人表示异议，入伙便不能成立。《中华人民共和国合伙企业法》第四十三条规定："新合伙人入伙，除合伙协议另有约定外，应当经全体合伙人一致同意，并依法订立书面入伙协议。"该法第四十四条还规定："入伙的新合伙人与原合伙人享有同等权利，承担同等责任。入伙协议另有约定的，从其约定。"《法国民法典》第一千八百六十一条规定："合伙企业成立后，非经全体的同意，不得允许他人加入为合伙人。"美国《统一合伙法》也规定，未经所有合伙人同意，任何人不能成为合伙人，但合伙协议另有约定的除外。

(二)退伙

退伙是指在合伙企业存续期间，合伙人因一定的法律事实而与其他合伙人脱离合伙关系，消灭合伙人身份的一种法律行为。根据退伙的事由，可将退伙分为声明退伙、法定退伙、协议退伙和除名退伙。

1.声明退伙

声明退伙，又称任意退伙，是指依合伙人一方的意思表示而终止该合伙人与其他合伙人之间在合伙协议中的合伙法律关系的一种单方法律行为。

有的国家主张退伙人声明只需告知其他合伙人即可退伙,如德国等;有的国家则主张退伙人声明须得到其他合伙人的同意才能退伙,如法国等。关于声明退伙的时间,各国的规定也有所不同,有的国家允许随时退伙,有的国家则只允许在企业会计年度终结前的一定时期内才能声明退伙。

2. 法定退伙

法定退伙是指非基于合伙人的意思表示,而是基于法律规定的一定事由而发生的当然退伙。如《日本民法典》第六百七十九条规定,法定退伙事由有:死亡、破产、禁治产、除名。《中华人民共和国合伙企业法》第四十八条规定:"合伙人有下列情形之一的,当然退伙:(一)作为合伙人的自然人死亡或者被依法宣告死亡;(二)个人丧失偿债能力;(三)作为合伙人的法人或者其他组织依法被吊销营业执照、责令关闭、撤销,或者被宣告破产;(四)法律规定或者合伙协议约定合伙人必须具有相关资格而丧失该资格;(五)合伙人在合伙企业中的全部财产份额被人民法院强制执行。合伙人被依法认定为无民事行为能力人或者限制民事行为能力人的,经其他合伙人一致同意,可以依法转为有限合伙人,普通合伙企业依法转为有限合伙企业。其他合伙人未能一致同意的,该无民事行为能力或者限制民事行为能力的合伙人退伙。退伙事由实际发生之日为退伙生效日。"

3. 协议退伙

协议退伙指合伙人在合伙协议约定的退伙事由出现时或经全体合伙人同意时退出合伙企业。《中华人民共和国合伙企业法》第四十五条前两款规定了协议退伙的情况:"合伙协议约定合伙期限的,在合伙企业存续期间,有下列情形之一的,合伙人可以退伙:(一)合伙协议约定的退伙事由出现;(二)经全体合伙人一致同意。"

4. 除名退伙

除名退伙指合伙企业根据某种正当理由,将某一合伙人从合伙企业中除名而使该合伙人退伙。《中华人民共和国合伙企业法》第四十九条规定:"合伙人有下列情形之一的,经其他合伙人一致同意,可以决议将其除名:(一)未履行出资义务;(二)因故意或者重大过失给合伙企业造成损失;(三)执行合伙事务时有不正当行为;(四)发生合伙协议约定的事由。对合伙人的除名决议应当书面通知被除名人。被除名人接到除名通知之日,除名生效,被除名人退伙。被除名人对除名决议有异议的,可以自接到除名通知之日起三十日内,向人民法院起诉。"

退伙的法律效力主要表现在以下方面:

(1)合伙资格的丧失。

(2)合伙人退伙,其他合伙人应当与该退伙人按照退伙时的合伙企业财产状况进行财产清算,退还退伙人在合伙企业中的财产份额。退伙人在合伙企业中财产份额的退还办法,由合伙协议约定或者由全体合伙人决定,可以退还货币,也可以退还实物。退伙人对给合伙企业造成的损失负有赔偿责任的,相应扣减其应当赔偿的数额。退伙时有未了结的合伙企业事务的,待该事务了结后再进行结算。

(3)退伙人对基于其退伙前的原因发生的合伙企业债务,承担无限连带责任。合伙人退伙时,合伙企业财产少于合伙企业债务的,退伙人应当分担亏损。

七、合伙企业的解散与清算

(一)合伙企业的解散

合伙企业的解散是指合伙企业由于法律规定的原因或者当事人约定的原因而使全体合伙人之间的合伙协议终止、合伙企业的事业终止,全体合伙人的合伙关系归于消灭,合伙企业的民事主体资格归于消灭的情形。总结归纳多数国家合伙立法的有关规定,引起合伙企业解散的原因有协议解散、依法解散和强制解散。

1.协议解散

协议解散指合伙企业依据合伙人各方达成内部协议,自愿决定解散合伙企业。当合伙协议约定有期限时,合伙企业即于该期限届满时宣告解散;如果合伙协议没有规定期限,合伙人也可另外达成协议,约定合伙企业的解散。如果一部分合伙人同意解散,另一部分人不同意解散,则应由同意解散的合伙人退伙,合伙关系在其他合伙人中继续存在。

2.依法解散

依法解散是指因发生了法律规定的合伙企业解散的情形而解散。《中华人民共和国合伙企业法》第八十五条对合伙企业的解散事由作了规定:"合伙企业有下列情形之一的,应当解散:(一)合伙期限届满,合伙人决定不再经营;(二)合伙协议约定的解散事由出现;(三)全体合伙人决定解散;(四)合伙人已不具备法定人数满三十天;(五)合伙协议约定的合伙目的已经实现或者无法实现;(六)依法被吊销营业执照、责令关闭或者被撤销;(七)法律、行政法规规定的其他原因。"

3.强制解散

强制解散指法院根据有关权利人的申请,强制命令合伙组织解散。

(二)合伙企业的清算

引起合伙企业解散的原因发生后,必然导致合伙企业的业务终结,债权债务需要进行清算,即进入清算阶段。清算即清理合伙企业尚未了结的事务,最终结束合伙企业所有法律关系,使合伙企业归于消灭,如清理资产、收取债权、清偿债务、退还出资及分配剩余财产等。合伙企业至清算结束、注销登记后为完全消灭。

《中华人民共和国合伙企业法》第八十六、八十七条规定,清算可由全体合伙人担任清算人,也可以指定几名合伙人或委托其他第三人担任清算人。清算人的事务主要有:(一)清理合伙企业财产,分别编制资产负债表和财产清单;(二)处理与清算有关的合伙企业未了结事务;(三)清缴所欠税款;(四)清理债权、债务;(五)处理合伙企业清偿债务后的剩余财产;(六)代表合伙企业参加诉讼或者仲裁活动。清算期间,合伙企业存续,但不得开展与清算无关的经营活动。

合伙企业的清算结束后,清算人应编制清算报告,经全体合伙人签字、盖章后,在十五日内向企业登记机关报送清算报告,申请办理合伙企业注销登记。合伙企业注销后,原普通合伙人对合伙企业存续期间的债务仍应承担无限连带责任。合伙企业不能清偿到期债务的,债权人可以依法向人民法院提出破产清算申请,也可以要求普通合伙人清偿。合伙企业依法被宣告破产的,普通合伙人对合伙企业债务仍应承担无限连带责任。

第四节　公　司　法

一、公司与公司法总论

(一) 公司概述

1. 公司的概念

公司(Corporation),指依照公司法规定的条件和程序设立的,以营利为目的的企业法人组织。各国法律均规定,公司是法人,具有独立的法人资格。因此,公司和自然人一样,在法律上具有权利能力和行为能力,它有权以自己的名义拥有财产,享有权利,承担义务,并可以用公司的名义发生法律行为。

大部分国家的公司以有限责任公司为主,有限责任公司的财产与股东的个人财产相互分离、相互独立,公司股东对公司的债务仅以其出资额为限承担有限责任。公司作为法人可以长期存在,股东的死亡或变更均不会影响公司的存续与发展。大多数公司的拥有者和经营管理者是分离的,负责公司日常经营管理的不是股东,而是专门的管理人员,如董事、经理等。公司是现代社会中各国普遍采用的一种最重要、最富有生命力的商事组织形式,以股份有限公司为代表的公司企业是各国国民经济的主要支柱,其经济实力和影响是其他商事组织无法比拟的。

公司的起源可追溯到古罗马时代,发端于中世纪的意大利及地中海岸的商业都市,当时由于海运贸易的发达,除了直接从事海上贸易的商人外,还出现将出资交给他人经营而分获利益的一类商人,形成了康达组织,后来这种形式发展成为一种稳定的陆上经济形态,即索赛特。康枚达是两合公司的原始形态,索赛特则是无限公司的原始形态。到了17世纪初,在英国和荷兰正式出现了有法人地位的商业公司,它们经皇室特许,经营外贸业务,1600年英国东印度公司的成立开启了现代公司制度的发展之门。1602年荷兰东印度公司成立。18世纪末出现股份两合公司,19世纪德国首创有限公司。一般认为,公司的历史是由合伙向无限公司、两合公司,然后发展到股份有限公司及有限公司。

对"公司"的概念,大陆法系国家和英美法系国家有所区别。

(1) 大陆法系国家关于公司的概念

大陆法系国家一般认为,公司是依法设立并单纯以营利为目的的社团法人。公司的名称本身就表明了该团体的营利性质,非以营利为目的的社团组织不能成为公司。这体现了大陆法系国家强调公司具有依法设立的法定性、营业活动的营利性和社团法人结构的团体性。

(2) 英美法系国家关于公司的概念

在英美法系国家,"公司"具有广泛而不确切的法律含义,一般不设专门的定义性概念,并非大陆法系国家严格法律意义上的"公司"。英美法系公司法总体上是一个较为宽泛的法律体系。另外,英美法系国家并不强调公司的营利目的,公司可以分为两类,即以营利为目的的商事公司和以发展慈善、教育、科学、文化等为目的的非营利公司。

《中华人民共和国公司法》规定:"本法所称公司是指依照本法在中国境内设立的有限责任公司和股份有限公司。公司是企业法人,有独立的法人财产,享有法人财产权。公司以其全部财产对公司的债务承担责任。"

2. 公司的法律特征

(1)法定性

法定性是公司的重要特征,是法律规范市场主体的需要。公司是依据公司法及其他相关法律而成立的企业法人,公司必须依照公司法的规定登记注册而设立。公司设立的目的、程序和条件等都必须符合公司法和其他有关法律的规定。只有依照法定条件和程序,经法定机关注册登记的公司才能具有独立的法律人格。非依照法定的条件和程序不得设立公司,且不受公司法的保护。

(2)营利性

公司属于法人,是以营利为目的的商事组织,设立公司的目的最终是为了获取利润并分配给股东,实现资产的保值和增值,而且是连续不断地从事同一性质的经营活动,不是偶然地从事一两次营利活动。公司股东的投资是以获取利润为目的的,否则,股东就没有投资于公司的必要。

(3)有限责任性

公司是由两个以上的股东进行投资的典型的社团法人,强调的是资本的联合和积聚,各国几乎都把公司规定为分离于它的投资人而独立存在的法律实体(法人)。公司作为独立的经济实体,仅以其财产对公司的债务负有限责任,股东仅以其对公司的出资额为限对公司的债务承担有限责任。这是各国公司法区别公司与其他企业形式的关键。

(4)独立性

各国的公司法都赋予公司特别是有限责任公司和股份有限公司以法人地位,具有独立的法律人格,具体表现在以下几个方面:

①公司财产独立。公司的初始财产来源于股东的投资,但一旦股东将投资的财产移交给公司,这些财产从法律上就与股东的其他财产相分离,属于公司所有,而股东丧失了直接支配、使用这些财产的权利。

②公司意志独立。公司法人作为法律拟制的产物,具有独立的权利能力和行为能力。公司一旦成立,在其存在的整个期间内,便以其独立健全的组织机构为其意思机关,独立地作出意思表示,享有权利并承担义务。当公司与他人发生商业纠纷时,公司有权以自己的名义在法院提出起诉,应诉或参与其他法律活动,行使其诉讼权利,承担法律义务。

③公司责任独立。这意味着公司以其全部资产对公司债务承担责任,即使公司的全部财产不足于偿还公司债务,公司的债权人也不能向公司的股东追索,股东仅以其出资额为限对公司承担责任,而不直接对公司债权人负责。股东的有限责任被称为公司法人制度的基石。

④公司存续独立。一般公司的存续与否不受股东变化的影响。相对于合伙企业,公司强调的是资本的联合,因此股东股份的转让、股东的死亡或破产都不影响公司企业的存续。

(5)组织严密性

公司是以营利为目的的,公司在所有权和经营权相分离的情况下,要适应多变的市场、激烈的竞争,需要有一个严密的组织机构,各国公司法一般都对公司的机构及其职能作出了相应的规定。公司的管理体制应由公司章程具体规定,但必须与公司法的原则规定相一致,即应采取股东大会、董事会与监事会及经理三位一体的统一集中管理体制。

(二)公司法的概念及特点

公司法是规定公司设立、组织、经营、解散、清算以及调整公司内外部关系的法律规范的总称。无论在内容还是在体例方面,公司法都有着与其他法律不同的特点,这主要体现在下述三个方面:

(1)从公司法的内容上看,公司法是一种组织法与活动法相结合的法律。公司法调整的对象是公司内外部的组织关系,其作为组织法,具体包括公司的设立、变更和清算、公司的组织机构、股东权利和义务等内容。由于公司是以营利为目的的经营组织体,它主要从事各种管理活动、交易活动,公司法除须对公司组织机构的管理活动进行规范外,还须对股票和债券的发行、转让等行为进行规范。

(2)从公司法的体例上看,公司法是一种实体法和程序法相结合的法律。公司法侧重于对股东及公司内部机构的权利和义务的规定,以及股东与公司财产责任的划分,因此公司法主要是实体法。在侧重实体性规定的同时,公司法还对取得实体权利所必须履行的程序作出了规定,因而又具有程序法的特点。

(3)从公司法的规范性质上看,公司法是一种强制性规范与任意性规范相结合的法律。为维护社会交易的安全和经济秩序的稳定,公司法具有鲜明的管理性,故多为强制性规范。公司法在突出强制性规范的同时,为了体现股东和公司的意愿,也有一定的任意性规范。

(三)各国公司法概况

每个国家公司法立法模式的选择,不仅受到法律内容的制约,还受到其立法传统、立法体系以及社会发展的影响,具有多样性,有较大的差异。

1. 大陆法系国家的公司法

法国属于民商分立的国家,公司法属于商法的范畴。法国关于公司法的历史比较长,早在1673年制定的《陆上商事条例》中就有关于公司的规定。法国第一部近代公司法是1807年拿破仑颁布的《法国商法典》,其中第二十九条就是关于公司的规定,开创了近代公司立法的先河。此后,法国还对商法典中有关公司的法律规定作了数次修改。为了弥补商法典的不足还颁布了一些新的法规,比如1867年颁布的《公司法》就对公司制度作了专门的规定。由于《法国商法典》制定得较早,而有限责任公司形式出现得较晚,该商法典中规定的公司类型不全。因此,1925年法国又制定了单行的公司条例《有限公司法》,正式承认了有限公司的法律地位。1966年,根据《欧洲统一合同法草案》法国制定并颁布了一部全面规定各种公司形式的《商事公司法》,这是法国现行的公司法。法国的这些法规被意大利、西班牙、葡萄牙、埃及等国家效仿。

德国也属于民商分立的国家,公司法属于商法的一部分。德国的公司法规范最早见于1861年颁布的《德国商法典》。1892年,德国颁布了单行的《有限公司法》,1897年进行了修改,这是世界上第一个关于有限责任公司的专门立法。1897年,德国制定了新的《德国商法典》,将无限公司、两合公司、股份公司、股份两合公司等分章加以规定。1965年德国通过了《股份法》,该法共有四百一十条。奥地利、瑞士及北欧国家进行了类似的立法规定。

2. 英美法系国家的公司法

英国的公司组织形式早在17世纪初就已产生,但是英国在制定《公司法》之前的100年间,公司法律制度没有任何进展,英国政府不允许私人组织公司,只有国会法令特许,才可设立公司。这主要是由于在17世纪,英国出现了泡沫公司,它们恶意地利用股票发行制度进行投机和诈骗行为,严重扰乱了社会经济秩序,使英国政府对公司失去信心,并在1720年制定了较为严格的限制公司发展的《布伯尔法》,使英国的公司发展从此停滞不前。1825年后,英国相继颁布了一系列单行的公司法规,辅之以判例法对公司进行规范调整。判例法也是英美国家公司法的重要渊源,英美国家公司法中的一些内容来源于有关公司的判例。英美法系国家尽管为判例法国家,但都制定了成文的公司法。1844年,英国国会虽然通过一项法律允许私人设立公司,并采取完全公开原则,以保护投资公众的利益,但仍不允许私人组织的公司实行有限责任。直至19世纪中后期,在英国自由主义的经济理论得到认可后,英国才开始放松对公司的管制。1862年,英国首次颁布了以《公司法》命名的法律,此后公司法经过了数次修改,沿用至今。1944年,英国制定的《合作股份公司法》中确立了公司发起人数、法定资本注册、保护投资者利益三个原则,这三个原则至今仍是各国公司法的重要内容。

美国的公司法主要由三部分构成:①由各州的立法机构通过的普通公司法。美国联邦议会没有公司法方面的立法权,各州有公司法的立法权。州公司法中以《特拉华州公司法》最具影响力。②由美国国会通过的联邦法,包括《反托拉斯法》以及与公司证券发行和交易有关的《证券法》。③法院在解释成文法的过程中积累了大量的判例,形成了州及联邦法院的"案例法"。此外,美国统一州法律委员会和美国法学会分别在1928年和1950年制定的《统一公司法》和《示范公司法》,尤其是美国法学会制定的《示范公司法》,虽然不具有任何法律效力但对各州的公司立法影响较大,颇具权威性。经过六次修改,1984年修正后的《示范公司法》得到了许多州的采用。

3. 中国的公司法

中国最早的公司立法是1903年清政府颁布的《公司律》。中华人民共和国成立伊始,曾颁布《私营企业暂行条例》,规定了五种公司形式,包括无限公司、有限责任公司、两合公司、股份有限公司和股份两合公司。1956年完成私营企业社会主义改造后,这些公司形式不复存在了,再加上当时实行计划经济体制,没有创办现代意义上的公司,所以也不可能制定具有现代意义的公司法。1979年改革开放后,我国逐步认识到公司立法的重大意义,经过多年的起草酝酿,于1993年12月29日制定了《中华人民共和国公司法》,从1994年7月1日起施行。2018年10月26日,第十三届全国人民代表大会常务委员会第六次会议通过了修正后的《中华人民共和国公司法》。新修正的《中华人民共和国公司法》

从2018年10月26日起施行。这是该法自1993年12月29日由第八届全国人民代表大会常务委员会第五次会议通过后,我国立法机关对这部法律作出的第四次修正。

(四)公司的分类

关于公司的种类,各国在立法上和学说上所依据的标准不同,因此分类也不相同。主要划分类型有以下几种:

1. 按股东对公司债务所负责任划分

(1)无限责任公司

无限责任公司又称为无限公司,是指由一定数量以上的股东所组成的,股东对公司债务负无限连带清偿责任的公司。无限公司是人合公司,从公司内部来说,以股东间的相互信任为基础,股东之间事实上是一种合伙关系,与合伙企业较为类似。

一些国家要求无限公司应将股东姓名列于公司名称之中,因此称为"合名(或开名)"公司,例如,法国称为"合名公司",德国称为"开名公司",日本称为"合名会社"。

根据各国公司法的规定,无限公司只要由两个或两个以上的股东协商一致订立章程,然后依法申请登记,即可成立。如果公司的股东仅剩一人,公司应解散。虽然无限责任公司在许多方面的特点与合伙企业相似,但很多国家的法律承认无限责任公司为法人而不承认合伙企业为法人。在法律交往中,无限责任公司可以凭自己的商号享有一定的独立性,独立地享有权利、承担义务及参加诉讼活动。

无限公司的特点有:

①股东对公司的债务负无限连带清偿责任。

②股东有权直接参加经营管理公司事务。

③对股东有竞业禁止的规定。

④公司的账目无须向公众公开。

(2)两合公司

两合公司是由承担有限责任的股东和承担无限责任的股东共同组成的公司。两合公司这种商事组织类型是大陆法系国家所特有的,它类似于英美法系国家法律所规定的有限合伙企业,但与有限合伙企业不同的是,它具有法人资格。

两合公司具有有限公司和无限公司的双重性质,既有"人合公司"的性质,又有"资合公司"的性质,但更接近于无限公司的法律地位。在两合公司中,不同性质的股东所享有的权利是不同的。负无限责任的股东对公司债务负无限连带清偿责任,他们享有代表和管理公司的权利,如果转让股份,须经其他股东全体同意。负有限责任的股东对公司债务的责任则仅以其出资额为限,他们无权代表和管理公司,如果转让股份,无须经全体股东同意,只要负无限责任的股东同意即可。

(3)有限责任公司

有限责任公司也称有限公司,是指由法律规定的一定数额的股东通过出资而组成的公司,股东对公司债务以自己向公司的出资额为限承担有限责任,公司以其全部财产对外承担责任的一种具有法人资格的商事主体。有限责任公司股东人数较少且法律有所限制,不向公众筹集资金、不得发行股票、股东自己出资,对于股份的转让法律也有较多的限制,股东对公司债务仅以其出资额为限承担有限责任。

(4) 股份有限公司

股份有限公司也称股份公司,是指公司资本分成若干等额的股份,由一定人数以上的股东组成,公司通过向社会发行股份募集资本,股东以其认购持有的股份对公司负有限责任的公司。股份有限公司对于加速资本的集中化和社会化,促进社会经济的发展有着十分重要的作用。对现代企业的经营者来说,股份公司是一种高级的企业组织形式,特别适合大型企业,因此,股份公司是现代市场经济中作用最大、地位最重要的公司类型。

(5) 股份两合公司

股份两合公司是指公司资本划分为等额股份,由一个或一个以上的无限责任股东以其全部个人财产对公司债务承担无限责任,以及一个或一个以上的有限责任股东以其所持股份为限对公司债务承担有限责任的股东联合组成的一种公司类型。

股份两合公司是两合公司的特殊形式,它兼容了股份公司与两合公司的成分。股份两合公司与股份公司之间的最大差别是,在股份两合公司中存在着两种类型的股东,即承担有限责任的股东和无限责任的股东。这两类股东在法律地位上不完全一样。无限责任股东常常是公司法律责任的直接承担者,并对公司债务承担无限责任;而有限责任股东对公司的债务并不直接承担责任。与股份公司相比,股份两合公司的优点并不是很多。因此,在各国受到的重视程度和所发挥的作用都极小,公司的数量也很有限。多数国家未规定此种公司形式。

2. 按股权分布程度及股权转让方式划分

英美法系国家根据股权分布程度及股权转让方式不同,将公司分为封闭公司和公开公司。

(1) 封闭公司

封闭公司在英国称为"Private Corporation",在美国称为"Close Corporation"或"Close-held Company",又译为私公司、私人公司等,它是指公司股东人数较少,且有最低和最高人数的限制,公司股份不得公开募集并上市流通的公司。

(2) 公开公司

公开公司(Public Corporation 或 Public-held Corporation),是指公司股东人数较多,无最高人数的限制,股权极为分散,公司股份可以公开募集并可以上市流通的公司。一般而言,公开公司的股东人数较多。如美国加州公司法规定,股东人数超过三十五人即为公开公司,否则为封闭公司。

3. 按公司的控制关系划分

以公司的控制关系为标准,将公司分为母公司和子公司。

(1) 母公司

母公司是指一个公司持有另一个公司一定比例的股份并直接掌握其经营的公司。从严格意义上讲,母公司包括控股公司但不等于控股公司,因为母公司对子公司的控制既有资本控制关系,又有协议控制关系。当母公司与子公司之间是一种资本控制关系时,母公司为控股公司,子公司为被控股公司;而当母公司与子公司之间是一种协议控制关系时,则母公司不能称为控股公司。在西方国家,母公司主要指混合控股公司。母公司与子公司之间的关系以股权的占有为基础,母公司是通过行使股权,而不是直接依靠行政权力控制子公司。

(2)子公司

子公司是指由母公司投资并受母公司控制的公司。母公司和子公司在法律上互相独立,各为独立法人,但在经济上实为一体。根据法人的有限责任原则,由各子公司对其产生的债务负责任,母公司对子公司的债务,即使是由自己的指示或行为造成的,也不负任何责任。

4.按公司的内部管辖系统划分

根据公司的内部管辖系统,可以将公司划分为总公司和分公司。

(1)总公司

总公司也称本公司,它是管辖其全部组织的总机构。总公司在法律上具有独立的法人资格。总公司对分公司业务经营、资金配置、财产调度、人事安排统一指挥并作出决定。

(2)分公司

分公司是指由总公司所管辖的分支机构。分公司不是独立的公司,不具有法人资格,分公司不能独立承担财产责任,当它的财产不足以清偿债务时,应由总公司来清偿,且不具有公司的组织形式,没有自己的股东会、董事会、监事会,也没有自己的法定代表人,只由总公司任命的经理作为分公司的负责人。但它仍具有经营资格,需要向公司登记机关依法办理登记,领取营业执照。

(四)公司的设立方式

公司的设立,指发起组建公司的人为组建公司并使其获得法人资格必须采取和完成的多种连续的准备行为,即促成公司成立的一系列法律行为的总称。从大陆法系各国或地区的公司立法来看,公司设立的方式有发起设立和募集设立两种,大多数国家或地区的公司立法均认可这两种设立方式。在法国、意大利、瑞士和荷兰等国家采取发起设立的方式较普遍,而日本等国家采取募集设立的方式较普遍。在英美法系国家或地区,其公司立法中没有发起设立和募集设立的概念,但其非开放性公司的设立也可以有发起人,并可以与公司设立时的股东不一致,法律上对其注册资本也没有最低数额限制,股东每人认购一股股份,即可登记成立公司,成立后可以再发行股份,只是不得公开募股,实际上这是一种募集设立方式。

1.发起设立

发起设立,也称共同设立或单纯设立,是指由发起人认购公司应发行的全部股份而设立公司。因无限公司、两合公司、有限公司的人合性强,资本具有封闭性,故其设立方式均为发起设立。

发起设立的认股是在发起人之中进行的,不向社会其他公众发行股票,由发起人协商认购公司的全部股份或公司首次发行的股份,发起人应按照认购的股份数向公司缴纳股款。这种设立方式的特点是设立程序简单,设立所需时间短,可以缩短公司设立的周期,减少公司的设立费用,降低公司的设立成本。发起设立适合规模不大的公司,如果所需股本较大,发起人又难以认购全部股份,则不宜采取这种设立方式。《中华人民共和国公司法》第八十条规定,股份有限公司采取发起设立方式设立的,注册资本为在公司登记机关登记的全体发起人认购的股本总额。在发起人认购的股份缴足前,不得向他人募集股份。

《中华人民共和国公司法》第八十三条规定,以发起设立方式设立股份有限公司的,发起人应当书面认足公司章程规定其认购的股份,并按照公司章程规定缴纳出资。以非货币财产出资的,应当依法办理其财产权的转移手续。

2. 募集设立

募集设立,也称渐次设立或复杂设立,是指发起人认购公司应发行股份的一部分,其余部分向社会公开募集而设立公司。股份有限公司属于开放性公司,可以向社会发行股份,因而股份有限公司的设立可以采取发起方式,也可以采取募集方式。

募集设立区别于发起设立的主要之处就在于,它向发起人以外的社会公众募股。因此,在广泛募集社会资金方面,募集设立具有发起设立不可比拟的优越性。但是,采取这种设立方式亦有弊端:其一,这种设立方式必须对外募集股份,还需召开创立大会,在审批程序上也较发起设立复杂,且可能受到国家金融政策等方面的制约;其二,由于股权的高度分散,不利于实现发起人对公司的控制权;其三,募集设立还可能被少数不法分子作为欺诈手段。鉴于此,各国公司立法多采取一定措施予以限制。例如,为了防止不具有一定经济能力的发起人完全凭借他人资本来开办公司,各国公司法一般都对发起人认购的股份应占发行资本总数的比例有最低额的限制。《中华人民共和国公司法》第八十条对此也有规定,股份有限公司采取募集方式设立的,注册资本为在公司登记机关登记的实收股本总额。《中华人民共和国公司法》第八十四条规定,以募集设立方式设立股份有限公司的,发起人认购的股份不得少于公司股份总数的百分之三十五。

(五)公司资本

1. 公司资本的概念

公司的资金是公司用以从事经营、开展业务的所有资金和财产,其来源主要是两个方面:一个是公司资本,即股本,是指在公司成立时由公司章程所确定的由股东对企业进行的永久性投资构成的公司财产总额,股东不能要求退股,抽回股金,这属于公司的自有资本;另一个就是债款,即借贷资本。这两者的结合,就构成了公司资金的主要来源。从经济上来说,公司资本是公司开展业务的物质基础;从法律上来说,公司资本是公司债权人利益的唯一财产担保。

2. 公司资本的基本原则

为了保护公司股东及债权人的利益,各国公司法确认了公司资本的三项基本原则:

(1)资本确定原则

资本确定原则是指公司在设立时,必须拥有一定数量的资本,必须在章程中对公司的资本总额作出明确的规定,资本不得低于法定最低资本额,且须由股东全部认足或募足,否则公司将不能成立。

公司成立后如需发行股份,必须经股东大会决议并修改公司章程。这一原则为一般大陆法系国家的公司法所确认和采用。其目的在于有效地保证公司的资本真实、可靠,防止利用设立公司进行欺诈、投机行为。但是,从另一个角度来看,该原则也大大限制了公司的设立,公司资本如果数额很大,不易尽快认足;如果数额很少,又可能遇到将来增加资本时的烦琐法律程序。同时,在公司成立之初,业务活动较少,即使认足了资本,也可能造成资金在公司的限制和浪费。

(2)资本维持原则

资本维持原则,又称为资本充实原则,指公司在其存续过程中,应经常保持与其资本额相当的实际财产。为了防止股东对盈利分配的过高要求,同时也为防止因公司资本的减少而危害债权人的利益,确保公司本身业务活动的正常开展,各国公司法都确认了资本维持原则。这一原则具体表现在以下几个方面:

①亏损必先弥补。

②无利润不得分配股利。

③股东债务不得抵销公司债权。

④不得折价发行股份,股票的发行价格不得低于股票的面值。

⑤公司成立之后,股东不得抽回出资。

⑥按规定提取和使用公积金。公司公积金的作用除了用于扩大再生产外,主要用于充实公司资本和弥补公司经营的亏损。

⑦除特殊情况外,原则上不允许公司收购自己的股份。

⑧不得接受以本公司股份提供的担保。此种担保的实现会导致公司取得自己的股份,与公司不得收购自己的股份的规则相悖。

(3)资本不变原则

资本不变原则是指公司的资本一经确定,即不得随意改变,如需增加或减少资本,必须严格依法定程序进行。公司的资本额必须在公司章程中予以载明,未经股东大会同意修改章程,公司资本不得随意增减。公司增减资本要求必须经股东会议决议通过,并依法办理变更登记。而且,对于减少资本特别规定了债权人保护程序,即在公司减少资本时,必须编制资产负债表和财产清单,向债权人发出通知,在三十日内至少在报纸上公告三次,债权人有权要求清偿债务或要求提供相应担保。

中国公司法的资本不变原则主要体现在对公司增减资本的严格规定上,对公司增减资本规定了严格的条件和程序,要求必须经股东会议决议通过,并依法办理变更登记。而且,对于减少资本特别规定了债权人保护程序,即《中华人民共和国公司法》第一百七十七条规定,公司需要减少注册资本时,必须编制资产负债表及财产清单。公司应当自作出减少注册资本决议之日起十日内通知债权人,并于三十日内在报纸上公告。债权人自接到通知书之日起三十日内,未接到通知书的自公告之日起四十五日内,有权要求公司清偿债务或者提供相应的担保。

3. 公司资本的形式

(1)货币

公司从事经营活动,必须有一定数量的货币,因此,货币出资是公司设立实务中最为公司所需、最受股东欢迎的出资形式。为了保证公司资本中有足够的现金,多数国家公司法对货币出资规定有最低的比例。例如,德国、法国规定股份有限公司货币出资应占公司总资本的25%以上,意大利规定货币出资应占公司总资本的30%以上,瑞士、卢森堡规定为20%以上。但是现行的《中华人民共和国公司法》对有限责任公司注册资本金中货币出资比例没有限制。

(2)实物

实物属于有形资产,主要包括房屋、车辆、设备、原材料、成品或半成品等。各国公司法无一例外都允许以实物出资,但要求一次付清,并办理实物出资的转移手续。由于实物的价值直接涉及投资人及其他股东的利益,为此应由中立的专业资产评估机构进行评估作价。

(3)无形资产

无形资产包括工业产权、非专利技术和土地使用权等,同样它也须由中立的专业资产评估机构进行评估作价。另外,由于技术价值上的不稳定性和变现上的不确定性,过高比例的无形资产可能会削弱公司的债务清偿能力,危及社会交易的安全,因而有的国家对其出资比例进行限制。

(六)公司债

1. 公司债的概念

公司债并非公司资本,却是公司可利用的重要资金。公司债是指公司依照法定条件和程序,通过发行债券的方式,向社会公众募集资金并约定在一定期限内还本付息的债务,或以签订贷款合同的方式,与特定人或非特定人之间成立的一种债权债务关系。

2. 公司债的类型

就投资者而言,购买公司债具有安全感,风险相对小,是一种较好的投资手段。公司债是公司和企业必不可少的资金来源之一,它可以提高公司股本的创值能力。公司债主要包括以下两种:

(1)银行贷款。各国一般都赋予公司借款之权,公司可为每笔贷款提供担保,包括以其固定或流动资产做抵押。公司的借款权一般由董事会行使,但公司可在其章程或内部细则中对董事会的权力加以限制,包括对借款数量的限制。此外,为了维护债权人的利益,多数国家规定,除少数例外情形,公司的董事会不得借入超过公司股本和公积金总额的债款。这一原则也适用于公司发行公司债券的场合。

(2)公司债券。公司债券是指由公司发行的保证支付债券持有人定期利息并在债券到期日归还本金的一种债权凭证。从债券持有人的角度分析,债券是一种有价证券。凡债券持有人都是公司的债权人。一般来说,债券会规定固定利率及还本办法,偿还期限固定,公司必须到期向债券持有人归还本金,每半年或每季度发放利息。公司也可以在债券到期之前,视情况提前回收其债券。债券可以其票面值出售,也可以溢价出售,即可以高出其票面值的价格出售,但更多的是以减价的方式出售。

3. 公司债的发行与转让

各国公司法一般都对公司债的发行主体明确加以规定,许多国家将公司债的发行主体限定于股份有限公司,但对于有限责任公司能否发行公司债券,各国的法律规定不一致。因为公司债涉及社会公众利益,为保障社会秩序稳定,需要限定只有规模大、偿还能力强的公司,才能发行公司债。

《中华人民共和国公司法》第一百五十三条规定,公司债券是指公司依照法定程序发行、约定在一定期限还本付息的有价证券。公司发行公司债券应当符合《中华人民共和国证券法》规定的发行条件。

公司债券作为有价证券，原则上可以在证券市场上自由转让。

（七）公积金与股利分配

1. 公积金

公积金又称储备金或准备金，是指公司依法律和章程规定，从公司利润中提取的，不作为股利分配，保留在公司内部备用的基金。根据各国公司法的规定，公积金主要可分为两类：

（1）法定公积金

法定公积金是法律规定必须提取的公积金。《中华人民共和国公司法》第一百六十六条规定："公司分配当年税后利润时，应当提取利润的百分之十列入公司法定公积金。公司法定公积金累计额为公司注册资本的百分之五十以上的，可以不再提取。"

法定公积金依其来源，可分为法定盈余公积金和法定资本公积金。法定盈余公积金是指公司在弥补亏损后，分配股利前，按法定比例从纯利润中提取的公积金。法定资本公积金是指直接由资本或其他原因所形成的公积金。其来源主要有：公司股票超面额发行所得的净溢价额、资产估价增值所获得的估价溢额、处分资产的溢价收入、吸收合并其他公司所随附接受的资产余额、接受赠予财产的所得等。

法定公积金有其专门用途：

①弥补亏损。一旦公司经营出现亏损，就可以用法定公积金予以弥补。

②扩大公司生产经营。公司扩大生产经营需要增加投资，除了通过借贷、发行新股和债券来增加投资外，还可以用法定公积金追加投资。

③增加公司注册资本。用法定公积金增加注册资本，无须股东个人再投资，而是公司将法定盈余公积金分配到每个股东名下，以增加其投资额。如增加公司的股份数，即按照股东原股份比例派送新股；或者不增加公司的股份数，在股东原有股份比例的基础上增加每股面值。

（2）任意公积金

任意公积金是公司根据章程和股东大会决议在法定公积金之外提取的公积金。任意公积金是否提取以及提取的比例，均由公司章程和股东大会确定，法律不作出强制性规定。此外，任意公积金用途比法定公积金广泛，但具体用于哪些方面，应当由公司章程或股东大会决议作出明确规定。《中华人民共和国公司法》第一百六十六条规定："公司从税后利润中提取法定公积金后，经股东会或者股东大会决议，还可以从税后利润中提取任意公积金。"

2. 股利分配

股利，又称股息，是董事会正式宣布从公司净利润中分配给股东、作为其对公司投资的一种回报。董事会一旦宣布分配股利，支付股利就构成了公司对股东应承担的一项法律责任。

原则上只有当公司有盈余时，才能分配股利，禁止从资本中支付股利。《中华人民共和国公司法》第一百六十六条规定："公司弥补亏损和提取公积金后所余税后利润，有限责任公司依照本法第三十四条的规定分配；股份有限公司按照股东持有的股份比例分配，但股份有限公司章程规定不按持股比例分配的除外。股东会、股东大会或者董事会违反前款规定,在公司弥补亏损和提取法定公积金之前向股东分配利润的,股东必须将违反规定分配的利润退还公司。公司持有的本公司股份不得分配利润。"

但是,为了维护公司的股票信誉,在符合法律规定的特殊条件下,公司虽然没有盈余,也可分配股利。

(八)公司的合并与分立

1.公司合并

公司合并是指两个以上的公司,依法达成协议合并为一个公司的法律行为。合并是令参与合并的一方或各方在合并过程中消失,而一个新的法律实体从合并中产生。合并分为新设合并和吸收合并两种;凡两个以上公司合并,其中一个公司存续,其他公司终止的,谓之吸收合并;凡两个以上公司合并而产生一个新的公司,合并各方随着新的公司产生而终止的,谓之新设合并。

2.公司分立

公司分立是指一个公司通过签订协议,依据法定条件和程序分为两个或两个以上公司的法律行为。许多国家的公司法未设公司分立制度,将其包容于公司的设立之中。公司的分立可以采取派生分立和新设分立两种形式。派生分立是将一个公司分离成两个以上的公司,将原公司的部分财产、人员和营业分离出去建立一个新的公司,原公司存续。新设分立是本公司解散,将其全部资产进行分割,设立两个或两个以上的新公司,原公司消灭。

公司分立带来的法律后果主要表现为：

(1)公司的变更、设立或解散。

在派生分立中,原公司的登记事项发生变更,并产生了新的公司。在新设分立中,原公司解散,人格消灭,但设立了两个或两个以上的新公司。

(2)股东和股权的变动。

在派生分立中,原公司的股东可以从原公司中分离出来,成为新公司的股东,也可以减少对原公司的股权,而相应获得新公司的股权;在新设分立中,股东对原公司的股权因原公司的消灭而消灭,但相应地获得了新公司的股权。

(3)债权、债务的承担。

公司分立后,应当由各方签订分立协议,明确划分各方的财产、营业范围、债权与债务等,分立之前的债务按所达成的协议由分立后的公司承担。

(九)公司的解散与清算

1.公司的解散

公司的解散,是指公司因法律或公司章程规定的解散事由出现而停止营业活动并终止其法人资格的行为。它是公司法人资格消失的必经程序,但公司法人资格的消失并不意味着公司已经解散,而是只有当公司终止了所有业务活动,结束了对内和对外的法律关系,清算了其全部资产以后,才是真正的解散。公司解散的原因主要有以下几个方面：

(1)公司章程规定的解散事由出现或公司决定解散。

(2)法律或公司章程规定的营业期限届满。

(3)公司合并或分立。

(4)因公司破产必须解散公司。法国、德国、意大利等西欧国家公司法规定,公司无力偿付自身债务而造成解散公司的,也受该国破产法管辖。

(5)有关机关责令解散,又称强制解散,包括:①公司违反国家法律、法规被法院依法命令解散;②应少数股东请求,法院命令解散。

2. 公司的清算

公司的清算,是指公司在解散过程中了结公司债务,并向股东分配公司剩余资产,最终结束公司的所有法律关系的一种法律行为。清算的一般做法是,首先确定清算人,由清算人来主持清算过程,负责清理公司的债权和债务,然后根据债权人的先后次序偿还债务,最后再在优先股和普通股之间根据发行时各类别股票所规定的条件分配剩余资产。

清算人的选任大致有三种做法:

(1)由公司董事会的一名董事担任,如日本商法典规定,公司解散时,除合并和破产的情形外,股份有限公司和有限责任公司的清算人由董事担任。

(2)根据公司章程的具体规定,由股东会选任清算人。

(3)由法院依利害关系人的申请指派清算人。

《中华人民共和国公司法》第一百八十三条规定:"有限责任公司的清算组由股东组成,股份有限公司的清算组由董事或者股东大会确定的人员组成。"

清算人在清算过程中履行清算职务时,有代表公司的全权。清算人所担负的职责主要有:调查、清理公司资产的现状,编制资产负债表和财产目录,提交股东大会审查认可;以公告方式通知公司债权人申报债权;了结公司业务;收取公司债权,偿还公司债务;处理公司剩余财产;代表公司进行民事诉讼活动。清算人须在一定期限内完成公司的清算工作。公司清算终结后,清算组应当制作清算报告,报股东大会或有关主管机关确认,并报送公司登记机关,申请注销公司登记,并公告公司终止。

二、有限责任公司

(一)有限责任公司的概念与特征

1. 有限责任公司的概念

有限责任公司是一种封闭性的公司,是由法律规定的一定人数的股东组成,股东就其出资额对公司债务承担有限责任的公司。

2. 有限责任公司的特征

有限责任公司具有以下法律特征:

(1)不公开发行股票。

(2)股份一般不得随意转让。

(3)股东人数一般有限制。西方国家公司法对有限责任公司股东人数大都有最高限额的规定。如法国公司法规定,有限责任公司的股东不得超过五十人;美国有的州规定不得超过三十人;日本规定不超过五十人。《中华人民共和国公司法》第二十四条规定,有限责任公司股东在五十个以下。

(4)股东以其出资为限对公司债务负有限责任。

(二)有限责任公司的设立程序

1. 发起人发起设立

由于有限公司不能向公众募集资本,因此只能采用发起设立的方式。设立任何有限责任公司都要有发起人,负责公司成立前的发起和筹办事宜。

在不同的国家,对发起人的含义有不同的认识。一般来说,在大陆法系国家,发起人是指制定公司章程、出资认购公司股份、筹办公司成立事务并对公司成立前的行为负责的人,发起人就是公司成立后的股东。在英美法系国家,如美国,并不要求发起人向公司出资或认购股份,而仅仅是筹办公司设立事务的人。

2. 订立公司章程

公司章程是公司设立过程中必须向公司注册机构提交的关于公司宗旨、组织、经营规模、活动等诸事项方面基本原则的文件。许多国家的法律规定,公司章程必须经主管机关核准或公证机关公证才能发挥效力。公司章程由发起设立公司的全体股东共同制定,对全体股东具有约束力。公司章程经公司登记机关核准登记后,对公司具有约束力。

公司章程的主要内容一般包括:公司的名称(公司的名称中应写明"有限"或"有限责任"的字样)、地址和宗旨;公司的经营范围;股东的姓名或名称及其住所;公司的注册资本总额、股东的个人出资额、出资方式及各类股份的权限;盈余及亏损的分配比例和标准;股东转让出资的条件;公司的组织机构、产生办法、职权及议事规则;公司公告的方式;公司的解散事由及清算方法;公司章程的修改规则;订立章程的日期等。除此之外,股东全体一致同意的其他事项也可以写进公司章程,如公司会议的召集及表决办法、公司的存续期间等内容,但不得与国家的现行法律相违背。

《中华人民共和国公司法》第二十五条规定:"有限责任公司章程应当载明下列事项:(一)公司名称和住所;(二)公司经营范围;(三)公司注册资本;(四)股东的姓名或者名称;(五)股东的出资方式、出资额和出资时间;(六)公司的机构及其产生办法、职权、议事规则;(七)公司法定代表人;(八)股东会会议认为需要规定的其他事项。股东应当在公司章程上签名、盖章。"

3. 缴纳出资

由于有限责任公司不得向社会公开募集资本,其资本必须在设立过程中由全体股东予以认缴出资。

(1)出资数额

《中华人民共和国公司法》取消了对有限责任公司注册资本的最低限额要求,仅规定,有限责任公司的注册资本为在公司登记机关登记的全体股东认缴的出资额。法律、行政法规以及国务院决定对有限责任公司注册资本实缴、注册资本最低限额另有规定的,从其规定。

(2)出资方式

有限责任公司股东的出资可以是货币,也可以是实物、知识产权和土地使用权等可以用货币估价并可以依法转让的非货币财产作价出资。如果股东以实物、知识产权或土地使用权出资的,依照各国的法律规定,必须进行评估作价,核实财产,不得高估或者低估作价。

(3)出资期限

对于在公司成立前,股东是否必须缴清所有的出资额,各国的规定和做法不完全相同。有的国家公司法规定,在公司成立前,股东必须认缴其所同意缴纳的出资额;有的国家公司法规定股东可以分期缴纳出资,但也必须在设立时一次认足,然后对公司负按期缴纳的义务。《中华人民共和国公司法》第二十八条规定:"股东应当按期足额缴纳公司章程中规定的各自所认缴的出资额。股东以货币出资的,应当将货币出资足额存入有限责任公司在银行开设的账户;以非货币财产出资的,应当依法办理其财产权的转移手续。股东不按照前款规定缴纳出资的,除应当向公司足额缴纳外,还应当向已按期足额缴纳出资的股东承担违约责任。"

(4)出资证明

《中华人民共和国公司法》第三十一条规定:"有限责任公司成立后,应当向股东签发出资证明书。出资证明书应当载明下列事项:(一)公司名称;(二)公司成立日期;(三)公司注册资本;(四)股东的姓名或者名称、缴纳的出资额和出资日期;(五)出资证明书的编号和核发日期。出资证明书由公司盖章。"

4. 注册登记

有限责任公司的设立只有依法经注册登记,才能取得其法律上的人格。公司在股东订立章程、按规定认缴或缴清出资并经过法定的检验机构验资后,应向国家公司登记机关申请注册登记。各国的主管公司登记的机关不尽相同,例如德国的主管公司登记机关为法院,中国的主管公司登记机关为工商行政管理机关。

(三)有限责任公司的组织机构

有限责任公司的组织机构主要包括:公司的最高权力机构股东会,公司的经营管理执行机构董事会,公司经营活动的监督机构监事会。股东人数较少和规模较小的公司可以不设董事会和监事会,只设一名执行董事。

1. 股东会

(1)股东会的性质和组成

有限责任公司的股东会由全体股东组成,是股东行使其权力的机关。股东会是公司的最高权力机构,也是公司的决策机构。

(2)股东会的职权

关于股东会的职权,各国公司法规定有所不同。《中华人民共和国公司法》第三十七条规定:"股东会行使下列职权:(一)决定公司的经营方针和投资计划;(二)选举和更换非由职工代表担任的董事、监事,决定有关董事、监事的报酬事项;(三)审议批准董事会的报告;(四)审议批准监事会或者监事的报告;(五)审议批准公司的年度财务预算方案、决算方案;(六)审议批准公司的利润分配方案和弥补亏损方案;(七)对公司增加或者减少注册资本作出决议;(八)对发行公司债券作出决议;(九)对公司合并、分立、解散、清算或者变更公司形式作出决议;(十)修改公司章程;(十一)公司章程规定的其他职权。"

(3)股东会的召开

股东会对外不能代表公司,对内不能执行业务,股东会不是公司的常设管理机构,一般是通过召开定期会议或临时会议的方式来行使权力。股东会议分为定期会议和临时会议,一般由董事会召集,董事长主持。定期会议是按照公司章程的规定按时召开的,一般是半年或一年召开一次。股东会通过定期会议决定公司的股息方案,审查批准公司的年度报告、资产负债表、损益表,任命公司的董事等事项。临时会议一般是在一定数量的股东、董事或监事的提议下为决议公司临时性的重大事项而召开的。《中华人民共和国公司法》第三十九条规定:"代表十分之一以上表决权的股东,三分之一以上的董事,监事会或者不设监事会的公司的监事提议召开临时会议的,应当召开临时会议。"

(4)股东会的决议

股东会通过表决的方式对公司的重大事项作出决议。对股东的表决权各国有不同的规定。普通决议的成立条件比较简单,只要代表资本过半数的股东同意即可,而对于一些特别重大事项的通过就需要适用特别决议,须经代表资本四分之三以上股东同意方可。例如,法国和德国的法律都规定,同意者所持有的资本超过公司资本的二分之一时,决议就可通过。形成特别决议须经代表资本四分之三以上的股东同意方可。《中华人民共和国公司法》第四十二、四十三条规定:"股东会会议由股东按照出资比例行使表决权;但是,公司章程另有规定的除外。股东会的议事方式和表决程序,除本法有规定的外,由公司章程规定。股东会会议作出修改公司章程、增加或者减少注册资本的决议,以及公司合并、分立、解散或者变更公司形式的决议,必须经代表三分之二以上表决权的股东通过。"

(5)股东的权利和义务

股东基于缴纳出资而享有下列权利:

①参加股东会并按照出资比例行使表决权。

②选举或被选举为董事会成员、监事会成员。

③查阅、复制公司章程、股东会会议记录、董事会会议决议、监事会会议决议和财务会计报告,以便监督公司的运营。

④按照实缴的出资比例分取红利,即股东享有受益权。

⑤依法转让出资,优先购买其他股东转让的出资。

⑥公司新增资本时,股东有权优先按照实缴的出资比例认缴出资。

⑦公司终止后,依法分得公司剩余财产。

⑧公司章程规定的其他权利。

股东的义务主要有:

①交纳所认缴的出资。

②以其出资额为限对公司承担责任。

③公司成立后,不得抽回出资。

④公司章程规定的其他义务。

(6)公司法人人格否认制度——对股东权利的约束制度

公司法人人格否认制度,又称揭开公司面纱或刺破法人面纱制度,由美国法院首创,是指为阻止滥用公司法人人格独立行为的发生、维护公司债权人利益及社会公共利益,仅就具体法律关系中的特定事实,否认公司与其背后股东具有各自独立的人格,否认股东的有限责任,责令公司的股东(包括自然人股东和法人股东)对公司的债权人利益或社会公共利益直接负责,对公司债务承担无限的连带责任,以实现公平、正义目标之要求而设立的法律制度,这是一种行之有效的债权保障措施。

《中华人民共和国公司法》第二十条规定:"公司股东应当遵守法律、行政法规和公司章程,依法行使股东权利,不得滥用股东权利损害公司或者其他股东的利益;不得滥用公司法人独立地位和股东有限责任损害公司债权人的利益。公司股东滥用股东权利给公司或者其他股东造成损失的,应当依法承担赔偿责任。公司股东滥用公司法人独立地位和股东有限责任,逃避债务,严重损害公司债权人利益的,应当对公司债务承担连带责任。"这是《中华人民共和国公司法》借鉴英美法系而新增加的公司法人人格否认制度。

2. 董事会

(1)董事会的性质和组成

有限责任公司设立董事会或经理作为公司的执行机构,负责公司的业务管理,对外代表公司,是公司常设的经营决策机构。董事由股东大会选举和罢免,在不设立股东大会的公司,董事由股东委派,董事会向股东大会负责并报告工作。股东较少、规模较小的公司可以不设置董事会,由股东大会选举执行董事,由执行董事来执行公司业务管理。

各国法律对公司的董事会组成人数的规定各不相同,有的国家规定资本额较大的公司可以设三人以上的董事组成董事会,并设立董事长一人主持董事会的工作。有些国家还对上限也作了规定。《中华人民共和国公司法》第四十四条规定:"有限责任公司设立董事会,其成员为三人至十三人。"董事会一般设有董事长、副董事长,董事长一般为公司的法定代表人。

(2)董事的资格和任职期限

随着董事会管理职能的加强,越来越多的国家并不要求董事一定要具有股东资格,更主要的衡量标准是该董事是否更适合经营管理公司,为公司创造更大的效益。如德国公司法规定,董事由公司成员在公司的成员会上根据公司章程任命,董事可以是也可以不是公司的成员,董事可以随时由公司的成员会议罢免,对不合理的罢免,董事可以提出损害赔偿。

董事应具有善良品行和经营能力。董事应遵守公司章程,认真执行业务,维护公司利益,对公司尽管理人的注意义务和竞业禁止义务,不得利用在公司的地位和职权为自己牟取私利,不得侵占公司财产。董事不得自营或者为他人经营与其所任职公司同类的营业或者从事损害本公司利益的活动,否则所得收入应当归公司所有。对有经济方面犯罪的前科,且刑满释放未达一定年限者,或者对某一企业破产负有主要责任的企业法定代表人,自企业破产未逾一定年限者,各国法律一般不允许其担任有限责任公司董事。董事违反法律或违反其职责而使公司遭受损失,须负赔偿责任。

对于董事的任职期限,《中华人民共和国公司法》第四十五条规定:"董事任期由公司章程规定,但每届任期不得超过三年。董事任期届满,连选可以连任。"在法国,公司法没有限制董事任职的期限,在公司章程没有相反的规定时,其任职期限为公司的存在期限,但董事在任职期间可以辞职或被免职。如果董事因为被公司撤职而使本人遭受了损失,他有权要求公司给予赔偿。

(3)董事会的权限

《中华人民共和国公司法》第四十六条规定:"董事会对股东会负责,行使下列职权:

(一)召集股东会会议,并向股东会报告工作;(二)执行股东会的决议;(三)决定公司的经营计划和投资方案;(四)制订公司的年度财务预算方案、决算方案;(五)制订公司的利润分配方案和弥补亏损方案;(六)制订公司增加或者减少注册资本以及发行公司债券的方案;(七)制订公司合并、分立、解散或者变更公司形式的方案;(八)决定公司内部管理机构的设置;(九)决定聘任或者解聘公司经理及其报酬事项,并根据经理的提名决定聘任或者解聘公司副经理、财务负责人及其报酬事项;(十)制定公司的基本管理制度;(十一)公司章程规定的其他职权。"

(4)董事会的召开和决议

董事会职权的行使是通过召开董事会会议实现的。董事会会议一般由董事长召集和主持;董事长不能履行职务或者不履行职务的,由副董事长召集和主持;副董事长不能履行职务或者不履行职务的,由半数以上董事共同推举一名董事召集和主持。董事会的议事方式和表决程序,除本法有规定的外,由公司章程规定。董事会应当对所议事项的决定做成会议记录,出席会议的董事应当在会议记录上签名。董事会决议的表决,实行一人一票。

3.监事会

监事会是对公司的业务进行监督和管理的机构。有限责任公司可以由自己决定是否设立公司的监事会。有限责任公司经营规模较大的,一般设立监事会,其成员不得少于三人;股东人数较少和规模较小的,通常可以不设监事会,可以设一至二名监事。监事会是公司的监督机构,负责对公司的经营与财务、董事会及其成员的执业行为进行监督和检查,公司的董事、高级管理人员不得兼任监事。监事会一般由公司股东和公司职工代表共同组成,具体比例由公司章程规定,其中的职工代表由公司职工民主选举产生。

监事会或者监事主要行使下列职权:

①检查公司财务。

②对董事、高级管理人员执行公司职务的行为进行监督,对违反法律、行政法规、公司章程或者股东会决议的董事、高级管理人员提出罢免的建议。

③当董事、高级管理人员的行为损害公司的利益时,要求董事、高级管理人员予以纠正。

④提议召开临时股东会会议,在董事会不履行本法规定的召集和主持股东会会议职责时召集和主持股东会会议。

⑤向股东会会议提出提案。

⑥对董事、高级管理人员提起诉讼。

⑦公司章程规定的其他职权。

此外,监事可列席董事会会议,并对董事会决议事项提出质询或者建议。

(四)有限责任公司的股权转让

股份是公司资本构成的基本单位,是股东在公司中享有权利和承担义务的依据。有限责任公司的股份一般不是等额的,股份的量化是根据股东出资额在公司资本总额中所占比例来计算的,股东根据其出资额在公司资本总额中所占比例的多少来享有权利和承担义务。有限责任公司的股份不表现为股票形式,而是由公司开具出资证明书,具有股东权利、义务凭证的性质,一般称之为股单。股单必须载明持股人的姓名,不能像股份有限公司的股票那样在市场上自由流通,但在一定条件下可以转让。

股东转让出资应当在有限责任公司成立之后进行,股东应当向董事会提出转让申请,由董事会提交股东会会议讨论,须经符合法定人数的股东同意才能转让。股东向本公司其他股东转让股权与向非股东转让股权所受限制不同。如日本《有限公司法》第十九条规定,股东可以将其股份全部或部分转让于其他股东;如股东欲将其股份全部或部分转让于非股东,需经股东会承认,而且其他股东在同等条件下有优先购买权。

《中华人民共和国公司法》第七十一条规定,"有限责任公司的股东之间可以相互转让其全部或者部分股权。股东向股东以外的人转让股权,应当经其他股东过半数同意。股东应就其股权转让事项书面通知其他股东征求同意,其他股东自接到书面通知之日起满三十日未答复的,视为同意转让。其他股东半数以上不同意转让的,不同意的股东应当购买该转让的股权;不购买的,视为同意转让。经股东同意转让的股权,在同等条件下,其他股东有优先购买权。两个以上股东主张行使优先购买权的,协商确定各自的购买比例;协商不成的,按照转让时各自的出资比例行使优先购买权。"

三、股份有限公司

在发达资本主义国家,股份有限公司虽然数量少,但其拥有雄厚的资本和强大的势力群体,可以集合大量的资金,且其股票可自由转让,营业状况公开,这使投资者更加容易了解情况并作出选择。因此,股份有限公司有着其他商事组织无法比拟的优势,逐渐成为许多国际大垄断企业采用的主要组织形式、现代经济社会最重要的公司形态,以及最有代表性和最有影响力的商业组织形式,在整个国民经济中处于举足轻重的地位。

(一)股份有限公司的概念与特征

1. 股份有限公司的概念

股份有限公司是指将全部资本分为等额的若干股份,股东以其所持股份为限对公司承担责任,公司以其全部资产对公司的债务承担责任的公司。

2. 股份有限公司的特征

股份有限公司具有以下法律特征:

(1)公司的全部资本平分为金额相等的股份,股东根据所持股份的比例对公司享有权利和承担义务。

(2)股份采用股票的形式,公司可以公开发行股票以向社会募集资金,而且股票可以自由转让,且无须通知其公司或其他股东。

(3)因为股份有限公司本身是公开招募股东的,它的人数不能低于法律规定的数目。

(4)股东以其所认购的股份对公司承担有限责任,公司独立地享有对公司财产的占有、使用及依法处分权,并以公司财产对公司债务承担责任。

(5)公司的拥有者和管理者大都是分离的,公司的所有权与经营权相分离。负责公司一切日常经营管理活动的不是股东,而是由董事会、经理等专门的经营管理人员负责。

(6)公司须将财务账目及年度报告向政府主管机关、股东及社会公众公开。

(二)股份有限公司的设立

无论是从设立条件还是设立方式或设立程序上来说,股份有限公司的设立都要比有限责任公司更加严格和复杂。各国公司法对设立股份有限公司的条件与程序各有不同的规定。如《中华人民共和国公司法》第七十六条规定:"设立股份有限公司,应当具备下列条件:(一)发起人符合法定人数;(二)有符合公司章程规定的全体发起人认购的股本总额或者募集的实收股本总额;(三)股份发行、筹办事项符合法律规定;(四)发起人制订公司章程,采用募集方式设立的经创立大会通过;(五)有公司名称,建立符合股份有限公司要求的组织机构;(六)有公司住所。"

1. 发起人

股份有限公司的发起人,指订立创办公司的协议,提出设立公司的申请,向公司出资或认购公司股份,并承办公司筹建事务的公司的创立人。这是大陆法系国家普遍性的规定,德国、日本、奥地利、中国均规定自然人和法人可以充当股份有限公司的发起人,多数国家的公司法具体规定了发起人的最低人数问题,大陆法系国家如日本规定至少为七人,德国规定应为五人以上,法国规定至少为七人,挪威、瑞典、韩国规定至少为三人。而英美法系认为发起人与认股人不是同一概念,所以对发起人人数不作限制。《中华人民共和国公司法》第七十八条规定:"设立股份有限公司,应当有二人以上二百人以下为发起人,其中须有半数以上的发起人在中国境内有住所。"

发起人的任务是负责公司的筹备工作,包括组织对所设立的公司进行可行性研究;认购公司股份;负责起草公司章程;通过一定方式筹集资金;办理公司设立申请等有关手续;召集创立大会,选举公司机构等。发起人除了履行必要的法定义务外,还应当对自己设立公司的行为所引起的财产后果承担相应的责任。主要包括:①股份有限公司成立后,发起人未按照公司章程的规定缴足出资的,应当补缴,其他发起人承担连带责任;②股份有限公司成立后,发现作为设立公司出资的非货币财产的实际价额显著低于公司章程所定价额的,应当由交付该出资的发起人补足其差额;其他发起人承担连带责任;③公司不能成立时,对设立行为所产生的债务和费用负连带责任;④公司不能成立时,对认股人已缴纳的股款,负返还股款并加算银行同期存款利息的连带责任;⑤在公司设立过程中,由于发起人的过失致使公司利益受到损害的,应当对公司承担赔偿责任。

2. 公司章程

公司章程是股份有限公司设立的必要条件,也是公司设立的必经程序。各国对公司章程内容的规定有所差异:在英美法系国家,公司章程包括两个文件:组织大纲和内部细则。英美法系公司章程的条款规定,不区分公司类型,其必要记载事项主要包括公司名称、公司将要被授权发行股票的数量、公司设立时注册地和注册代理人以及发起人的姓名和地址。大陆法系公司章程则大多是一个单一文件,根据内容的重要程度分为绝对必要、相对必要和任意记载三部分,例如日本的公司章程中必要记载事项包括公司的目的、商号、股份总数、票面股份的每股金额、公司设立时的股份总数、公司所在地、公告方式以及发起人姓名和住址。

《中华人民共和国公司法》第八十一条规定,"股份有限公司章程应当载明下列事项:(一)公司名称和住所;(二)公司经营范围;(三)公司设立方式;(四)公司股份总数、每股金额和注册资本;(五)发起人的姓名或者名称、认购的股份数、出资方式和出资时间;(六)董事会的组成、职权和议事规则;(七)公司法定代表人;(八)监事会的组成、职权和议事规则;(九)公司利润分配办法;(十)公司的解散事由与清算办法;(十一)公司的通知和公告办法;(十二)股东大会会议认为需要规定的其他事项。"

3. 最低资本额

公司设立必须拥有一定数量的资本,任何股份有限公司的资本都不得低于法定最低资本额,否则公司登记机关将不予核准登记,公司就不能成立。因此,许多国家规定了股份有限公司资本的最低限额。

大陆法系国家一般对股份有限公司的最低资本额都有明确的规定,如法国规定股份有限公司最低资本额为10万法国法郎(发起设立)和50万法国法郎(募集设立),日本为1000万日元,意大利为2亿里拉等。英美法系国家对股份有限公司最低资本额的要求较低,有的甚至不作要求。例如在美国,历史上所有的州都曾对股份有限公司最低资本额作过规定,但由于公司法对所有公司作了统一要求,最低资本额相等(一般为500美元至1 000美元),失去了保护债权的作用,所以从1969年开始,美国公司法逐渐废除了最低资本额的限定。

《中华人民共和国公司法》第八十条规定:"股份有限公司采取发起设立方式设立的,注册资本为在公司登记机关登记的全体发起人认购的股本总额。在发起人认购的股份缴足前,不得向他人募集股份。股份有限公司采取募集方式设立的,注册资本为在公司登记机关登记的实收股本总额。法律、行政法规以及国务院决定对股份有限公司注册资本实缴、注册资本最低限额另有规定的,从其规定。"

4. 注册登记

采取发起设立方式设立的公司登记注册,由发起人缴纳全部出资后,选举产生董事会与监事会,由董事会向公司登记机关申请设立登记。采取募集设立方式设立的公司,应当在创立大会结束后一定期限内,由创立大会选举产生的董事会向公司登记机关申请设立登记。设立登记的申请经过审核批准,公司登记机关给予公司登记注册,发给营业执照。公司营业执照签发之日,即为公司成立之日,公司取得法人资格。公司成立后,一般应进行公告。

(三)股份有限公司的股份

1. 股份的概念与特征

(1)股份的概念

股份是股份有限公司股东权利和义务的基础和基本计算单位,指按等额划分的股份有限公司资本的构成单位。股份决定着股东的资格、权利和义务的内容及效力等。任何人拥有公司的股份,便对公司享有了股东权,股东享有的权利取决于其所认购股份的性质和数量。股份有限公司登记成立后,即应向股东交付股票。

(2)股份的特征

股份有限公司的股份具有以下法律特征:

①股份是对公司资本的等额划分,每一股份所代表的资本额相等,所包含的权利、义

务平等。

②股份以股票作为其表现形式。股票是体现股份有限公司股东地位的有价证券,是股份有限公司签发的证明,是股东身份的证明文件,也是股东享有权利的凭证和依据。

③股票可以在证券市场上自由转让,因而股份也可以自由转让,无须征得公司机关或公司其他股东的同意。

2. 股份的种类

股份有限公司的股份依据不同的标准可以划分为不同的种类,主要的分类有以下几种:

(1)依据股东所享有权益的异同和承担风险的大小为标准,分为普通股和优先股

普通股是指股份有限公司通常发行的、在盈余分配或公司剩余财产的分配上没有区别待遇、没有限制或优先权的股份,它是公司最基本的一种股份,其股利的有无、多少,完全视公司的经营状况而定,而且须在公司支付了公司债利息和优先股股利后方能分得。普通股的股东有权在公司解散或清算时,参与分配公司的剩余财产,但须列于公司债权人和优先股股东之后。

优先股是相对于普通股而言的,是指在财产权利方面比普通股优先分配公司盈余以及公司剩余财产,公司也必须按约定的利率予以支付的股份。优先股在公司股份中占少数,持有优先股的股东一般为公司的发起人、公司的职工、放弃表决权的股东,以及公司设立时为了尽快募足资金而以优先股吸引入股的股东。

(2)依据股份是否记载股东的姓名,分为记名股和无记名股

记名股是指股票上载有股东姓名或名称,并记载于公司的股东名册上的股份。记名股不仅要求股东购买股票时须将姓名记载,而且要求股东转让股票时须向公司办理过户手续,即将受让人的姓名或名称、住所等记载于股东名册,否则不产生转让的效力。记名股的权利只能由股东本人享有,非股东持有股票,不能行使股权。

无记名股则是指不在股票上和公司名册上记载股东姓名或名称的股份。无记名股的转让无须办理过户手续,只要将股票交付给受让人,即产生转让的效力。任何合法持有无记名股票的人都是公司的股东,都可以对公司主张股东权利。

(3)依据股份是否以金额表示,分为有票面金额股和无票面金额股

有票面金额股是指每股金额已在公司章程中规定,并在股票票面上明确标明了一定金额的股份。如在股票上标明每股金额为1美元或10美元等。有些国家的法律规定了股票面额的最低限额,如德国规定股份最低额为50马克,法国为100法郎,日本为500日元。有票面金额股的发行价可以高于票面金额,即溢价发行,但不能以低于票面金额的价格发行,以免造成公司资本的虚空。

无票面金额股,又称份额股,是指股票上不标明每股股份的具体金额,而只注明其占公司资本总额的比例的股份。有些国家的法律明文禁止股份有限公司发行无票面金额股,因为无票面金额股所代表的金额经常处于不确定状态之中,股份转让和交易的难度较大,而且国家难以对公司进行监督。目前只有美国、日本、卢森堡、比利时等少数国家允许

股份有限公司发行无票面金额股,而且允许与有票面金额股相互转换,但大都对其发行作出种种限制性的规定。《中华人民共和国公司法》只允许发行有票面金额股。

3.股份的转让

股份有限公司股份的转让,是通过交付股票的形式进行的。股份有限公司的股票原则上是可以自由转让的,只要根据转让人和受让人双方的意愿,按法律规定履行了必要的手续,转让就具有法律上的效力。

但是,有些国家公司法对股份的转让有一定的限制。大多数国家的公司法规定,在公司设立登记之前,股票不得转让。有些国家的公司法限制了股份转让关系的主体,即出让人和受让人,如公司董事、监事、经理所持有的本公司股份,一般在任职期间不得转让。一些国家对把股票转让给外国人作了限制,有些国家则规定股份有限公司不得充当本公司股票的受让人。

《中华人民共和国公司法》第一百四十一条规定:"发起人持有的本公司股份,自公司成立之日起一年内不得转让。公司公开发行股份前已发行的股份,自公司股票在证券交易所上市交易之日起一年内不得转让。公司董事、监事、高级管理人员应当向公司申报所持有的本公司的股份及其变动情况,在任职期间每年转让的股份不得超过其所持有本公司股份总数的百分之二十五;所持本公司股份自公司股票上市交易之日起一年内不得转让。上述人员离职后半年内,不得转让其所持有的本公司股份。公司章程可以对公司董事、监事、高级管理人员转让其所持有的本公司股份作出其他限制性规定。"

股份有限公司的转让方式为:如果是无记名股票,只需由股东将股票交付给受让人后即发生转让的法律效力;如果是记名股票,则由股东以背书方式或法律、行政法规规定的其他方式转让,转让后由公司将受让人的姓名或名称及住所记载于股东名册,转让才告完成。

(四)股份有限公司的组织机构

股份有限公司组织机构由公司的最高权力机构(股东大会)、公司的决策和日常经营管理机构(董事会及经理)、由股东大会选举产生的对董事会及经理的活动进行监督监察的机构(监事会)三部分组成。

1.股东大会

股东大会是由全体股东组成的股份有限公司的最高权力机构,享有对公司的重大事务的决策权。股东大会是股份有限公司的非常设机构,股东大会召集人主要有董事会、监事会以及一定数量的股东,一般采取定期会议(股东大会年会)和临时会议两种方式。股东大会年会每年召开一次。临时会议则是不定期召开的股东会议,往往是在有特别情况出现时,董事会或监事会认为有必要或董事会应拥有一定比例以上股份的股东的请求而召开。

《中华人民共和国公司法》第一百条规定:"股东大会应当每年召开一次年会。有下列情形之一的,应当在两个月内召开临时股东大会:(一)董事人数不足本法规定人数或者公司章程所定人数的三分之二时;(二)公司未弥补的亏损达实收股本总额三分之一时;(三)

单独或者合计持有公司百分之十以上股份的股东请求时;(四)董事会认为必要时;(五)监事会提议召开时;(六)公司章程规定的其他情形。"

股东大会一般由董事长主持。股东大会以表决形式来形成决议,每一股份有一表决权。股东大会作出决议,必须经出席会议的股东所持表决权过半数通过。但是,股东大会作出修改公司章程、增加或者减少注册资本的决议,以及公司合并、分立、解散或者变更公司形式的决议,必须经出席会议的股东所持表决权的三分之二以上通过。

2. 董事会

董事会作为股份有限公司必备的、常设的经营决策与业务执行机构,行使公司的业务执行、经营决策和对外代表公司的权力。各国公司法均规定股份有限公司须设董事会,这一点与有限责任公司不同。

董事会人数通常是由法律直接规定的,以满足公司的组织管理为限。各国公司法对公司董事的人数及资格都作出了具体规定。如法国商事公司法规定,股份有限公司的董事会由三人以上十二人以下的董事组成。日本、比利时、瑞典规定股份有限公司的董事不少于三人。美国《示范公司法》则规定股份有限公司董事会人数为一人或数人均可。《中华人民共和国公司法》第一百零八、一百零九条规定,股份有限公司设董事会,其成员为五人至十九人。董事会设董事长一人,可以设副董事长。董事长和副董事长由董事会以全体董事的过半数选举产生。

一般来说,除法律和公司章程规定由股东大会行使的权力外,公司的全部业务均可由董事会决定和执行。出席董事会,并就董事会决议的事项予以表决,这是董事行使其权力的主要方式。董事会的会议分为定期召开的会议和临时会议。定期会议一般半年召开一次,有的国家规定三个月召开一次。临时会议一般由符合法定人数的董事或总经理提议召开。董事会会议由董事长负责召集并主持。董事会会议一般应有过半数的董事出席方可举行。董事会会议实行一人一票的表决方式,董事会作出表决,须经全体董事的过半数通过。董事应当对董事会的决议承担责任。董事会的决议违反法律、行政法规或者公司章程、股东大会决议,致使公司遭受严重损失的,参与决议的董事对公司负赔偿责任。但经证明在表决时曾表明异议并记载于会议记录的,该董事可以免除责任。

3. 监事会

监事会在不同的国家有不同的称呼,如在日本被称为监察人会,在德国被称为监察委员会。监事会也依照法律的规定或公司章程的规定而设立。各国公司法对股份有限公司是否须设监事会有不同的规定。有些国家实行"双轨制",即在股东大会之下设董事会和监事会,如德国《股份有限公司法》规定,必须设立监察委员会,由监事三人组成。有些国家则实行"单轨制",即只设董事会而不设监事会,如英美法系国家虽然也设有监事会或监察人制度,但英国对股份有限公司的会计监督由审计员完成,审计员地位属于合同性质,只向公司负责,其任务仅限于会计审核。还有一些国家实行单轨制与双轨制的共存体制,即规定公司既可设监事会,也可不设监事会,由公司章程作出选择。

监事会成员一般由股东大会选任,人数通常为三人以上,并在其中推选一名召集人。

有些国家公司法(如德国)规定监事会由公司股东代表和公司职工代表共同组成。监事会作为监督公司经营活动的机构,公司的董事、经理及财务负责人等一般不得兼任监事。

《中华人民共和国公司法》第五十一、一百七十一条规定,有限责任公司、股份有限公司设监事会,其成员不得少于三人。监事会职权包括:检查公司财务,对董事、经理执行公司职务时违反法律、法规或者公司章程的行为进行监督,要求董事或经理纠正其损害公司利益的行为,提议召开临时股东大会,以及公司章程规定的其他职权。

练习与实践

一、名词解释

个人独资企业 合伙企业 公司 有限责任公司 股份有限公司

二、思考题

1. 个人独资企业的主要特点是什么?其优势和不足分别是什么?
2. 合伙企业的概念及其法律特征是什么?
3. 合伙企业与股份有限公司有哪些区别?有限责任公司有什么主要特征?
4. 试述公司按照不同的标准所做的分类。
5. 试述公司的组织机构。
6. 比较股份有限公司股份与公司债的区别。

三、选择题

(一)单选题

1. 一般来说,公司的最高权力机构是( )。
   A. 董事会　　　　B. 经理　　　　C. 监事会　　　　D. 股东会
2. 股东对股东大会的提案可以行使表决权,表决权的行使是基于股东( )。
   A. 人数多少　　　　　　　　B. 持有的股票份额
   C. 在公司的职位　　　　　　D. 个人资产的多少
3. 在公司经营过程中,出现了公司无须继续存在的必要事由,此时,经股东会决议可以终止公司,这种行为叫( )。
   A. 强制解散　　　　B. 自愿解散　　　　C. 破产解散　　　　D. 不是解散
4. 新合伙人入伙后,( )。
   A. 不应对入伙前合伙企业债务承担连带责任
   B. 不应对入伙后合伙企业债务承担连带责任
   C. 应对入伙前合伙企业债务承担连带责任
   D. 不应对合伙企业债务承担连带责任
5. 资本三原则中不包含( )。
   A. 资本确定原则　　B. 资本维持原则
   C. 资本滚动原则　　　　　　D. 资本不变原则

6. 某有限责任公司打算与另一公司合并,该合并方案必须经( )。

A. 代表二分之一以上表决权的股东通过

B. 全体股东通过

C. 出席股东会的全体股东通过

D. 代表三分之二以上表决权的股东通过

7. 有限责任公司不同于合伙企业的特点之一是( )。

A. 以营利为目的　　　　　　　　B. 具有法人资格

C. 有独立的名称　　　　　　　　D. 独立对外签订合同

8. 下列不属于有限责任公司股东会职权的是( )。

A. 决定公司的经营方针和投资计划　　B. 审议批准监事会或监事的报告

C. 聘任或解聘公司的总经理　　　　　D. 修改公司章程

(二)多选题

1. 个人独资企业设立应当具备下列条件( )。

A. 投资人为一个自然人或法人

B. 有合法的企业名称

C. 有投资人申报的出资

D. 有固定的生产经营场所和必要的生产经营条件

E. 有必要的从业人员

2. 合伙人的权利有( )。

A. 执行合伙企业事务的权利　　　　B. 监督检查企业账目的权利

C. 分享利润、获得补偿的权利　　　　D. 事务决策权

E. 优先受让合伙的转让份额的权利

3. 根据公司中股东的责任承担的不同,公司可分为( )。

A. 无限公司　　　B. 有限责任公司　　　C. 两合公司　　　D. 三合公司

E. 股份有限公司

4. 股份有限公司章程的内容包括( )。

A. 公司的名称　　　　　　　　B. 公司经营范围

C. 公司股份总数和每股的金额　　D. 公司所在地

E. 公司发起人的姓名和住所

5. 甲、乙、丙准备设立一家普通合伙企业,在其拟定的合伙协议中,不符合规定的有( )。

A. 以劳务出资的甲对企业债务承担有限责任

B. 企业名称中只标明"合伙"字样

C. 由乙执行企业事务

D. 出资最多的丙有权修改合伙协议

E. 利润分配、亏损分担方式按照出资比例进行

四、判断题

1. 公司是财团法人。（   ）
2. 英美法系国家是判例法国家,所以没有成文的公司法。（   ）
3. 在两合公司中,有限责任股东对公司的债务仅以出资额为限承担责任,但无权管理公司。（   ）
4. 合伙企业的名称中不得出现"公司""有限"等字样。（   ）
5. 个人独资企业就是一人公司。（   ）

五、案例分析

1. 史密斯先生与其他数人成立了"东亚股份有限公司",从事工程设备买卖。公司注册资本为100万美元,史密斯先生在某日违反公司法与别人签订一笔合同,亏损1 000万美元。债权人催他缴纳债务,他声称东亚股份有限公司乃独立法人,他对该公司所负债务只以其出资额40万美元为限,而他的个人财产为500万美元。

问题:

史密斯是否应用其个人财产来支付公司债务?

2. 甲、乙、丙三人于2016年分别出资2 000英镑、4 000英镑、6 000英镑成立合伙企业,经营奶酪、面包等食品加工业务,三人约定按出资比例分配利润和亏损。2018年,乙提出退伙并抽出了本人的4 000英镑出资。此时,甲与丙核查了企业的账目,发现企业亏损6 000英镑。2019年合伙企业因资不抵债宣布解散,甲与丙分了企业仅有的设备和一些产品。丁为合伙企业的债权人,听说此事后,找到甲要求其偿还债务,甲表示自己无力偿还,至多偿还自己的那一部分,即按约定的比例偿还1 000英镑,丁于是又找到乙,要求其偿还剩余的债务,乙表示自己早已退伙,不再对合伙的债务承担责任,后丁又找到丙要求其承担相应债务,但丙却说,当初在合伙解散时,自己分到的较少,因为已经与甲约定好其不再为合伙债务负责,而由甲承担自己的那部分债务。

问题:

(1) 甲、乙、丙的说法是否正确?请说明理由。
(2) 丁的债权如何能够得到实现,为什么?

3. 2019年4月,原告A公司与被告B公司发生了一笔果冻条购销生意,后B公司拖欠A公司25万元货款。B公司的拖欠理由是:公司已停止生产经营,无法偿还各项债务。后来,A公司发现:B公司系台商独资企业,于2009年由被告徐某投资成立,法定代表人为徐某;C公司亦系台商独资企业,于2016年11月由徐某投资成立,法定代表人也是徐某,且这两家公司的经营地址、电话号码、组织机构、从业人员完全相同。A公司认为,徐某掏空B公司,将财产转移到C公司逃债。为此,A公司将徐某、B公司、C公司告上法庭,要求三被告共同偿还25万元及利息。

经法庭审理及各方取证后查明:C公司设立至今,从未实际开展生产经营活动,也无机器设备,名下的土地、厂房及两部汽车均由B公司无偿使用,日常费用则由B公司支付。两公司的财务账目虽分别立册计账,但均由B公司的会计人员负责制作,且C公司本身从未发放过工资。2018年C公司向银行贷款100万元,其中部分由B公司使用,至2020年才由B公司代为还清全部贷款;2019年年底,B公司用C公司名下的土地、厂房作为抵押担保,又向银行贷款100万元。B公司在2020年度共从其账户转出50万元到C公司的账户,用于偿还C公司的银行贷款本息。且这两家公司的唯一投资者徐某在经营期间也挪用、侵占B公司的财产在65万元以上,全部作为个人债务和交通肇事的赔款。

问题:

(1)原告可否将C公司设为被告？为什么？

(2)徐某是否要承担偿还原告债务及利息的全部清偿责任？

第三章
商事代理法

学习目标

通过本章的学习,学生可了解代理的概念、特征、种类;掌握代理行为的法律效力以及表见代理的成立条件和效力;熟悉代理法律关系的构成以及我国的外贸代理制度。

案例导入

中国某外贸公司受国内用户的委托,以本公司的名义与国外一公司(卖方)签订一项进口某种商品的合同,支付条件为即期付款交单。在履行合同时,卖方未经该公司同意,就直接将货物连同单据交给了国内用户,但该国内用户在收到货物后由于财务困难,无力支付货款。在这种情况下,国外卖方认为,外贸公司作为合同买方应该支付货款。

分析:

根据英美法的规定,外贸公司是否有义务支付货款?

第一节　代理法概述

代理是商品经济发展的产物。在资本主义制度中,由于商品交换关系高度发达,人们因为时间、空间、精力、才能等条件的限制,难以事必躬亲,所以代理制度有了很大发展。

代理制度扩大了人们从事商事活动的范围,有效地降低了交易成本,为商事活动提供了很大的便利,因此各国民商法都将代理制度作为一项重要的法律制度。

一、代理的概念和特征

(一)代理的概念

所谓代理(Agency)是指代理人(Agent)依照本人(Principal)(又称被代理人或委托人)的授权(Authorization),代表本人同第三人订立合同或行使其他法律行为。由此而产生的权利与义务直接对本人发生效力。在代理法律关系中,至少有三方当事人,即本人、代理人和第三人。代理人就是受本人委托替本人办事的人,第三人泛指一切与代理人打交道的人。

(二)代理的特征

代理具有以下法律特征:

1. 代理人必须在本人的授权范围内行使代理行为

代理人在本人的授权范围内行使代理行为,这样才能达到代理的目的。代理人在本人的授权范围内行事,他的行为对本人具有约束力,本人既取得由此产生的权利,又必须承担由此产生的义务,而代理人一般不承担个人责任。代理人没有代理权或超越代理权限的行为,其行为由代理人自己承担,本人不承担责任。英美法除了明示的授权代理外,还包括默示的授权,即只要本人的行为使人认为某人是代理人,并与该代理人订立了合同,则这种合同也对本人具有约束力。

2. 代理人必须以本人的名义或为本人的利益以自己的名义同第三人签订合同

这是为了使第三人在与代理人进行法律行为时,第三人知道他行为的对方当事人是谁,以保护代理关系中第三人的利益。

3. 代理人需自己独立为意思表示

代理是代理本人行使法律行为,而法律行为是以意思表示为要素。因此,代理人在行使法律行为时,必须向第三人作出意思表示。

4. 代理行为的法律后果一般由本人承担

代理是被代理人在代理权限内通过代理人的活动取得民事权利或履行民事义务的一种方式,因此,代理人在代理权限内所行使的一切行为,其法律后果全部由本人承担,这正是代理的目的所在。

二、代理的种类

代理按不同的标准可以有不同的划分,常见的代理分类有以下几种:

1. 直接代理和间接代理

(1)直接代理是指代理人以本人名义同第三人订立合同,其效力直接及于本人。

(2)间接代理是指代理人虽在事实上受本人委托并为本人利益考虑或着想,但在向第三人为意思表示时既不披露本人姓名或名称,也不表明自己是代理人,而是以自己的名义与第三人订立合同。

2. 法定代理和意定代理

这是根据代理中代理权产生的途径来进行划分的,它也是大陆法国家的一种划分形式。

(1)法定代理是指以法律规定为根据而取得代理权的代理。其代理权直接产生于法律的规定,它主要是为保障无行为能力人、限制行为能力人(如未成年人、精神病患者)或商事组织而设立的代理方式。例如,基于父母与子女之间的血亲关系,法律通常规定父母是未成年子女的法定代理人,父母据此代替未成年子女进行接受遗产、起诉或应诉以及其他有利于未成年人的身心健康和财产利益的法律行为。又如,公司法人本身不能进行活动,它必须通过代理人来处理各种业务。法律通常规定公司法定代表人就是公司的代理人。再如,在合伙企业中,每个合伙人都有权作为合伙企业和其他合伙人的代理人。

(2)意定代理是指基于本人的意思表示而产生的代理。由于它是根据本人委托的意思表示的代理,所以又称为委托代理。这种意思表示可以采取口头的方式。它在国际商事交易中广泛应用,如委托商业代理人进行买卖、保险等商事合同的签订、履行,委托律师代理进行诉讼等。

3. 显名代理、隐名代理和未披露本人身份的代理

这是英美法中根据代理人从事代理行为时是否披露本人的姓名和身份而常见的一种划分。

(1)显名代理是指代理人在进行代理活动时既表明本人的存在,又公开本人姓名的代理。

(2)隐名代理是指代理人在进行代理活动时只公开本人的存在,而不公开本人姓名的代理。例如,在合同中只注明"代理本人"的字样。

(3)未披露本人身份的代理是指代理人在进行代理活动时根本不披露代理关系的存在,更不公开本人的姓名,而是以自己的名义与第三人进行交易的代理。

4. 一般代理和承担特别责任的代理

这是根据代理人是否对本人或第三人承担个人责任而划分的。通常情况下,代理人在授权范围内与第三人签订合同后,该合同的权利和义务全部由本人对第三人承担,代理人不必对第三人承担个人责任。但是在实践中,为了保证本人与第三人的交易安全和加强代理人的责任,根据各国法律和商业习惯,还承认某些代理人在一定的条件下须对本人或对第三人承担个人责任,这种代理就是承担特别责任的代理,如信用担保代理人、保付代理人、保险代理人、运输代理人、保兑银行等。这些承担特别责任的代理行为适用特别法的规定。

此外,根据代理业务的内容不同还可将代理分为商业代理、房地产代理、保险代理等。

第二节 代理权的产生与代理关系的终止

一、代理权的产生

对于代理形成的原因,大陆法、英美法和有关代理法规在规定上有所不同,下面就两大法系中有关代理产生的规定分别进行介绍。

(一)大陆法系

大陆法把代理权产生的原因分为两种:一种是由于被代理人的意思表示而产生的,称为意定代理;另一种是非由被代理人的意思表示而产生的,称为法定代理。

1. 法定代理

法定代理是指被代理人于法律上或事实上不能为法律行为时,按照法律直接规定由他人代为进行法律行为的代理。凡不是由于本人的意思表示而产生的代理权称为法定代理权。法定代理权的产生主要有以下几种情况:

(1)根据法律的规定而享有代理权,例如,根据民法典的规定,父母对于未成年的子女有代理权。

(2)根据法院的选任而取得代理权,如法院指定的法人清算人。

(3)因私人的选任而取得代理权,如亲属所选任的监护人及遗产管理人等。

此外,公司法人本身是不能进行活动的,它必须通过代理人来处理各种业务。公司法人的代理人就是公司的董事。公司的董事一般被认为是公司法人的第一位的代理人,因为董事之外还有公司另外的代理人。按照德国法,法人的第一位代理人的权力是由法律规定的。

大陆法各国确立法定代理的目的,主要是为了保护无民事行为能力或限制民事行为能力的未成年人或精神病患者以及其他不能表示意思人的利益。因此,法定代理原则上都是无偿的。

2. 意定代理

意定代理是指代理人根据被代理人的授权而产生的代理。由于这种代理是基于被代理人的意思表示而产生,因此被称为意定代理。从意定代理的授权对象来看,大陆法一些国家的法律规定,代理权的授予既可以向代理人为意思表示,也可以向第三人为意思表示。例如,《德国民法典》第一百六十七条规定,代理权的授予应向代理人或向代理人对其为代理行为的第三人的意思表示为之。与被代理人的授权相对应,大陆法的许多国家的法律均规定,被代理人授予代理人代理权,需要代理人或代理关系中的第三人对被代理人的授权作出意思表示。

(二)英美法系

英美法系上的代理主要是契约代理,也称委托代理。因此,一般被代理人与代理人之间的代理关系可以通过协议产生。但在某些情况下,即使被代理人事实上并未授权给代理人,被代理人也受其代理人行为的约束。另外,代理关系还可以因事后追认而产生。

1. 实际授权

实际授权是指被代理人和代理人之间通过协议或合同而在实际上给予代理人的代理权。它包括明示授权、默示授权两种。

(1) 明示授权

明示授权是指被代理人和代理人之间以明确的意思表示达成建立代理关系的协议,代理人通过被代理人的明示指定或委任而实际享有的代理权。这是普通法上产生代理权最基本的途径。在明示授权方式下,代理人所享有代理权的范围一般依本人指定或委任言辞的真实含义确定。如果言辞含糊或模棱两可,而代理人又善意地作了与被代理人的初衷不符的解释,被代理人仍然可能受到代理人行为的约束。

(2) 默示授权

根据英美等国的判例法规则,代理人在明示代理权之外,还享有一定程度的默示代理权,主要包括三种情况:

①由默示而存在的代理权。这是指从当事人在某一特定场合的行为或从当事人之间的某种关系中,可以推定当事人之间存在真实有效的代理关系。其中比较典型的是配偶之间的默示代理和合伙人之间的默示代理。

②附带授权。由于被代理人的明示委任并不一定能详尽地说明代理人在实际行动中所应具有的一切权力,受托从事某种特殊任务的代理人,可以享有合理地附属于其履行明示代理权所必不可少的默示行为的权力。

③习惯授权。在代理人被授权为被代理人在某一特殊市场进行活动的情况下,他享有按该市场的相关习惯进行活动的默示代理权,无论被代理人是否知晓该习惯,被代理人均受其约束。

2. 表见授权

表见授权也称不容否认的代理权,是指被代理人虽没有对代理人加以明示委托,但如果他出于故意或疏忽,通过其言行使第三人有理由相信某人是其代理人而采取行动时,则他便不能否认其言行,而必须视为已向该代理人授权,并不得否认该代理人为其设定的与第三人的权利和义务关系。表见授权与明示授权的区别在于,后者是被代理人明确(口头或书面)委任代理人实施某一行为,而前者则是虽没有对代理人加以明示委托,但使第三人明显感觉到表面上存在代理关系。如果代理人确无代理权时,被代理人便可诉请损害赔偿,并否认其取得报酬与费用的资格;如果第三人明知该代理人无权代理或存在越权行为,则被代理人对该代理人的行为不负责任。

3. 职业或惯常授权

职业或惯常授权即以某种代理行为为职业的人,如拍卖商、不动产代理人、代理商、律师、合伙人、公司总经理或公司秘书等所享有的代理权可以扩大到这类代理人的职业通常所享有的权利范围。

但是根据英国判例法原则,职业授权规则的适用范围是有限制的。如果代理人所为行为不属其职业惯常权利范围之内,或者代理人所为行为非为被代理人利益或根本不属被代理人业务范围,则不适用职业授权规则。

4. 必要的授权

必要的授权也称客观必要的代理权,是指在特定紧急情况下,某人依法律推定取得一种代理别人进行活动的代理权,他所实施的处分行为的结果及于被代理人。换言之,某人虽没有得到别人关于采取某种行为的明示授权,但由于客观情况的需要应视为具有此种授权。

知识拓展

必要授权代理与默示授权代理的区别

必要授权代理不同于默示授权代理的特征在于,它对于代理双方当事人均具有强制性或不可选择性。由于国际贸易经常会遇到各种不测因素,如战争、动乱、市场行情突变以及各种自然灾害等,代理人往往不得不采取一些紧急措施以维护被代理人的利益,因此英美法系各国法律都承认因客观必需而产生的代理关系。

阅读资料

行使必要代理权的条件

由于必要代理权有可能使某人失去其财产,或者使他承担某种未经其同意的责任,因此英美法院一般不愿不适当地扩大这种代理权的适用范围。按英美法院的判例,行使这种必要代理权必须同时具备以下四个条件:

(1)代理产生的事由必须是实际的、确定的、具有商业必需性质的紧急情况。如果监管的财物没有灭失的危险,而仅仅因为管理不便,则不能成为享有必要代理权做紧急处理的理由。

(2)代理事由发生时,代理人必须处于根本无法与被代理人联系,以取得被代理人指示或虽能与被代理人联系但被代理人却不做指示的境况之中。但随着现代通信事业的发展,代理人与被代理人的联系已变得极为方便,基于无法联系而产生的必要代理权的必要性正趋于减少。

(3)代理人采取必要代理行为必须是出于善意并考虑到了所有相关当事人的利益。代理人的欺诈行为或非为维护当事人利益的行为以及根据当事人利益不必要采取的行为均不构成必要代理。

(4)代理人必须是合理而谨慎地为代理行为。

5. 追认授权

追认授权是指代理人未经被代理人明示或默示授权或超越代理权而以被代理人的名义实施代理行为,被代理人事后对此予以追认或不明示否认,代理人由此获得了追认的代理权。换言之,无论当事人之间有无事实上的代理关系,只要被代理人事后接受或认可了代理人所代订的合同,则该代订人即被法律视为经过代理授权,其所订合同对被代理人发生效力。按照英美判例规则,追认既可以以明示的口头或书面方式作出,也可以依被代理人的作为或不作为默示形式形成。追认的效果是使该无权或越权代理行为与有权代理行为一样对被代理人具有拘束力。追认具有溯及力,即自该合同成立时起就对被代理人生效。追认可以在第三人不知道或不同意的情况下进行,但追认不得破坏或损害第三人在追认时的既得权利。

二、代理关系的终止

在代理关系中,大陆法与英美法对代理关系的终止规定不同,现分别予以介绍。

(一)大陆法中的有关规定

大陆法系有关代理关系终止的法律规定主要针对法定代理和委托代理两种情况。

1. 法定代理关系的终止

大陆法各国的民法典或债务法典都将无法律行为能力或限制法律行为能力的人取得或恢复了民事行为能力和被代理人或代理人的死亡(包括宣告死亡)等列为法定代理终止的原因。具体地说,有以下四种情况:

(1)被代理人取得或者恢复民事行为能力。
(2)被代理人死亡、破产或丧失行为能力。
(3)代理人的死亡、破产或丧失行为能力。
(4)其他原因引起的被代理人与代理人之间的特定关系的解除。

2. 委托代理关系的终止

纵观大陆法系各国的规定,委托代理关系终止的原因主要有:因当事人的行为而终止和因法律原因而终止。

(1)因被代理人或代理人的行为而终止

委托代理关系都是基于被代理人要完成某项任务而设立的。如果被代理人所请求的代理事项业已完成,或者他已经撤销了该代理请求,或该请求的代理事项无法履行,或者法人已解散等,在这些情况下,代理关系就可以依被代理人或代理人的行为而终止。根据大陆法各国的法律规定,原则上都允许被代理人在代理关系存续期间单方面撤回代理权,或者代理人单方面辞去代理权,由此而使代理关系终止。

(2)因委托人或受托人死亡或丧失行为能力而终止

根据一些大陆法国家的法律规定,如《法国民法典》第二千零三条第三款规定,委托终止的事由包括"因委托人或受托人的自然死亡或民事上死亡、成年人受监护或破产"。可见,委托人或受托人死亡或丧失行为能力是代理关系终止的一项重要原因。然而,对于委托人死亡或丧失行为能力而终止委托代理关系的问题,根据德国法的规定,如果委托人授予委托代理权后死亡,或者丧失法律行为能力,代理人所享有的代理权并不一定因此而归于消灭。在这种情况下,代理关系是否存续关键取决于代理的内部关系是否存续。如果委托代理的内部关系因委托人的死亡或者丧失法律行为能力而终止,那么委托代理关系就得终止,委托代理权也就相应地归于消灭。相反,如果代理的内部关系在委托人死亡后因继承而继续存在,那么委托代理关系就不得终止,委托代理权也就依然存在。

(3)委托代理关系因条件成就或期限届满而终止

在附条件或附期限的委托代理中,如果双方当事人在代理合同中规定有代理任务或代理期限,则代理关系因代理任务完成等条件的成就或期限的届满而使代理关系终止。如果代理合同中没有规定期限,当事人也可以通过双方的意思表示终止他们的代理关系。

(二)英美法中的有关规定

英美法系将代理关系的终止分为基于法律程序而终止和基于当事人行为而终止两种。

1. 基于法律程序而终止

根据英美法的规定,在发生下列法定事由时,代理人的代理权依法律程序自动消灭,代理关系自动终止:(一)本人死亡;(二)本人破产;(三)本人精神失常;(四)本人成为本国的敌对国公民。

2. 基于当事人行为而终止

根据英美法的规定,对基于代理合同形成的代理关系,在代理合同终止条件成就之前或代理合同期届满之前,当事人之间可以通过协议终止代理关系,委托人也可以通过单方行为随时撤销代理人的代理权。如果委托人撤销代理权的行为违反了代理合同,他应当赔偿代理人的佣金损失和其他费用损失,不过委托人撤销行为的效力原则不受影响。

但是英美法规定,委托人撤销代理权行为的效力不是绝对的,应受以下两种特殊限制:一是对表见代理权的撤销。当代理人具有表见代理权或者委托人曾认可其假想代理权时,委托人撤销其代理权的行为只有在通知送达订约第三人之后才对该第三人发生效力。从英美法国家实践来看,委托人撤销代理权的行为不可能具有公示力,因此任何善意第三人在不知道委托人撤销行为时,基于代理人表见代理权而与之订立的合同仍对该委托人具有约束力。二是对附条件代理权的撤销。当委托人已经授予代理人某种与其利益相联系的代理权时,该代理权不能基于委托人的单方行为而撤销。

第三节　无权代理与特殊代理

一、无权代理

在代理制度中,有一种无权代理行为。无权代理是指代理人在欠缺代理权的情况下进行的代理行为。无权代理具备代理行为的表面特征,却没有代理权。依据被代理人对无权代理行为应承担的责任为标准,可以将无权代理划分为狭义的无权代理和表见代理两种。

(一)狭义的无权代理

1. 狭义的无权代理的概念和类型

狭义的无权代理是指行为人既没有代理权,也没有足以使第三人相信其有代理权的事实或理由,而以本人的名义所进行的代理。其类型有:行为人自始至终未得到被代理人的授权;行为人超越代理权;代理权终止后的行为。

2. 狭义的无权代理的法律效力

行为人在欠缺代理权的情况下所为的行为应视为是自己的行为,法律后果应由行为人自己承担。但由于这种无权代理行为未必对本人或第三人不利,同时为了维护交易安全和保护善意第三人的合法权益,各国法律均认为无权代理行为并非绝对不能产生代理的法律效果。大陆法认为,狭义的无权代理行为在未经本人追认之前,其效力处于不确定状态。所谓追认,是指本人对无权代理行为事后予以承认的单方法律行为。本人的追认可以补足无权代理行为所欠缺的代理权,使无权代理转化为有权代理,发生法律上的效力,否则,本人不承担任何法律后果,所有后果由行为人自己承担。

小案例

甲与乙公司采购员丙协商由乙供给甲 10 台电脑绣花机,丙未经单位同意就口头承诺,甲当即交给丙 8 万元并打入乙公司账户。后乙公司供给甲 5 台,共计 4 万元,余货未供。甲催乙继续供货或退款,乙称系丙所为,责任应由丙承担,与其无关。此例中,丙未经乙公司同意,即乙公司并未授权的情况下,擅自与甲达成口头协议构成无权代理。但乙公司事后接受价金并提供 5 台电脑绣花机的行为可视为对丙无权代理行为的追认。乙应向甲继续供货或退款并赔偿损失。因为乙的追认已使丙的无权代理行为转化为有权代理,乙应对丙的行为承担法律责任。

关于追认,大陆法有两种处理方法:

(1)由善意第三人向本人发出催告,要求本人在一定时间内答复是否予以追认,第三人所享有的这种权利称为"催告权"。法律之所以赋予第三人以催告权,是为防止本人无限期的不做选择而对第三人的利益造成不平衡,从而使第三人摆脱只能被动地等待本人的追认的处境。

(2)允许善意第三人在本人作出追认以前撤回他对无权代理人所为的意思表示,这种权利被称为"撤回权"。第三人撤回的意思表示既可向无权代理人发出,也可向本人作出,一旦第三人表示撤回以后,本人就不能再为追认行为。但如果第三人明知无权代理人无代理权却仍与其实施法律行为,造成本人损失的,行为人与第三人对本人负连带责任。

英美法没有无权代理的规定,而是将大陆法国家规定的无权代理称为违反有权代理的默示担保。依英美法的解释,当代理人同第三人实施法律行为时,代理人对第三人即产生一项默示担保,即保证他是有代理权的。如果某人未经本人授权或超越授权范围以及在代理权消灭后实施代理行为,而又未得到本人的追认,那么他就是违反了有代理权的默示担保,第三人就可对他提起诉讼,而该无权代理人必须对第三人承担责任。

(二)表见代理

1. 表见代理的概念及意义

表见代理是指代理人的行为足以使善意第三人相信无权代理人具有代理权,基于此项信赖与无权代理人进行交易,由此产生的法律后果由被代理人承担的代理。

表见代理本属无权代理,但因本人与无权代理人之间的关系具有外表授权的特征,致使相对人有理由相信行为人有代理权而与其进行法律行为,使之发生与有权代理相同的法律后果。在表见代理中,所谓的"代理人"与被代理人的行为,都足以使善意第三人相信,故被代理人须负责任。所以,表见代理是一种令疏于注意的被代理人自负后果的法律制度,是维护交易安全,保护善意第三人利益的重要法律制度。

2. 表见代理的构成要件

(1)无权代理人须以本人的名义进行民事活动。

(2)行为人无代理权。这里所说的无代理权是指行为人实施代理行为时无代理权或对于所实施的代理行为无代理权。

(3)须有足以使相对人相信行为人具有代理权的事实或理由。这一要件是以行为人与本人之间存在某种事实上或法律上的联系为基础的。通常情况下,行为人持有本人发出的证明文件,如本人的介绍信,盖有合同专用章或盖有公章的空白合同书,或者本人向相对人所做的授予其代理权的通知或公告。这些由于本人疏于对授权文件的管理而导致第三人完全有理由相信行为人有代理权的文件,能构成认定表见代理的客观依据。另外,行为人与本人之间的亲属关系或劳动雇佣关系也常构成认定表见代理的客观依据。

(4)相对人为善意且无过失。第三人不知道也不应知道无权代理人没有代理权。如果明知他人无代理权但仍与其实施法律行为,或者相对人应当知道却因过失而不知其无代理权则不构成表见代理。第三人知道行为人没有代理权、超越代理权或代理权已经终止仍与行为人实施法律行为给他人造成损害的,由第三人和行为人负连带责任。

(5)无权代理人所为的行为不能是违法行为。

3. 表见代理的效力

表见代理发生有权代理的效力,本人不得以无权代理为由抗辩,不得以行为人具有故意或过失为理由而拒绝承受表见代理的后果,也不得以自己没有过失作为抗辩。表见代理对于第三人而言,既可主张无权代理,也可主张表见代理。如果第三人认为向无权代理人追究责任更有利,则可主张无权代理,向无权代理人追究责任;第三人也可以主张表见代理,向本人追究责任。

(三)狭义的无权代理与表见代理的区别

(1)表面授权特征不同。表见代理中,行为人虽未被授权,但在表面上有足够的理由使第三人相信其有代理权,第三人通常是不知道或无法知道其没有代理权;而无权代理中,行为人不仅实质上没有代理权,而且表面上也没有令人相信其有代理权的理由。

(2)法律后果不同。表见代理发生有权代理的法律后果,而无权代理的法律效力不确定,如果本人追认了,则无权代理行为自始有效,如未追认,则对本人不发生法律效力,法律后果由行为人自己承担。如果第三人明知行为人无代理权仍与其进行法律行为给他人造成损害的,由行为人和第三人承担连带责任。

二、特殊代理

(一) 承担特别责任的代理人

在国际贸易中，由于本人与第三人分属两国，他们对彼此的资信能力和经营作风不太了解，而对于他们常有业务往来的代理人则比较熟悉。为确保交易安全，他们会要求代理人对他们承担个人责任，使之能放心地同对方进行交易。承担特别责任的代理人分为两类：一类是对本人承担特别责任；一类是对第三人承担特别责任。

1. 对本人承担特别责任的代理人

对本人承担特别责任的代理人又称为信用担保代理人，他的责任是在他所介绍的买方（第三人）不支付货款时，由他赔偿本人因此受到的损失。这种代理方式实际上隐含了两个合同关系：

(1) 本人与代理人之间的代理合同。

(2) 代理人就第三人的履约义务对本人承担的信用担保合同，代理人根据担保合同对本人承担个人责任。

采用信用担保代理的方式有两点好处：

(1) 由于委托人对国外市场不太了解，无法判断买方的资信是否可靠，而且出于竞争的需要，往往以赊销的方式销售货物，一旦买方破产或赖账，本人就会遭受重大损失，因此信用担保代理人可以使本人避免这种风险。

(2) 由于代理人承担了信用担保责任，因此他就不会因为贪图佣金而在替委托人兜揽订单时只图数量而忽视买方的资信能力。

信用担保代理在西方国家的出口贸易中曾发挥过重要作用，但现在已逐渐被淘汰，这是由于各国政府纷纷设立了出口信贷保险机构的缘故，这些机构专门办理承担国外买主无清偿能力的保险业务，取代了信用担保代理。

2. 对第三人承担特别责任的代理人

(1) 保付代理人

保付代理人是指代理人代表本人（通常为国外的买方）向第三人（通常为国内卖方）订货，并在订单上加上保付或担保字样，担保本人将履行合同，如果本人不履行合同或拒付货款，保付代理人将向第三人支付货款。保付代理人的作用在于使本国卖方不必顾虑国外买方的资信能力而接受订单，从而减少了出口货物收不到货款的潜在风险。

(2) 保兑银行

在国际贸易中，在采用跟单信用证的支付方式时，卖方为保证收款安全，往往要求买方通过银行对他开出保兑的、不可撤销的信用证。具体做法是：由国外的买方通过进口地银行向出口地的往来银行或代理银行开出一份不可撤销的信用证，委托出口地的代理银行对其不可撤销的信用证加以保兑，则保兑银行就和开证银行一样，要对作为受益人的卖方承担义务，保证按信用证规定的条件付款或承兑汇票。这时，开证银行、保兑银行和卖方的关系是：开证银行是本人，保兑银行是代理人，卖方是第三人。保兑银行作为开证银行的特别责任代理人，对第三人承担首先付款的义务。

(3) 保险经纪人

在国际贸易中,按保险业惯例,进口方或出口方在投保货物运输保险时,一般不能直接同保险公司订立保险合同,而必须委托保险经纪人代为办理。据英国海上保险法的规定,凡海上保险合同由经纪人替被保险人(本人)签订时,经纪人须对保险人(第三人)就保险费直接负责。保险经纪人是投保人的代理人,从维护被保险人的利益出发,代表被保险人签订保险合同,但保险经纪人的佣金则由保险人(第三人)支付。这与其他行业代理人的佣金由委托人(本人)支付不同。

(4) 运输代理人

运输代理人是接受货主(本人)委托,以自己的名义向承运人办理货物运输。在海上货物运输中,运输代理人受货主委托,向轮船公司(第三人)预订舱位,如货主届时未装运货物,使轮船空舱而行,代理人须向轮船公司(第三人)支付空舱费。

(二) 独家代理与独家经销

1. 独家代理

(1) 独家代理的概念

独家代理是指在代理协议规定的时间、地区内,代理人对指定商品享有专营权的代理。享有独家代理权的人称为独家代理人。委托人在指定专营的地区、期限内对某一种商品只能指定一名独家代理人,由该代理人同本地区的客户或消费者洽谈交易的有关业务,同时还可以签订有关合同。一般情况下,独家代理人不论是否参与其事,也不论是由代理人与客户订立合同,还是由委托人直接与客户订立合同,委托人都要支付佣金给代理人,代理人在代理场合下有权获取佣金,并且不承担合同义务和经营风险,代理协议另有规定的除外。

> **知识拓展**
>
> 与独家代理相对应的概念是一般代理,它是指委托人不授予代理人专营权,它可以在同一代理地区与代理期限内委托多个代理人代销其指定的商品,自己也保留同买主直接成交的权利,而代理人只按代理协议,根据自己的实际推销商品数额向委托人收取佣金。对委托人来说,一般代理具有灵活性,但不能很好地调动代理人的积极性,所以,一般代理人的经营积极性和责任感不如独家代理人。

(2) 独家代理的内容

由于市场经济的蓬勃发展,独家代理的范围有所扩大,包括以下几个方面:

①代理商品的品名、规格、牌号、种类、范围等。在确定代理商品时应注意,假如本人经营的产品种类较多,则应明确规定哪些产品委托给代理人专营,否则,易发生纠纷。

②代理的地区范围。要在协议中明确规定代理的地区范围,因为独家代理的性质决定了代理人在指定地区对该指定的产品享有专营权,并且只能有一个代理,委托人不得再请其他人代理。

③代理专营权。除了规定代理人有独家专营权外,与此相应的就是规定代理人在规定的地区和期限内,只能代理指定的商品,不允许经营与代理商品相同的或与代理商品有竞争性的商品。同时,委托人也不得通过其他渠道,直接或间接地在该地区和同时期内,销售指定的商品或另外安排代理人进行代理业务。但是在协议中委托人可以提出若干保留权利,如保留接受政府直接订货和某些大企业的定期直接订货的权利。又如,如果代理人对该商品推销力度不大,不能达到预期的销售额,委托人有权撤回代理权,而由委托人自营,如果委托人已不再生产原代理商品或又生产出新产品,委托人可随时撤销代理权或增加对新产品的代理权,这些做法要在协议中明确规定。

④代理期限。代理期限一般不宜太短,太短不利于调动代理人充分开拓市场。另外,期限届满之后,若有必要,经双方研究同意,可继续延长期限的终止时间,以完成预期的目标。

⑤代理商品的数量和金额。在签订的协议中具体规定代理商应完成的代理销售的商品的数量及规定应达到的销售额的最低值,以免代理人不履行其义务而拖延。在签订的协议中一般规定如果代理人未按协议规定完成最低限额,委托人有权撤销代理协议。

⑥佣金条款。佣金条款规定代理人在业务活动中应得的报酬。佣金的多少直接影响双方的利益,因而应对佣金作出详细规定。佣金的支付方式可分为逐笔支付和定期结算或累计总付。此外,委托人为了鼓励代理人的积极性,会在完成定额的基础上适当按一定比率多加佣金。

⑦商情报道、广告宣传和商标保护。代理人有义务进行市场销售情况报道、广告宣传和商标保护,因此在业务活动中所花费的费用应由委托人负担。若双方另有协议,双方可以在代理活动过程中协商如何共同负担。

2. 独家经销

(1)独家经销的类别

在贸易活动中,经销有不同的做法,按经销人权限的不同,经销方式可分为独家经销与一般经销。

①独家经销是指经销人在协议中规定的期限和地域内,对指定的商品享有独家经营权,即供货人将商品的专卖权在一定时期和限定地域内转让给经销人,供货人不可以在同一时期和同一地区同意其他经销人经销同类商品。在独家经销方式下,一般采取买断的做法,即独家经销商对其经销商品自垫资金、自担风险、自负盈亏,供货商与经销商是买卖关系,经销人与其客户签订的转售合同与供货人无关。

②一般经销是指经销人不享有独家经销权,供货人可以在同一时期和同一地区将同一种商品的经销权同时交给几个经销人行使。

不论是何种经销方式,供货人与经销人之间都是买卖关系,经销人必须自垫资金购进供货人的商品,自行销售、自担风险。不同的是,独家经销人享有对商品在一定时期和地区内的专卖权,而一般经销人则无此特权。

(2)独家经销的内容

采用独家经销方式时,有关供货人和独家经销人的权利与义务都具体体现在独家经销协议中,其主要内容包括:

①专卖权。有关专卖权的规定,是独家经销协议中最基本的一项内容,即供货人在一定时期将某种商品在某地区的销售权只允许经销人独家行使。

②经销期限。独家经销期限必须在协议中明确规定,期满时,如双方未续订,独家经销人便失去专卖权。

③经销地区。独家经销人只能在约定地区内设立经销场所,不得任意到其他地区转售商品。

④商品品种。独家经销的品种在协议中应具体表明。一般情况下,独家经销协议都限制独家经销人只能经营供货人供应的商品,不得经营来自其他方面的同种商品或竞争商品。

⑤商品数量和金额。在独家经销协议中,一般应规定独家经销人在规定期限内应完成的商品数量和金额,以及不能完成或超额完成销售额时的处理办法。

除上述内容外,有关独家经销人售后服务、市场情报、宣传服务以及保护商品的商标权和专利权等事项,也应在协议中具体规定明确。

3. 独家经销与独家代理的区别

二者在理论上的区别包括:

(1)独家经销的双方是一种买卖关系,独家代理的双方是一种代理关系。

(2)独家经销人以自己的名义从事销售,而独家代理人以委托人的名义从事销售,签订销售合同。

(3)独家经销人的收入是买卖差价收入,而独家代理人的收入是佣金收入。

二者在实务上的区别包括:

(1)在存货或交货期方面,独家经销人为应付客户需要,需配备适当的库存,而且自己多半拥有销售组织,而独家代理人则多半只有样品而无存货,依照订单进货。

(2)在售后服务方面,独家经销人一般是自己承担,独家代理人则一般在合同中订明不负此责任。

(3)发生索赔事件时,独家经销人一般是自己承担,而独家代理人不负此责任。

第四节 代理的内部与外部法律关系

在代理关系中,本人与代理人之间的关系称为内部关系(Internal Relationship)。本人与代理人对第三人的关系称为外部关系(External Relationship)。在代理法中,如何处理内部关系和外部关系十分重要。

一、代理人与被代理人之间的内部关系

本人与代理人之间的内部关系,是基本的法律关系,由双方当事人订立的合同加以规范。对于本人(被代理人)与代理人的权利、义务,大陆法系和英美法系的规定基本上是一致的,包括如下几个方面:

(一)代理人的义务

1. 代理人必须亲自履行代理职责

代理关系是一种信任关系,在一般情况下,代理人不得把代理权再转委托给他人,但如果客观情况要求,代理人在一定的情况下也有转委托权。但各国法律均规定了较严格的限制条件:(1)须被代理人授权;(2)遇到紧急情况或贸易习惯允许,可在无事先授权的情况下转托他人,但应及时通知本人。

2. 代理人应以其正常的技能勤勉履行其代理职责

代理关系建立后,代理人应以勤勉的态度,尽自己的技能履行职责。具体的要求程度视有偿和无偿有所区别,如果代理人不履行其职责,或有过失致使被代理人遭受损失的,代理人应对被代理人负赔偿责任。

3. 代理人应对被代理人诚信、忠实

被代理人设定代理的目的,是为了利用代理人的专业知识和技能为自己服务。因此,要求代理人不能使自己的利益与其对被代理人承担的义务相抵触。首先,除非交易双方特别承认,否则代理人不得在同一交易中充任双方当事人,即进行"双方代理";其次,除非被代理人事先同意,否则代理人不得为"自己代理"。这两种行为都是对代理权的滥用,被代理人有权随时撤销代理权,并请求损害赔偿。另外,代理人不得受贿或密牟私利,否则被代理人因此遭受的损失,将由代理人和第三人负连带责任。

4. 代理人的保密义务

无论合同中有无规定,代理人在代理协议有效期间和代理协议终止后的一段合理期内,都不得把在代理过程中知悉的机密资料向第三人泄露,也不得利用这些资料与被代理人进行不正当竞争。

5. 代理人须向被代理人申报账目

代理人有义务将其所有交易事项做成账目,并在被代理人要求时向其提示和申报,代理人为被代理人收取的一切款项应全部交给被代理人,即使该交易本身无效或违法也不例外。

6. 代理人必须服从被代理人的合法指示

代理人受托以某种特定方式完成某一特定事项时,必须遵照被代理人的指示行事,在发现不能实现被代理人的指示时,应及时通知被代理人。在交易活动中,如果没有被代理人的具体指示,代理人就应以最好的判断力为被代理人的利益采取行动。

(二)被代理人的义务

1. 支付佣金或报酬

在代理关系中,被代理人最主要的一项义务就是按代理合同中的约定向代理人支付佣金或报酬。在代理人和被代理人之间没有代理协议时,被代理人对代理人有补偿义务,一般来说,这种补偿是完全的补偿,即使对无偿代理人的补偿也是一样的。

> **阅读资料**
>
> 在某些商事代理中,关于佣金还存在以下两个问题:
>
> (1)被代理人未经代理人介绍,直接与代理人代理地区的第三人达成交易,代理人是否可以从中收取佣金?
>
> (2)代理人介绍的客户日后连续直接同被代理人达成交易,被代理人是否仍应支付佣金?
>
> 对此大陆法系国家有很多规定:如果代理合同中没有相反规定,对于被代理人同代理地区内的第三人达成的一切交易,不论代理人是否参与其中,代理人都有权要求佣金。在被代理人单方面终止代理合同时,如果被代理人从代理人在其代理期间为其建立的商业信誉中获得了重大利益的,则代理人有权获得公平的补偿。
>
> 与上述规定不同,英美法系国家通过判例区分代理人在被代理人与第三人的交易中的作用来决定代理人是否应当获得佣金。如果被代理人同第三人的交易是代理人努力的结果,则代理人就有权获得佣金,否则不应得到佣金。关于代理合同终止后,被代理人是否需要支付佣金的问题,英美判例确定的原则是:如果代理合同规定了期限,则期限届满后,被代理人无须就代理人介绍的客户与自己进行交易而向该代理人支付佣金;如果代理合同没有约定期限,只要代理人介绍的客户再次同被代理人达成交易,被代理人就应当支付佣金,但这一支付仅限于代理合同终止后的第一次交易。

2. 补偿代理人因履行职责而产生的费用

作为代理人的正常业务费用,除合同中另有规定外,代理人一般不能要求被代理人偿还。但如果是代理人为完成被代理人的特殊业务,提供特殊劳务而支出或遭受的损失,代理人有权要求被代理人进行补偿。

3. 被代理人有义务让代理人核查其账目

这主要是大陆法的规定,如《德国商法典》规定,代理人可以要求他自己或会计师审核被代理人的有关账目或其他文件,以便确定被代理人支付给自己的佣金是否准确无误。这是一项强制性的规定,当事人不得在代理合同中作出相反的约定。

二、代理人、被代理人与第三人之间的外部关系

代理关系的一个最主要的特征在于它是一个三者之间的法律关系,除了被代理人与

代理人之间的关系之外,还有被代理人与第三人之间的关系及代理人与第三人之间的关系。确立这三者之间权利和义务关系的一个中心问题是,与第三人订立合同的另一方究竟是被代理人还是代理人,即第三人究竟与谁订立合同。对于这个问题,大陆法系国家与英美法系国家有不同的规定。

(一)大陆法系国家的规定

在确定第三人是与被代理人还是与代理人订立合同时,大陆法系采取的是确定代理人究竟是以代表被代理人的身份还是以其个人的身份订立合同。

当代理人以代表被代理人的身份与第三人订立合同时,合同就是第三人与被代理人之间的合同,依合同所产生的权利与义务关系直接由被代理人承担。代理人在订立这种合同时,应当披露被代理人的姓名或者显露出其作为代表订立合同的意图,或客观上已表明了此项意图,否则,就应认为此合同是代理人自己与第三人订立的合同,由代理人对合同负责。

如果代理人是以其个人的身份与第三人订立合同,则无论其是否事先得到了被代理人的授权,此合同均认为是代理人与第三人之间的合同,合同所产生的权利、义务由代理人承担。在这种情况下,被代理人原则上与第三人没有直接法律上的关系。

这种方法使大陆法产生了直接代理与间接代理的区别。如果代理人在代理权限内以被代理人的身份与第三人订立合同,则合同所产生的后果直接归于被代理人的,为直接代理;如果代理人以自己的名义与第三人订立合同,但是为了被代理人的利益而行为,以后再通过另外一个合同将权利和义务转移给被代理人的,为间接代理。在间接代理的情况下,被代理人不能仅凭间接代理人与第三人所订立的合同直接对第三人主张权利,只有间接代理人把他与第三人订立的合同中的权利、义务转让给被代理人后,被代理人才能直接对第三人主张权利。

(二)英美法系国家的规定

英美法关于代理的概念与大陆法不同,不采用以代理人名义或是以被代理人名义与第三人订立合同的标准,所以,英美法不存在大陆法关于直接代理与间接代理这一划分的标准。英美法国家的法律采取的是义务标准,即究竟谁应对合同承担义务。根据代理人在代理行为中是否披露了代理关系,主要分为以下几种情况:

1.完全披露被代理人

代理人在订立合同时不但表明了自己的代理身份,而且已指出被代理人的姓名或商号。在这种情况下,所订立的合同就是被代理人与第三人之间的合同,被代理人应对合同所产生的权利、义务负责。代理人在订立合同后,退出合同之外,对合同不承担个人责任,除非代理人以自己的名字在签字蜡封的合同上签了字,或者代理人以自己的名字在汇票上签字,这时他就要对该汇票负责。

2. 部分披露被代理人

代理人在订立合同时,只披露代理关系的存在,没有披露被代理人的姓名或商号。在这种情况下,合同仍被视为是被代理人与第三人之间的合同,由被代理人对合同所产生的权利、义务负责。代理人既不能从合同中获利,又不必对合同承担个人责任。

3. 未披露被代理人

代理人尽管得到被代理人的授权,但在订立合同时,根本不披露代理关系的存在,既未表明代理身份,又未表明被代理人的身份。在这种情况下,即使代理人事先得到了被代理人的授权,代理人原则上也应对合同所产生的权利、义务负责。这种代理与大陆法的间接代理很类似,但在三方的责任关系上却有很大区别。

知识拓展

英美法认为未披露代理关系的被代理人拥有一种以其自身名义并为自身利益收回由代理人订立的合同的介入权。被代理人原则上可以直接取得该合同上的权利和义务,无须代理人与被代理人再订立一个转让权利、义务关系的合同。同时,第三人发现真正的被代理人后,拥有选择权,既可以选择由被代理人承担合同义务,也可以选择由代理人承担合同义务;既可以向代理人提起诉讼,也可以直接向被代理人提起诉讼。但第三人的这两项权利是相互抵触的,因此一旦其选定了其中任何一方提起诉讼后,就不能再改变。按照英国的法律,未披露的被代理人行使介入权时,必须符合以下几个条件:

(1)代理人在订立合同时得到了被代理人的授权。

(2)如果第三人可以证明他实际上是希望与代理人且只是希望与代理人订立合同,被代理人就不能介入该合同。

可以说,英美法系赋予未披露身份的被代理人直接对第三人主张合同权利的介入权,不需要像大陆法系的间接代理那样通过订立另一个合同来转移合同的权利和义务,这体现了英美法系一定的灵活性,是与大陆法间接代理的一个重要区别。

另外,在代理活动中,也会发生代理人侵害他人权益的行为,产生侵权关系。根据英美商法的有关规定,在代理关系中,代理人对其侵权向被侵权的第三人承担个人责任,被代理人对代理人在履行代理职责过程中发生的对第三人的侵权一般不负责任。但如果被代理人指使代理人侵权,或者由于被代理人的疏忽以及过失导致代理人侵权,或者被代理人就代理人如何开展代理业务发出指示予以决策时导致代理人侵权,被代理人应当对有关的侵权行为承担责任,这一原则在英美商法中称为替代责任。另外,在严格产品责任制度之下,被代理人应当对代理人代理销售有缺陷的产品造成的侵权负责。

第五节 中国的外贸代理制度

我国外贸代理制度的法律主要在《中华人民共和国民法典》和《中华人民共和国对外贸易法》中系统规定。

1994年7月,中国颁布并施行《中华人民共和国对外贸易法》,该法经过2004和2016年两次修订。《中华人民共和国对外贸易法》第九条规定:"从事货物进出口或者技术进出口的对外贸易经营者,应当向国务院对外贸易主管部门或者其委托的机构办理备案登记。"未经备案登记的单位不具备对外经营的资质,可以委托有对外经营资质的企业代为进出口。《中华人民共和国对外贸易法》第十二条规定:"对外贸易经营者可以接受他人的委托,在经营范围内代为办理对外贸易业务。"可见,《中华人民共和国对外贸易法》规定了外贸代理。

2020年5月28日第十三届全国人民代表大会第三次会议通过《中华人民共和国民法典》,该法自2021年1月1日起施行。该法多处提及代理的有关规定,很大程度上借鉴了英美法系的代理制度,明确承认了大陆法系规定的间接代理制度,并对双方当事人的权利和义务进行了较系统的规定。这是对中国民商事代理制度的有益补充。

目前在我国,外贸代理大量存在,外贸公司接受委托,以自己的名义,作为买卖合同的一方同外商签订进出口合同。对于这种情况,《中华人民共和国民法典》第九百二十五条、第九百二十六条作了专门的规定。《中华人民共和国民法典》第九百二十五条规定:"受托人以自己的名义,在委托人的授权范围内与第三人订立的合同,第三人在订立合同时知道受托人与委托人之间的代理关系的,该合同直接约束委托人和第三人;但是,有确切证据证明该合同只约束受托人和第三人的除外。"这一条款对外贸公司有很大意义。在实践中,国内的委托企业常常与外方当事人先谈判合同的条件,然后再找到外贸企业,委托外贸企业对外签订进出口合同。在这种情况下,外方当事人清楚地知道外贸公司只是国内企业的外贸代理人。在外贸公司完成委托事务后,如双方发生争议,《中华人民共和国民法典》第九百二十六条规定,"委托人行使受托人对第三人的权利的,第三人可以向委托人主张其对受托人的抗辩。第三人选定委托人作为其相对人的,委托人可以向第三人主张其对受托人的抗辩以及受托人对第三人的抗辩。"

《中华人民共和国民法典》第九百二十六条规定:"受托人以自己的名义与第三人订立合同时,第三人不知道受托人与委托人之间的代理关系的,受托人因第三人的原因对委托人不履行义务,受托人应当向委托人披露第三人,委托人因此可以行使受托人对第三人的权利。但是,第三人与受托人订立合同时如果知道该委托人就不会订立合同的除外。"可以看出,《中华人民共和国民法典》的这一规定在很大程度上借鉴了英美法中有关未被披露本人的代理的法律制度。

练习与实践

一、名词解释

代理　法定代理　意定代理　无权代理　表见代理

二、思考题

1. 评述两大法系代理行为的法律效果。
2. 如何区分无权代理和表见代理？
3. 代理人对本人负有哪些义务？
4. 什么是未披露本人身份的代理？
5. 代理权产生的依据有哪些？
6. 简述代理关系终止的情形和效果。
7. 当代理人未披露被代理人的存在，而是以自己的名义订立合同时，其法律后果在大陆法和英美法中有何差异？
8. 如何理解《中华人民共和国民法典》第九百二十五条和第九百二十六条？

三、选择题

（一）单项选择题

1. 李某要到山东出差，张某委托他代买一箱苹果，李某见当地苹果物美价廉，就多买了一箱。此行为属于（　　）的行为。
   A. 没有代理权　　B. 有权代理　　C. 滥用代理权　　D. 超越代理权

2. 甲厂被开除的业务员王某使用盖有该厂公章的空白合同书与乙厂订立了一份购销合同。货到后甲厂拒收，王某的行为属于（　　）。
   A. 无权代理，合同有效　　　　B. 无权代理，合同无效
   C. 表见代理，合同有效　　　　D. 有权代理，合同无效

3. 在大陆法系的委托代理中，代理人以自己的名义与第三人订立合同，这种代理称为（　　）。
   A. 直接代理　　B. 间接代理　　C. 一般代理　　D. 特别代理

4. 对无权代理行为，如果未经追认，则由（　　）承担责任。
   A. 被代理人　　B. 行为人自己　　C. 第三人　　D. 行为人和第三人

5. 对本人承担特别责任的代理人是（　　）。
   A. 信用担保代理人　　B. 保付代理人　　C. 保兑银行　　D. 运输代理人

6. 下列哪项不是英美法系中代理权产生的依据（　　）。
   A. 意定/委托　　B. 默示授权　　C. 客观必须　　D. 事后追认

7. 有关无权代理的后果的说法不正确的是（　　）。
   A. 相对人享有催告权　　　　B. 代理人负有损害赔偿责任
   C. 相对人有追认权　　　　　D. 相对人有撤回权

8.有关表见代理的说法不正确的是( )。
A.本质上表见代理是无权代理
B.代理人无须对相对人承担责任
C.为保护善意相对人,法律授予表见代理以有权代理的效果
D.表见代理是有权代理
9.英美法系的未披露本人的代理与大陆法系的间接代理类似,其主要区别是( )。
A.本人享有介入权,无须代理人移转权利
B.代理人享有代理权
C.相对人享有选择权
D.代理人对该代理行为承担责任
10.关于未披露本人的代理,下列陈述中错误的是( )。
A.代理人原则上应对合同所产生的权利、义务负责
B.本人拥有合同的介入权,但须与代理人订立一个转让权利、义务关系的合同
C.第三人发现真正的本人后,拥有选择权
D.在订立合同时,根本不披露代理关系的存在

(二)多项选择题
1.根据代理权产生的原因不同,大陆法系的代理关系可分为( )。
A.默示代理　　B.意定代理　　C.法定代理　　D.特别代理
2.下列关于代理的特征,表述正确的是( )。
A.代理人必须以本人的名义或为本人的利益以自己的名义同第三人签订合同
B.代理人必须在代理权限范围内进行代理行为
C.代理行为的法律后果一般由被代理人承担
D.代理人须自己独立为意思表示
3.按大陆法系的规定,能引起委托代理终止的原因有( )。
A.被代理人取消委托或代理人辞去委托
B.代理人死亡
C.代理人丧失民事行为能力
D.被代理人取得或者恢复民事行为能力
4.下列行为中不适用代理的有( )。
A.代立遗嘱　　B.代为申请专利　　C.代为婚姻登记　　D.代订合同
5.狭义的无权代理的类型有( )。
A.行为人自始至终未得到被代理人的授权
B.行为人超越代理权
C.代理权终止后的行为
D.客观必需的代理

四、判断题
1.对本人承担特别责任的代理人称为保付代理人。　　　　　　　（　）
2.独家经销人以自己的名义从事销售,而独家代理人以本人的名义从事销售。
　　　　　　　　　　　　　　　　　　　　　　　　　　　　（　）
3.代理法律关系包括内部的委托关系和外部的代理行为关系。　　（　）
4.对于无权代理,被代理人即本人享有催告权。　　　　　　　　（　）
5.构成客观必需的代理权时,代理人必须主观上为善意。　　　　（　）

五、案例分析
原告:香港A公司
被告:广州B公司
被告:广州C公司

2018年3月27日,A公司与英国某公司之间签订买卖踏板车的合同,约定买卖数量为2 100辆,总价为48 300美元。

2018年3月30日,A公司与C公司签订了同标的、同数量的买卖合同,总价为38 682美元,交货期为同年4月22日。B公司作为C公司的委托人亦在合同中签字盖章,表明其委托人身份。4月4日,A公司依约向C公司提供货款38 682美元的约30%的预付款11 802美元,C公司如数提供给了B公司。合同交货期满,B公司未能提供货物,C公司也未依约将2 100辆踏板车装船发运英国。而后,B公司和C公司未如数退还预付款及赔偿其违约损失。

2019年2月16日,A公司向广州法院提出诉讼,请求B公司和C公司连带返还预付款11 802美元及利息236美元等经济损失。

问题:
根据我国的合同法,涉案合同是否直接约束A公司和C公司?B公司和C公司是否应承担连带责任?

第四章
国际商事合同法

学习目标

通过本章的学习,学生可掌握合同的基本概念;了解合同成立的基本过程,影响合同效力的主要因素;了解合同履行的原则,合同变更和转让的主要规则;熟悉违约的形式及主要的救济方法;了解合同终止的主要方式及法律后果,以培养熟悉与运用合同法的能力。

案例导入

CHIKE是尼日利亚公民,2017年12月27日,CHIKE与A公司广州分公司签订两份空运委托书,委托该公司空运衣服、鞋子3箱货物(共计118.5千克)至尼日利亚拉各斯,发货人和收货人均为CHIKE,货物价值为36 570元。两份空运委托书载明A公司分公司所有发往拉各斯的货物由代理人负责清关,提供"仓对仓"服务。该公司网站宣传:我司尼日利亚拉各斯空运专线有8年经营经验,运费到付即可,空运预计5天到达。空运委托书未载明具体发货时间与到达时间,仅在相关栏目空白处注明"两个星期"。2018年1月11日,A公司广州分公司签发装箱单,注明运费到付。其后,CHIKE赶赴尼日利亚拉各斯等待接货,但直至同年4月29日仍未接到提货通知。CHIKE遂花费1.4万元购买机票返回中国进行交涉。A公司广州分公司是A公司的分支机构,两被告辩称货物下落不明的原因在于报关不顺利,非货代公司过错。

CHIKE 为准备诉讼支付公证翻译费 2 290 元、交通费 186 元及复印费 50 元。CHIKE 提起诉讼,要求两被告赔偿 CHIKE 返回中国机票费用、货物价值、公证翻译费、交通费与复印费共 53 096 元,并赔偿货物利润损失。

分析:
原告 CHIKE 能否胜诉？其请求的赔偿范围是否合理？

第一节 合同法概述

一、合同的概念

民法上的合同有广义和狭义之分,广义的合同是两个以上的民事主体之间设立、变更、终止民事权利、义务关系的协议,除债权合同外,还包括物权合同、身份合同等。狭义的合同专指债权合同,即两个以上的民事主体之间设立、变更、终止债权债务关系的协议。

《中华人民共和国民法典》第三编"合同"中第四百六十四条规定:"合同是民事主体之间设立、变更、终止民事法律关系的协议。婚姻、收养、监护等有关身份关系的协议,适用有关该身份关系的法律规定;没有规定的,可以根据其性质参照适用本编规定。"该条排除了对婚姻、收养、监护等身份合同的调整。通过对具体条款分析,该法所指的合同主要是民事主体间关于债权债务关系的协议,即债务合同,不包括物权合同与身份合同。

二、合同的种类

从各国的实践来看,合同主要可以进行以下分类:

1. 双务合同与单务合同

大陆法规定,根据合同双方当事人是否具有对待给付之义务,可以将合同划分为双务合同与单务合同。其中,双务合同是指当事人双方互负给付义务的合同;单务合同是指合同当事人双方并不都承担给付的义务,仅有一方是承担给付义务的合同。前者是最常见的一类合同,如买卖合同、运输合同等。后者如赠予合同、借用合同等。

2. 有偿合同与无偿合同

根据当事人是否可以从合同中获取利益,可以将合同分为有偿合同与无偿合同。有偿合同是指一方通过履行合同规定的义务而给对方某种利益,对方要得到该利益必须为此支付相应代价的合同。有偿合同是典型的商事合同。

无偿合同是指一方给付对方某种利益,对方取得该利益时并不支付任何报酬的合同。无偿合同是合同的等价有偿原则适用中的例外。在该类合同中,一方当事人虽不向他方支付任何报酬,但并非不承担任何义务。例如,在借用合同中,借用人负有正当使用和按期返还借用品的义务。

3. 有名合同与无名合同

根据法律上是否对合同规定了一定的名称及规则,可以将合同分为有名合同与无名合同。前者是指法律上已为其确定了一定的名称及规则的合同,后者是指法律未对其确定一定的名称与规则的合同。

将合同分为有名合同和无名合同的意义主要在于两者适用的法律规范不同。对于有名合同应直接适用有关该合同的专门规定;对于无名合同则适用合同法的一般规则。

4. 诺成合同与实践合同

诺成合同是指当事人一方的意思表示一旦为对方同意即能产生法律效力的合同。此种合同的特点是合同成立于当事人双方意思表示一致之时。实践合同是指在当事人双方意思表示一致以外,尚需交付标的物才能成立的合同。因此,诺成合同与实践合同的主要区别在于合同的成立时间,而不是合同的内容。诺成合同的内容也会涉及标的物的交付,但这仅构成成立后的合同内容,并不影响合同的成立。

5. 要式合同与不要式合同

根据合同是否应以一定的形式为成立或生效的要件,可以将合同分为要式合同和不要式合同。要式合同是指法律要求必须以一定方式成立的合同;不要式合同是指当事人订立的无须采取特定形式的合同。因此,除法律特别规定外,合同一般均为不要式合同,当事人有权自己选择合同的形式。所谓合同的形式或方式包括合同的格式、内容或审批等。

6. 主合同与从合同

根据合同相互间的主从关系,可以将合同分为主合同和从合同。主合同是指不需要其他合同的存在即可独立存在的合同,从合同是指以其他合同的存在为存在前提的合同。例如,对于担保合同而言,设立其所担保的主债务的合同即为主合同,担保合同即为该主合同的从合同。主合同与从合同是主从关系,从合同以主合同的存在为前提,主合同的效力直接影响从合同的效力,但主合同并不以从合同的存在为前提,从合同无效或不成立一般并不影响主合同的存在和效力。

7. 为订约人自己订立的合同和为第三人利益订立的合同

根据合同当事人订立合同是为自己还是为第三人谋取利益,可以将合同分为为订约人自己订立的合同和为第三人利益订立的合同。

在绝大多数情况下,合同当事人订立合同都是为自己谋取利益的,但在特殊情况下,合同当事人订立合同是为了给第三人谋取利益,第三人可以据此要求义务人向其履行义务。例如,在运输合同中,托运人要求承运人将货物交付给第三人(收货人),收货人虽不是运输合同的当事人,但有权据此要求承运人向其交付货物。

三、合同法的概念与特征

合同法是调整合同关系的法律规范的总和,它主要规范合同的订立、成立、有效、无效、履行、变更、解除、撤销等方面的问题。由于合同法以调整交易关系为其主要内容,因此它具有以下特征:

(1)合同法具有任意性。合同法是以合同自由为其基本原则之一的,因此,它主要是通过任意性规范而不是强制性规范来调整有关交易关系。只要当事人的合同约定不违背法律的禁止性规定、社会公共利益和社会公德,法律一般都会承认其效力。

(2)合同法强调平等协商和等价有偿原则。由于合同法规范的对象是交易关系,因此它必须体现交易关系上需要遵守的平等协商和等价有偿原则。

(3)合同法具有国内与国际的统一性。随着各国国内及国家间市场的不断开放与统一,作为市场经济基本法律的合同法不仅应反映国内统一市场的需要,同时也应与国际市场及国际惯例相衔接。近几十年来,合同法的国际化已成为法律发展的重要趋势,出现了一系列调整国际商事关系的国际性文件,例如,《国际货物买卖合同成立统一法公约》《联合国国际货物买卖合同公约》《国际商事合同通则》等。

四、合同法的基本原则

合同法的基本原则是指贯穿于整个合同法律制度和规范的、用于指导合同法的制定、解释、执行等各个方面的根本准则。结合两大法系及《国际商事合同通则》的规定,可以认为,合同法包括以下基本原则:

1. 合同自由原则

合同自由原则是近代西方合同法的核心和精髓,并被大陆法系国家奉为民法的三大原则之一,在许多国家的立法中均有体现。合同自由原则的内容主要包括缔结合同的自由、选择相对人的自由、决定合同内容的自由、变更和解除合同的自由、选择合同方式的自由等。

2. 诚实信用原则

诚实信用原则是合同法中一项十分重要的基本原则,无论是在两大法系中还是在有关国际文件中,该原则都得到了充分的承认与体现。诚实信用原则是指合同主体应诚实守信,以善意的方式签订和履行合同,同时维持当事人之间及当事人与社会之间的利益平衡。

合同自由原则和诚实信用原则是合同法特有的基本原则。除此之外,还有一些各个法律部门或民事法律部门通用的原则也应作为合同法的基本原则。合法原则就是其中的一个。

五、合同法的渊源

1. 大陆法系合同法的渊源

合同法的渊源是指合同法的表现形式,大陆法系合同法的渊源主要为成文法。如德国、日本、法国、瑞士和意大利等国,它们的合同法都是包含在民法典或债务法典中的。大陆法系国家的民法理论将合同作为产生债的原因之一,把有关合同的法律规范与产生债的关系的其他原因(如侵权行为、不当得利和无因管理等)的法律、规范并列在一起,作为民法的一编,称为债务关系法或债编。

2. 英美法系合同法的渊源

英美法系的合同法的渊源则主要体现在普通法中,这是几个世纪以来由法院以判例形式发展起来的判例法。英美法系的各国(除印度外)都没有一套系统的、成文的合同法。因此,英美法系中合同法的渊源主要是判例法,而不是成文法。虽然英美等国也制定了一些有关某种具体合同的成文法,如英国1893年公布的《货物买卖法》,美国1952年公布的

《美国统一商法典》等,但它们只是对货物买卖合同及其他一些有关商事交易合同作了具体规定,至于合同法的许多基本原则,如合同成立的各项规则等,仍须按照判例法所确定的规则来处理。

3. 我国合同法的渊源

我国合同法的渊源主要体现在2020年5月28日第十三届全国人民代表大会第三次会议通过的《中华人民共和国民法典》,该法自2021年1月1日起施行。

应当注意的是,有关国际组织制定的有关合同法的国际条约、惯例是国际合同法的重要渊源,如联合国国际贸易法委员会组织制定并于1980年维也纳外交会议通过的《联合国国际货物销售合同公约》、国际统一私法协会制定的《国际商事合同通则》以及国际商会制定的有关国际贸易的国际贸易惯例(如1990年《国际贸易术语解释通则》等)。

第二节 合同的成立与生效

一、合同成立的基本法律步骤

合同是通过一方的要约和另一方的承诺而成立的。

(一)要约

1. 要约的概念

要约是一方向另一方提出的愿意按一定的条件同对方订立合同,且一旦要约被对方承诺即对提出要约的一方产生约束力的一种意思表示。

2. 一项有效的要约应具备的条件

(1)要约人必须明确表明愿意按要约的内容与对方订立合同的意思。要约的特点在于:它一经受要约人的承诺,合同即告成立,无须再征求要约人之同意或经其确认。这是要约和要约邀请的区别。

要约邀请,其目的虽然也是为了订立合同,但效力与要约不同,它本身并不是一项要约,而只是为了邀请对方向自己发出要约,例如,报价单、价目表及商品目录等,其内容可能包括价格、品质、规格、数量等。但这些都不是要约,而属于要约引诱,其目的是吸引对方向自己提出订货单,订货单才是一项真正的要约。

(2)要约的内容必须明确、肯定,即应该包括拟将签订的合同的主要条件。一旦受要约人表示承诺,就足以成立一项对双方当事人均有约束力的合同。例如,在商业买卖中,要约一般应包括商品的名称、价格、数量以及交货和付款的时间等。因此,要约人不必在要约中详细载明合同的全部内容,而只要达到足以确定合同内容的程度即可。

(3)要约原则上应向一个或一个以上的特定的受要约人发出,除非要约人有明确相反的意思表示。这可以理解为:

①要约原则上应向一个或一个以上的受要约人发出。

②所谓"特定的受要约人",是指要约人的主观意图所指向的交易对象。

③所谓"除非要约人有明确相反的意思表示",是指若要约人采用广告等公开要约的方式,则属于要约人有相反的明确的意思表示,此时,与要约人相对的受要约人,可以不要求是特定的受要约人。

(4)要约必须送达受要约人才能生效。要约是一种意思表示,要约须于到达受要约人时方能生效,从而受要约人只有在得知要约的内容后,才能决定是否予以承诺。

3. 要约的约束力

要约的约束力包括两个方面的含义:一个是指对要约人的约束力,另一个是指对受要约人的约束力。要约对两者的约束力是不同的。

一般来说,要约对于受要约人是没有约束力的。受要约人接到要约,只是在法律上取得了承诺的权利,但不因此而承担必须承诺的义务。不仅如此,在通常情况下,受要约人即使不予承诺,也没有通知要约人的义务。但在某些例外的情况下,受要约人无论承诺与否,均应通知要约人。所谓要约对要约人的约束力,是指要约人发出要约之后在对方承诺之前能否反悔,能否把要约的内容予以变更或把要约撤销的问题。

1980年《联合国国际货物销售合同公约》第十六条规定:"(一)在未订立合同之前,要约得予撤销,如果撤销的通知于受要约人发出承诺之前送达受要约人。(二)但在下列情况下,要约不得撤销:①要约写明承诺的期限或以其他方式表示要约是不予撤销的。②受要约人有理由信赖该项要约是不可撤销的,而且受要约人已本着对该项要约的信赖行事。"

《中华人民共和国民法典》第四百七十六条规定:"要约可以撤销,但是有下列情形之一的除外:(一)要约人以确定承诺期限或者其他形式明示要约不可撤销;(二)受要约人有理由认为要约是不可撤销的,并已经为履行合同做了合理准备工作。"

4. 要约的消灭

要约的消灭是指要约失去效力,无论是要约人还是受要约人均不再受要约的约束。要约失效有以下几种情况:

(1)要约因期限已过而失效。如果要约规定有承诺的期限,则在该期限终了时自行失效。如要约人在要约中没有规定承诺的期限,则有两种情况:第一,如果当事人以对话方式进行交易磋商,要约必须立即予以承诺,如不立即承诺,要约即失去约束力;第二,如当事人分处异地,以函电等非对话的方式发出要约,则当事人一般应当在合理的期限内作出承诺,否则要约即告失效。

(2)要约因被要约人撤回或撤销而失效。撤回要约是指要约人发出要约之后在其送达受要约人之前,将要约收回,使其不发生效力。撤销要约是指要约已经送达受要约人之后,即要约已经生效之后,要约人消灭要约效力的行为。在大陆法中,撤销要约一般是不允许的,而撤回要约是允许的,但撤回要约的通知必须先于要约或至少必须与要约同时到达受要约人手中,才能把要约撤回。在英美法中,一般来说,要约人不仅可以在要约送达受要约人之前将要约撤回,也可以在要约已经到达受要约人之后,在受要约人作出承诺之前,将要约撤销。

(3)要约因被受要约人拒绝而失效。拒绝要约是指受要约人把拒绝要约的意思表示通知要约人的行为。要约在拒绝通知送达要约人时即告失效。此后受要约人就不能改变主意再对该项要约表示承诺。如果受要约人在承诺中对要约的条款做了扩张、限制或变更,并构成了对要约内容的实质性修改,其效果也视同对要约的拒绝,在法律上也等于受要约人向要约人发出了一项反要约,须经原要约人承诺后,合同才能成立。

(二)承诺

1. 承诺的概念

承诺是指受要约人按照要约所指定的方式,对要约的内容表示同意的一种意思表示。《中华人民共和国民法典》第四百七十九条规定:"承诺是受要约人同意要约的意思表示。"

2. 一项有效的承诺应具备的条件

(1)承诺必须由受要约人作出。受要约人包括其本人及其授权的代理人。除此以外,任何第三者即使知道要约的内容并对此作出同意的意思表示,也不是承诺,不能成立合同。

(2)承诺必须在要约的有效期内进行。如果要约规定了有效期,则必须在该期限内承诺;如果要约未规定有效期,则必须在"依照常情可期待得到承诺的期间内"(大陆法)或在"合理的时间内"(英美法)承诺。如果承诺的时间迟于要约的有效期,则叫作"迟到的承诺"。迟到的承诺不是有效的承诺,而是一项新的要约,须经原要约人承诺后才能成立合同。

(3)承诺必须与要约的内容一致。承诺是受要约人愿意按照要约的内容与要约人订立合同的一种意思表示,如果受要约人在承诺中将要约的内容加以扩充、限制或变更,则从原则上说,这就不是承诺,而是一项反要约,它是对原要约的拒绝,不能发生承诺的效力,应视为一项新的要约或反要约,它必须经原要约人的承诺才能成立合同。

(4)承诺的传递方式必须符合要约所提出的要求。要约人在要约中可以对承诺的传递方式作出具体规定。如果要约人在要约中对承诺的传递方式没有作出具体规定,承诺人在发出承诺通知时,一般应按照要约所采用的方式办理,或采用比要约更为快捷的方式。

3. 承诺的生效时间

承诺从什么时候起生效,这是合同法中一个十分重要的问题,这一问题在各国法律中存在着很大的分歧。

(1)英美法认为,在以书信、电报作出承诺时,承诺一经投邮即生效,合同即告成立,即对承诺的意思表示采取"投邮主义",以此来调和要约人与受要约人之间的利益冲突。

(2)大陆法特别是德国法,在承诺生效时间问题上,采取了与英美法不同的原则。德国法对承诺生效的时间采取"到达主义",即承诺于到达相对人时开始发生效力,合同亦于此时成立。

(3)《法国民法典》对承诺何时生效没有作出具体规定。但法国最高法院认为,关于承诺生效的时间完全取决于当事人的意思。因为承诺生效是一个事实问题,应根据具体情况特别是根据当事人的意思来决定。但实践中往往推定为适用"投邮主义",即根据事实情况推定承诺于发出承诺通知时生效,合同亦于此时成立。

(4)《中华人民共和国民法典》第四百八十四条规定:"以通知方式作出的承诺,生效的时间适用本法第一百三十七条的规定。承诺不需要通知的,根据交易习惯或者要约的要求作出承诺的行为时生效。"《中华人民共和国民法典》第一百三十七条规定:"以对话方式作出的意思表示,相对人知道其内容时生效。以非对话方式作出的意思表示,到达相对人时生效。以非对话方式作出的采用数据电文形式的意思表示,相对人指定特定系统接收数据电文的,该数据电文进入该特定系统时生效;未指定特定系统的,相对人知道或者应当知道该数据电文进入其系统时生效。当事人对采用数据电文形式的意思表示的生效时间另有约定的,按照其约定。"从这些规定可以看出,我国采用的是"到达主义"。

4. 承诺的撤回

撤回承诺是承诺人阻止承诺发生效力的一种意思表示。承诺必须在生效之前撤回,一旦生效,合同即告成立,承诺人就不得撤销其承诺。按照英美法国家的审判实践,由于其认为承诺的函电一经投邮就立即生效,因此,受要约人发出承诺通知后,就不能撤回其承诺。撤回承诺有利于承诺人根据市场的交易变化及时调整自己的经营策略。《中华人民共和国民法典》第四百八十五条规定:"承诺可以撤回。承诺的撤回适用本法第一百四十一条的规定。"《中华人民共和国民法典》第一百四十一条规定:"行为人可以撤回意思表示。撤回意思表示的通知应当在意思表示到达相对人前或者与意思表示同时到达相对人。"1980年《联合国国际货物销售合同公约》第二十二条和《国际商事合同通则》第二条、第十条也作了类似的规定。

5. 承诺的方式

承诺的方式是指回应要约的意思表示借以表达的方式。关于承诺的方式,各国法律一般规定,承诺可以采取口头、书面或实际行为作出,但缄默或不作为本身不构成承诺。在一项具体的交易中,承诺的方式往往取决于要约的要求,若要约中对承诺的方式明确地提出了要求,则承诺应采用要约规定的方式。若要约中没有明确提出承诺方式的要求,则承诺的表示方式应当与要约的表示方式相一致。

二、合同的生效

合同生效是指已经成立的合同在当事人之间产生了一定的法律效力。合同成立与合同生效是两个完全不同的概念。合同成立是指合同订立过程的完成,是当事人合意的结果。合同成立只是解决了合同是否存在的问题,即使合同已经成立,如果不符合法律规定的生效要件也仍不能产生效力。各国合同生效制度对合同的生效要件多集中于以下几方面。

(一) 当事人须具有订立合同的行为能力

各国法律均规定,当事人须具备缔约能力是合同成立的必要条件。而当事人又可分为自然人与法人两种。

1. 自然人订立合同的行为能力

所谓行为能力,是指当事人能用自己的意思表示为自己产生权利和承担义务的能力。各国法律基本上都对未成年人、酗酒者、吸毒者、精神病患者等的行为能力进行了一定限制,但在具体规定上有一定差别。

《中华人民共和国民法典》将公民的民事行为能力分为完全民事行为能力、限制民事行为能力、无民事行为能力。按其规定,十八周岁以上的自然人为成年人。不满十八周岁的自然人为未成年人。成年人为完全民事行为能力人,可以独立实施民事法律行为;十六周岁以上的未成年人,以自己的劳动收入为主要生活来源的,视为完全民事行为能力人。八周岁以上的未成年人为限制民事行为能力人,实施民事法律行为由其法定代理人代理或者经其法定代理人同意、追认。不满八周岁的未成年人和不能辨认自己行为的成年人为无民事行为能力人,由其法定代理人代理实施民事法律行为。

2. 法人的行为能力

所谓法人,是指拥有独立财产,依照法定程序成立,能够以自己的名义享有民事权利和承担民事义务的法律实体。法人的行为能力由法人的权力机构委托代理人去行使。最常见的法人是公司。根据各国公司法的规定,公司必须通过它授权的代理人才能订立合同,而且其经营范围不得超出公司章程的规定,否则属于越权行为。若属于越权签订的合同,对法人来说是无效的,由行为人本人承担责任。《中华人民共和国民法典》中也有类似的规定。

(二)合同必须合意且真实

所谓合意,是指当事人必须有一致的意思表示;所谓真实,是指当事人的意思表示必须真实。如果由于错误、欺诈、胁迫及重大失衡等原因造成当事人意思表示不真实的,受损害方可以主张该合同无效、要求撤销该合同或要求更改该合同的有关内容。

1. 错误

错误又称为误解,根据《国际商事合同通则》第3.4条,错误是指在合同订立时对已存在的事实或法律所作出的不正确的假设。各国法律都规定,当事人订立合同时发生的错误能引起合同无效和被撤销的法律后果。但是能引起如此后果的错误需要具备一定条件。

大陆法系国家一般规定,必须是本质性的错误才能导致合同无效或被撤销。英美法把错误分为共同错误和单方错误,一般情况下只有共同错误才能导致合同无效和被撤销。所谓共同错误,是指当事人双方对于构成他们之间交易基础的事实,在认识上发生了共同错误。单方错误是指合同当事人一方对构成合同双方交易基础的事实,在认识上发生错误,而对方不知道也没有理由知道该错误的存在。原则上单方错误是不能主张合同无效或撤销合同的,除非主张无效的一方能够证明,错误是他方造成的,或者他方在订立合同时已经知道或有理由知道错误方的错误。

《中华人民共和国民法典》第一百四十七条规定:"基于重大误解实施的民事法律行为,行为人有权请求人民法院或者仲裁机构予以撤销。"所谓重大误解,是指误解人在作出意思表示时对涉及合同的法律效果的重大事项存在着认识上的显著缺陷,其后果是使误解人受到较大的损失,以至于根本达不到缔约目的。一般认为,对合同的性质、对方当事人、标的物品种、质量、规格、数量等的误解为重大误解。《中华人民共和国民法典》第一百五十二条规定,当事人自知道或者应当知道撤销事由之日起一年内、重大误解的当事人自知道或者应当知道撤销事由之日起九十日内没有行使撤销权的,撤销权消灭。

2. 欺诈

欺诈是指一方当事人故意制造假象或隐瞒真相,致使对方陷入误解或发生错误的行为。由于在欺诈的情况下所签订的合同是违背了一方当事人的真实意思的,因此,各国法律都允许蒙受欺诈的一方可以撤销合同或主张合同无效。

欺诈行为的构成要件包括:

(1)欺诈方有欺诈的故意,过失不构成欺诈。

(2)欺诈方有欺诈的行为。

(3)被欺诈一方因欺诈而陷入错误认识,并基于错误的认识而订立了合同。

《中华人民共和国民法典》第一百四十八条规定:"一方以欺诈手段,使对方在违背真实意思的情况下实施的民事法律行为,受欺诈方有权请求人民法院或者仲裁机构予以撤销。"

《中华人民共和国民法典》第一百四十九条规定:"第三人实施欺诈行为,使一方在违背真实意思的情况下实施的民事法律行为,对方知道或者应当知道该欺诈行为的,受欺诈方有权请求人民法院或者仲裁机构予以撤销。"

3. 胁迫

所谓胁迫,是指以使人发生恐惧为目的的一种故意行为。凡在胁迫之下订立的合同,受胁迫的一方可以撤销合同。因为在受胁迫的情况下所做的意思表示,不是自由的意思表示,因此不能产生法律上的有效意思表示的效果。一般来讲,胁迫既包括对当事人施加心理上或精神上的压力,也包括身体上的强制;既包括当事人一方直接对另一方施加的胁迫,也包括当事人一方聘请或默认第三者对另一方所施行的胁迫,还包括当事人本人和雇请或默认第三者对另一方的亲属所施行的胁迫。

4. 重大失衡

合同的重大失衡是指一方当事人违背诚实信用的原则,利用对方当事人的某种依赖关系、经济困境、紧急需求、缺乏远见、无知、无经验或缺乏谈判技巧等,诱使其签订不合理的且对自己有利的合同的行为。例如,父母与子女、律师与当事人、医生与病人、监护人与未成年人等之间所订立的合同,如果有不公正的地方,即可推定为重大失衡。此种情况下,蒙受不利的一方可以撤销合同。

(三)合同必须合法

合同合法包括两个方面:

(1)合同的标的物必须合法。例如,将毒品以及其他禁止进出口的物品作为国际贸易合同的标的物时,该合同就属违法,因此无效。

(2)合同所追求的目的和行使的范围必须合法。例如,以诈骗为目的的合同、同敌人进行贸易的合同、购买武器作为行使暴力或恐怖行动的合同,以及指使他人犯罪的合同等均属违法合同,所以也一律无效。

按各国法律的规定或判例,凡是违反法律的、不道德的和违反公共政策与善良风俗的合同一律无效。所谓违反法律的合同,按照大陆法的解释就是指,凡合同中的标的物或合同所追求的目的为法律不允许的或禁止的,合同即为违法合同;所谓违反公共政策的合同,按照英美法的解释就是指,损害公众利益,违背某些成文法所规定的政策或目标,旨在妨碍公众健康、安全、道德以及一般社会福利的合同;所谓违反善良风俗的合同,一般是指违反社会公认的道德标准,如果法院予以承认将会引起正常人愤慨的合同。例如,对婚姻生活起不良影响或导致人们忽视夫妻义务的合同等。不过善良风俗属于道德伦理的范畴,由于各国对道德标准的解释不同,即使是一国也可能由于时代的不同而对道德标准的看法存在着差异,因此,在审理有关是否违反道德标准的合同的案件时,许多国家的法律均赋予法官很大的裁量权,法官可以根据每个案件的具体情况作出裁决。

(四)合同订立必须符合法定的形式

大陆法把合同分为要式合同和不要式合同。所谓要式合同,是法律规定必须具备一定形式的合同,例如,捐赠合同、设立抵押权合同等。这些合同通常需要以公证人的文书作为合同有效成立的要件,否则将不产生法律上的强制力。

(五)合同要有对价或约因

许多国家的法律均要求,一项法律上有效的合同,除了合法和当事人合意外,还需要有对价或约因。

所谓约因,按照法国法的解释,就是指订约当事人产生该项债务所追求的最接近的和直接的目的,也就是订立合同的原因或目的。法国法把约因作为合同有效成立的要素之一。按照《法国民法典》第一千一百三十一条的规定,凡属无约因的债、基于错误约因或不法约因的债,不发生任何效力。例如,卖主订立合同的原因一般就是要获取价金,而买主订立合同的约因一般就是要获取标的物。

英美法系中的所谓对价,是指当事人之间存在的"相互给付"的关系。英美普通法把合同分为两类:一是签字蜡封式合同,其有效性不在于其是否有对价,完全是取决于所采取的形式;二是简式合同,包括口头合同和非以签字蜡封式做成的一般书面合同,这类合同则必须要有对价,否则没有约束力。

第三节 合同的履行

所谓合同履行,是指合同的双方当事人根据合同的规定,完成各自所承担的义务的行为。

一、合同履行的基本原则

当事人在履行合同的过程中,应遵循以下两条基本原则:

(一)全面履行明示和默示义务原则

所谓明示义务,是指由当事人明确议定的合同条款所构成的义务。默示义务则是指由未被明确规定的条款构成的义务。这些义务有可能是法定的,也有可能是惯例性质的。按照《国际商事合同通则》第5.2条,可据之确定当事人履行默示义务的因素有:合同的性质与目的;各方当事人之间确立的习惯做法和惯例;诚实信用和公平原则;合理性。

(二)合作原则

合作原则是指当事人不仅适当履行自己的合同债务,而且基于诚实信用原则要求对方当事人协助其履行债务的原则。根据《国际商事合同通则》第5.3条和很多国家的司法实践,如果一方当事人履行其义务时,有正当理由期待对方当事人合作,对方当事人即应予以合作,否则,要承担违约责任。

二、有关事项未明确规定的合同的履行规则

根据意思自治原则,各国法律一般规定,只要不违反本国的强制性法律,当事人应按合同中明确约定的质量、价格、时间、地点、履约方式等条款履行其义务。但是由于种种原因,在实践中当事人经常对这些条款没有约定或约定不明确。在履行合同时,又往往因协商不成发生纠纷。因此,很多国家的合同法都对这些条款约定不明确的合同规定了履行规则。

(一)质量条款约定不明确的履行规则

根据《国际商事合同通则》第5.6条,如果合同对质量或确定质量的标准无明确规定,那么义务方应使其义务履行的质量达到合理的标准,并不得低于此情况下的平均标准。《中华人民共和国民法典》的规定较《国际商事合同通则》更加具体和明确。《中华人民共和国民法典》第五百一十条规定:"合同生效后,当事人就质量、价款或者报酬、履行地点等内容没有约定或者约定不明确的,可以协议补充;不能达成补充协议的,按照合同相关条款或者交易习惯确定。"《中华人民共和国民法典》第五百一十一条第一项规定:"质量要求不明确的,按照强制性国家标准履行;没有强制性国家标准的,按照推荐性国家标准履行;没有推荐性国家标准的,按照行业标准履行;没有国家标准、行业标准的,按照通常标准或者符合合同目的的特定标准履行。"

(二)履行的价格标准规则

根据《国际商事合同通则》的规定,如果合同的定价明显不合理,该定价一概无效,义务方仅有按合理的价格履行义务;在价格或确定价格的方法不明确时,义务方应按订立合同时一般应支付的价格履行,如没有可比价格,则按合理价格履行。《中华人民共和国民法典》第五百一十一条第二项规定:"价款或者报酬不明确的,按照订立合同时履行地的市场价格履行;依法应当执行政府定价或者政府指导价的,依照规定履行。"

(三)履行时间的确定规则

大陆法国家和英美法国家关于合同履行时间的确定规则存在一定的差别。当事人未明确约定履行时间的,大陆法国家总的原则是:义务人可以随时履行,权利人可以随时要求履行,但必须给义务人必要的准备时间。《中华人民共和国民法典》亦采用此原则。《中华人民共和国民法典》第五百一十一条第四项规定:"履行期限不明确的,债务人可以随时履行,债权人也可以随时请求履行,但是应当给对方必要的准备时间。"英美法国家的一般规则是,在合同无明确规定的情况下,权利人可以要求对方当事人在合理的时间内履行合同义务。《国际商事合同通则》采用了和英美法国家一致的规则。

(四)履行地点的确定规则

各国关于履行地点的确定规则较为一致,即如果合同无相反规定,付款义务的履行地

为权利人的营业地,其他义务的履行地为义务人的营业地。《国际商事合同通则》第 6.1 条也确认了上述规则,并进一步规定,当事人应承担在合同订立后因其营业地的改变而增加的履行费用。《中华人民共和国民法典》第五百一十一条第三项规定:"履行地点不明确,给付货币的,在接受货币一方所在地履行;交付不动产的,在不动产所在地履行;其他标的,在履行义务一方所在地履行。"

(五)履行费用的确定规则

包括我国在内的很多国家的相关法律和《国际商事合同通则》均规定,当事人无明确约定的,履行费用由义务方承担。《中华人民共和国民法典》第五百一十一条第六项规定:"履行费用的负担不明确的,由履行义务一方负担;因债权人原因增加的履行费用,由债权人负担。"

三、双务合同履行的抗辩权

所谓抗辩权,是指对抗他人请求自己为一定给付行为的权利,它主要是一种针对请求权的权利,其效力在于请求权的效力,从而使抗辩权人能够拒绝向债务人履行债务。为了鼓励当事人履行合同、正确区分行使抗辩权行为与违约行为之间的差异,各国法律均确立了抗辩制度。

(一)同时履行抗辩权

同时履行抗辩权是指没有先后履行顺序的双务合同的当事人一方在另一方未履行债务之前或未按合同约定履行债务时,可以相应拒绝另一方要求自己履行债务的权利。

同时履行抗辩权的行使必须符合下列条件:

(1)同一双务合同双方互负债务。首先,双方当事人之间的债务是根据同一个双务合同产生的;其次,双方当事人所负的债务互为条件、互为牵连,具有对价性。

(2)须双方互负的债务均已届清偿期。因为同时履行抗辩权制度是为了使双务合同双方债务同时履行,所以,只有在双方的债务均已到履行期时,才能行使同时履行抗辩权。

(3)须对方未履行债务或者未按约定履行债务。如果一方已履行,但其履行不符合合同的约定,构成迟延履行、部分履行或者履行有瑕疵,这种情况下,一般也可以主张同时履行抗辩权,但是,如果此时主张同时履行抗辩权有违诚实信用和公平原则时,则不得拒绝履行债务。

(4)须对方的履行是可能的。如果对方已经丧失履行合同的能力,则同时履行的目的已不能实现。此种情形下,只能适用债务不履行的法律规定获得补救,而不能援用同时履行抗辩权。若因不可抗力发生履行不能,则遭受不可抗力的一方履行合同债务的义务已依法被部分或全部免除,另一方则不可主张同时履行。

同时履行抗辩权仅能阻碍对方的履行请求权,从而使对方的请求权延期,但并不能消灭对方的请求权。

(二)不安抗辩权

不安抗辩权是大陆法的制度,是指当事人一方应先向他方给付,如发现他方财产于订约后明显减少,有难为给付之情形时,在他方未恢复给付能力或未提供担保之前,得以拒绝给付的权利。

关于不安抗辩权的成立条件,各国法律的规定不尽相同。

《法国民法典》第一千六百一十三条规定,在买卖合同成立后,买受人陷于破产或处于无清偿能力致使出卖人有丧失价金之虞时,即使出卖人曾同意给付,出卖人也不负交付标的物的义务。但买受人提出到期给付保证的,不在此限。依此,法国民法中的不安抗辩权只限于买卖合同,而且只在买受人破产或处于无力清偿状态时才能成立。

《德国民法典》则规定,因双务合同而负担债务并应向他方先为给付者,如对方的财产于合同订立后明显减少,危及债权的实现时,在他方未为给付或提出担保之前,得拒绝给付。由此可见,德国法的不安抗辩权的适用范围比法国法要广,但在行使不安抗辩权的条件上比法国法严格,只限于一方财产的明显减少。其他大陆法国家也均对不安抗辩权作出了明确规定。

《中华人民共和国民法典》第五百二十七条规定:"应当先履行债务的当事人,有确切证据证明对方有下列情形之一的,可以中止履行:(一)经营状况严重恶化;(二)转移财产、抽逃资金,以逃避债务;(三)丧失商业信誉;(四)有丧失或者可能丧失履行债务能力的其他情形。当事人没有确切证据中止履行的,应当承担违约责任。"比较起来,《中华人民共和国民法典》规定的不安抗辩权的成立条件比其他国家要宽得多,一方当事人只要具备上述规定的任何一种情形,对方当事人就可以依法行使不安抗辩权。当事人依法行使不安抗辩权时,应当及时通知对方。对方提供适当担保时,当事人应当恢复履行。中止履行后,对方在合理期限内未恢复履行能力并且未提供适当担保的,中止履行的一方可以解除合同,并要求对方赔偿损失。

(三)后履行抗辩权

后履行抗辩权是指有先后履行顺序的双务合同中,先履行一方未履行合同的,后履行一方有权拒绝其相应的履行请求。后履行抗辩权的设定是为了保护后履行一方的权利。行使后履行抗辩权要符合以下条件:

(1)必须是由同一双务合同产生的互负债务。
(2)当事人互负的债务有先后履行顺序。
(3)必须存在应该先履行的一方未履行或者履行债务不符合约定的情形。

后履行抗辩权的行使,使后履行一方可暂时中止履行自己的债务,以对抗先履行一方的履行请求,保护自己的合法权益。在先履行方采取了补救措施时,后履行一方应及时履行其债务。后履行抗辩权的行使,不影响后履行一方追究对方违约责任的权利。

四、合同的保全

(一)合同保全概述

所谓合同的保全,是指合同之债的债权人依据法律规定,在债务人不正当处分其权利和财产,危及其债权的实现时,可以对债务人或者第三人的行为行使撤销权或者代位权的债权保护方法。

合同的保全制度是大陆法国家普遍采取的制度。合同的保全制度的确立,在一定程度上扩充了合同的效力范围,使合同在特殊情况下产生对合同之外的第三人的效力。这能改变以往债权人对债务人通过怠于行使其到期债权或者放弃到期债权,无偿或非正常低价转让财产的行为来损害债权人利益而束手无策的状况,使得债权人可以依保全制度来保持或恢复债务人的财产,确保自身债权的实现。

根据大陆法和《中华人民共和国民法典》的规定,合同的保全制度有两种:一是债权人的代位权,二是债权人的撤销权。

(二) 债权人的代位权

债权人的代位权是指合同依法成立后,在债务人怠于行使其到期的债权并对债权人的债权实现构成妨害之时,债权人为保全自己的债权,可以以自己的名义行使追偿债务人到期债权的权利。

《中华人民共和国民法典》第五百三十五条规定:"因债务人怠于行使其债权或者与该债权有关的从权利,影响债权人的到期债权实现的,债权人可以向人民法院请求以自己的名义代位行使债务人对相对人的权利,但是该权利专属于债务人自身的除外。代位权的行使范围以债权人的到期债权为限。债权人行使代位权的必要费用,由债务人负担。相对人对债务人的抗辩,可以向债权人主张。"

债权人行使代位权后,会产生以下法律效力:债权人行使代位权所获得的清偿应直接归属于债务人。如果债务人不积极受领,则债权人可代位受领,但债务人仍有权要求债权人归还所受领的财产,即所谓的"入库规则";债务人怠于行使的到期债权债务关系归于消灭;债权人代位权的行使范围以债权人的债权为限;债权人在债务人不积极受领财产时虽然可以代位受领,但无权将受领的财产供自己优先受偿或者用来抵消债务人的债务,如果想用代位受领的财产清偿自己的债权,必须取得债务人的同意。

(三) 债权人的撤销权

1. 撤销权的概念

债权人的撤销权是指债权人在债务人无正当理由减少自身财产而妨害债权人债权实现时,依法享有的请求人民法院撤销债务人减少自身财产的行为的权利。

《中华人民共和国民法典》第五百三十八条规定:"债务人以放弃其债权、放弃债权担保、无偿转让财产等方式无偿处分财产权益,或者恶意延长其到期债权的履行期限,影响债权人的债权实现的,债权人可以请求人民法院撤销债务人的行为。"《中华人民共和国民法典》第五百三十九条规定:"债务人以明显不合理的低价转让财产、以明显不合理的高价受让他人财产或者为他人的债务提供担保,影响债权人的债权实现,债务人的相对人知道或者应当知道该情形的,债权人可以请求人民法院撤销债务人的行为。"《中华人民共和国民法典》第五百四十条规定:"撤销权的行使范围以债权人的债权为限。债权人行使撤销权的必要费用,由债务人负担。"

为了防止债权人滥用撤销权,行使撤销权应同时具备以下条件:

(1)债务人客观上实施了某种危害债权的行为。损害债权人利益的行为主要有:放弃到期债权;无偿转让财产;以明显不合理的低价转让财产。

(2)主观上债务人与第三人(受让人)具有恶意,如果是因债务人放弃到期债权或者无偿转让财产而给债权人造成损害的,则不以债务人实施处分行为时的主观心理状态为要件,不论债务人对其行为损害债权利益是否有过错,均可予以撤销。

(3)债权人行使撤销权必须以自己的名义向人民法院提起诉讼,请求法院撤销债务人处分财产的行为。撤销诉讼的被告应当是债务人。《中华人民共和国民法典》规定撤销权自债权人知道或者应当知道撤销事由之日起一年内行使。自债务人的行为发生之日起五年内没有行使撤销权的,该撤销权消灭。

2. 撤销权行使的法律效力

债务人的行为、受让人与债务人之间的行为因被撤销而无效。受益人、受让人应当将取得的财产返还给债务人;原物不能返还的,折价赔偿;财产尚未交付的,不得请求债务人交付。已向债务人支付代价的,则请求债务人返还不当得利。为了保护善意第三人的利益,各国民法均规定,在债权人行使撤销权的情形下,如受让人为善意,则仅对因自己的过错所产生的毁损、灭失承担赔偿责任。

五、涉及第三人的合同的履行规则

在多数情况下,当事人在合同中只为他们自己设定权利或义务。然而由于各种需要,不少国际商事合同的当事人也经常在合同中为第三人设定权利或规定由第三人履行义务。其中,为第三人设定权利的合同往往引出这样一个法律问题:第三人能否直接向合同的义务人主张权利?由第三人履行义务的合同则引出这样一个法律问题:合同的权利人可否直接要求第三人履行义务?

(一)为第三人设定权利合同的履行规则

为了便于国内和国际商事交往,包括我国在内的很多国家允许当事人在保险、票据、财产信托及信用证结算等合同中为第三人设定权利,并赋予第三人直接请求义务人履行合同义务的权利。但第三人只有在符合下列条件时,才拥有直接的履行请求权:

(1)当事人确有为第三人设立直接履行请求权的意图。若合同只是附带地使第三人有潜在的好处,而当事人并没有赋予第三人得到该好处的意图,则第三人不能向义务人直接行使请求权。

(2)当事人在合同中对第三人直接的履行请求权未作出任何保留。若当事人在合同中对第三人直接的履行请求权有明示或默示的保留,则该保留可以对抗第三人。如票据的承兑人只做了限制承兑,后手的履行付款的请求权即受到该限制承兑的约束。

(3)此种直接的履行请求权的认定不为法律所禁止。除美国外,很多其他的英美法国家只承认代理、保险、信托等少数几种为第三人认定权利的合同,其他的合同即使明确认定了第三人直接的履行请求权,也宣布其无效。

按国际惯例,我国也承认代理、保险、票据和信用证等合同为第三人设定权利的直接履行请求权。《中华人民共和国民法典》第五百二十二条规定:"当事人约定由债务人向第三人履行债务,债务人未向第三人履行债务或者履行债务不符合约定的,应当向债权人承担违约责任。法律规定或者当事人约定第三人可以直接请求债务人向其履行债务,第三人未在合理期限内明确拒绝,债务人未向第三人履行债务或者履行债务不符合约定的,第三人可以请求债务人承担违约责任;债务人对债权人的抗辩,可以向第三人主张。"

(二)为第三人规定义务合同的履行规则

买卖、票据等国际商事合同常常为第三人规定了义务,如进出口合同规定,由买卖双方以外的第三人(银行)向卖方开出信用证。各国的通例是,当事人对合同以外的第三人没有要求其履行义务的直接请求权,若第三人不履行合同中规定的义务,合同中的义务人则应向合同中的权利人承担违约责任。如在汇票关系中,付款人若拒绝向受款人付款,出票人则应向受款人承担违反汇票合同的责任。

有些合同起初并没有为第三人规定义务,但由于情况变化,义务人需要委托第三人代为履行。不少国家允许义务人委托履行,但同时规定义务人应遵从一定的条件。如《美国统一商法典》第2—210条规定的条件是:合同中没有禁止委托履行的规定;委托履行不影响另一方当事人的根本利益。

然而,若受托的第三人不履行义务或履行不合格,义务人仍然要向另一方当事人承担违约责任。不过,根据《意大利民法典》第一千二百六十八条的规定,权利人明确表示解除对方当事人的义务或同意第三人履行却没有要求第三人履行的,则不得向合同的义务人请求履行。

第四节 合同的变更、转让与终止

一、合同的变更

合同变更,分为广义的合同变更和狭义的合同变更。前者指合同的内容和主体的变化,后者仅指合同的内容的变化,不包括合同主体的变化。合同内容的变更,是指合同成立以后、履行之前,或者在合同履行开始之后、尚未履行完毕之前,当事人就合同的内容进行的修改或补充。本节所称的合同变更,是指狭义的合同变更。

(一)各国法律关于合同变更的基本规定

合同成立以后,当事人双方通过协议的方式对合同的内容进行变更,称为协议变更,又称合意变更。这种变更深刻地体现了合同自由的原则,保证了当事人不仅可以自由订立合同,而且可以自由地变更合同内容。合同成立以后,当发生法定的可以变更合同的事由时,经一方当事人的请求而对合同内容进行变更的称为法定变更,对法定变更的事由各国法律规定不一,大致有不可抗力、情势变迁、重大误解、显失公平等。法定变更合同通常应当通过法院或者仲裁机构来实现。

依照传统的英美法"对价理论"的原则,对已成立的合同加以变更,必须有新的对价的支持才能有效成立。如果没有新的对价,就不得改变原合同,即使有变更也不能生效。根据法国法,有关合同变更的法律规定可以分为两类:一类是不以直接干预经济为目的的规定。在很多情况下,法律允许变更合同或赋予法官以变更合同的权力,所依据的通常都是情势变迁,即自当事人意思表示一致,合同订立之日起,情况发生重大变化,为了避免或减轻情势变迁给合同当事人造成重大损失，法律允许当事人通过协商，以各种手段，使合同关系在新的形势下继续保持平衡。另一类是直接对经济进行干预的规定。法律的规定不是一般地指出可导致合同变更的某种事由，而是直接改变合同的具体内容，亦即立法者干预合同关系的目的是直接引起某种经济后果。

(二)《国际商事合同通则》关于合同变更的规定

《国际商事合同通则》允许在一定条件下变更合同。《国际商事合同通则》第 2.18 条和第 3.2 条规定，合同的修改除需当事人的协议外，别无其他要求；如果合同规定对合同的任何变更必须以书面形式作出，则该合同不得以其他形式变更。此外，《国际商事合同通则》还将重大失衡和艰难情形作为当事人主张变更合同的理由。《国际商事合同通则》第 3.10 条规定，在重大失衡的情形下，依有权宣告合同无效一方当事人或收到宣告合同无效通知的另一方当事人的请求，法庭可修改合同或其条款，以使其符合公平交易的合理的商业标准。《国际商事合同通则》第 6.2.3 条规定，如出现艰难情形，处于不利地位的当事人有权要求重新谈判；如果合同当事人不能在合理时间内达成协议，则任何一方当事人均可诉诸法院，而法院则可以在认定确实存在艰难情形的条件下，为了恢复合同的均衡而判决修改合同。

(三)我国《合同法》关于合同变更的规定

《中华人民共和国民法典》第五百四十三条规定："当事人协商一致，可以变更合同。"根据本条的要求，协商一致是合同变更的基础。在一般情况下，当事人协商一致就可以变更合同，但对于特殊合同，法律、行政法规规定变更合同应当办理批准、登记等手续的，依照规定要办理相应的手续。这些特殊手续是变更合同的有效条件，而不是成立条件，违反这些规定时变更无效。

二、合同的转让

合同关系是一种债权债务关系。合同的转让涉及合同主体的变更，是指合同当事人一方依法将其合同的权利和义务全部或部分地转让给第三人，可分为合同权利的转让及合同义务的承担。

(一)合同权利的转让

合同权利的转让，即合同债权的让与，是指合同债权人通过协议将其债权全部让与第三人的行为。

1. 大陆法关于债权的让与的规定

大陆法认为，债权的让与无须征得债务人的同意即可发生法律效力。

《德国民法典》规定："债权让与无须征得债务人的同意，也无须通知债务人。此时，凡债务人不知情而向原债权人清偿的，其债务即行解除。但是若是债务人已知道债权让与的情况，不论他是从何种渠道获悉的，如果他仍向原债权人清偿，则不能解除合同。"为了保护债权人，《德国民法典》还规定债务人在债权让与时对原债权人的抗辩，均得向新债权人主张。

法国法也承认合同权利让与制度，也认为债权人有权不经债务人同意而把债权让与第三者。但法国法又不同于德国法,法国法认为合同的权利让与是一种买卖行为,是一种具体的法律行为,双方必须有约因。而且债权让与合同须以通知债务人或由债务人在公证文书上作出承诺作为对第三人发生效力的必要条件。

2. 英美法关于债权的让与的规定

英美法原则上也承认债权让与,但对某种具有个人特色的合同权利不能让与,如果属于提供个人劳务的合同权利,除非经对方当事人的同意,否则不能让与。

英国法对债权让与有两种不同的处理方法:

(1)按成文法规定进行的债权让与。

(2)按衡平法的原则进行的债权让与。

按成文法规定进行的债权让与必须符合1925年《财产法》所规定的三项条件:

(1)必须以书面形式并由让与人签字。

(2)债权让与必须是绝对的、无条件的,应包括全部债权,而不是债权的一部分。

(3)必须以书面形式通知债务人。

按成文法进行的合同权利让与不要求对价。在某些情况下,如果债权让与缺乏成文法所要求的让与条件,但如当事人确有债权让与的意思,则在衡平法上仍可认为是有效的。按照衡平法进行的债权让与不以通知债务人为必要条件。

美国大多数州的诉讼也允许债权的受让人直接以自己的名义向债务人提起诉讼。《美国统一商法典》规定,除当事人另有协议外,买方或卖方都可以把他们的权利让与第三人。除非这种让与会大大改变对方的义务,或者大大增加对方的负担以及严重损害对方获得履行的机会。

3. 中国法关于债权的让与的规定

《中华人民共和国民法典》第五百四十五条规定:"债权人可以将债权的全部或者部分转让给第三人,但是有下列情形之一的除外:(一)根据债权性质不得转让;(二)按照当事人约定不得转让;(三)依照法律规定不得转让。当事人约定非金钱债权不得转让的,不得对抗善意第三人。当事人约定金钱债权不得转让的,不得对抗第三人。"

对于权利让与的要件,采用的是通知主义。《中华人民共和国民法典》第五百四十六条规定:"债权人转让债权,未通知债务人的,该转让对债务人不发生效力。债权转让的通知不得撤销,但是经受让人同意的除外。"

(二)合同义务的承担

在合同法中,合同义务的承担又称债务承担,指由新债务人代替原债务人履行债务,新债务人一般被称为承担人,债务承担只是更换了债务人,合同的客体和内容不变。各国法律对债务的让与规定不一,现分别介绍如下。

1. 大陆法关于合同义务的转移的规定

法国法没有专门的法律条文明确规定合同义务的移转,而是采用一些变通的方法来达到异曲同工的效果。《法国民法典》第一千二百三十六条规定:"债务亦可由无利害关系人清偿之,但以该第三人以债务人的名义并以消灭债务人的债务为目的者为限。"其合同义务的转移则主要是通过债的更新的方式来实现的。《法国民法典》第一千二百七十一条规定:"债权人得解除旧债务人的债务由新债务人替代之。"严格意义上讲,债的更新与债务承担是有区别的,它是通过消灭旧债务、成立新债务来达到债务承担目的的一种变通做法。

2. 英美法关于合同义务的转移的规定

英国普通法认为,合同义务的转移非经债权人的同意是不能进行的。合同义务的转移只能通过更新而实现,而债的更新必须取得债权人的同意。按照英国法的相关理论,债的更新是债权人应债务人的请求,同意以新的债务人代替原债务人的一种新合同,其效力是解除原债务人的债务,并把这项债务加之于新债务人的头上。

美国法原则上认为合同债务不可让与,但在一些情况下允许他人代替原债务人履行债务。但原债务人并不因此得以解除义务,如果代为履行义务一方没有履行义务,则原债务人仍应承担责任。

3. 中国法关于合同义务的转移的规定

中国法律也承认合同义务的转移,但要求必须征得债权人的同意。《中华人民共和国民法典》第五百五十一条规定:"债务人将债务的全部或者部分转移给第三人的,应当经债权人同意。债务人或者第三人可以催告债权人在合理期限内予以同意,债权人未作表示的,视为不同意。"《中华人民共和国民法典》第五百五十二条规定:"第三人与债务人约定加入债务并通知债权人,或者第三人向债权人表示愿意加入债务,债权人未在合理期限内明确拒绝的,债权人可以请求第三人在其愿意承担的债务范围内和债务人承担连带债务。"《中华人民共和国民法典》第五百五十三条规定:"债务人转移债务的,新债务人可以主张原债务人对债权人的抗辩;原债务人对债权人享有债权的,新债务人不得向债权人主张抵销。"《中华人民共和国民法典》第五百五十四条规定:"债务人转移债务的,新债务人应当承担与主债务有关的从债务,但是该从债务专属于原债务人自身的除外。"

三、合同的终止

合同的终止,是指合同关系在客观上不复存在,合同债权和合同债务归于消灭。下面将各国的相关立法分别加以介绍。

(一) 大陆法

大陆法系各国对于合同终止的规定基本相同,大体包括清偿、抵消、提存、免除、混同等。

1. 清偿

清偿是指按合同的约定实现债权目的的行为。清偿与履行的意义相同,只不过视角不同。清偿是合同权利和义务终止的主要原因。

各国法律一般都承认代为清偿制度,即由第三人进行清偿。此外,还有代位权制度与之配套,即对债务履行有利害关系的第三人,在为债务人向债权人清偿了债务后,在法律上即取得了债权人的债权,使自己处在债权人的地位。

关于清偿费用,如当事人无特殊约定,一般应由债务人负担。但是若债权人住所变更,导致清偿费用增加的部分,应由债权人承担。

清偿地点即履行地,即债务人应履行其义务的地点。

关于清偿地点的规定如下：

(1)如果合同对履行地已有明确规定,按照规定的地点履行。

(2)如果合同对此没有作出规定,则根据标的物的不同性质而有两种不同的选择:其一,如属特定物的债务,应于订约当时该特定物之所在地交付;其二,如果是属于其他债务,究竟应当在债权人的住所地还是在债务人的住所地交付,各国法律分别采取两种不同的办法。第一种办法被称为往取债务,即以债务成立时债务人的住所为清偿地,法国、瑞士采取这种办法;第二种办法被称为赴偿债务,即以债权人现时的住所地为清偿地,日本采取这种办法。

关于清偿期间,如果合同已有规定,按照合同规定;如合同没有规定,则称为未定期债务,债权人在合同成立以后,随时可以向债务人要求清偿,当然必须给对方一定的准备期限,债务人也可以随时向债权人清偿。

关于清偿顺序,《德国民法典》第三百六十六条规定:债务人对于债权人基于数宗债务关系负担同种类给付的义务者,如债务人提出的给付不足以清偿全部债务时,债务人于给付时所指定的债务归于消灭。如债务人没有作出上述指定,则先抵充已届清偿期的债务;若几个债务均已届清偿期,则应抵充对债权人担保最少的债务;如担保相等者,应抵充债务人负担最重的债务;如负担相等者,应抵充到期较早的债务;如到期相同者,应按各个债务数额的比例消灭债务。

2. 抵消

抵消是指双方互负债务时,各以其债权充当债务之清偿,而使其债务与对方的债务在对等额内相互消灭。抵消依其产生根据不同,可分为法定抵消、合意抵消及当事人单方表示抵消三种。抵消的功能有:一是减少给付的交换,降低交易成本;二是确保债权的效力,即双方当事人互负债务时,如一方当事人只行使自己债权而不履行自己的债务,那么对方当事人就会受损害,抵消可以克服这一弊端。大陆法各国对于债的抵消主要有以下几种方法:一是法定抵消,又称当然抵消。《法国民法典》第二百九十条规定:"债务人双方虽无所知,依法律的效力仍然可以发生抵消。"二是单方面意思表示抵消。当事人互负债务时,任何一方当事人均得以意思表示通知对方进行抵消。

3. 提存

提存是指由于债权人的原因而无法向其交付合同标的物时,债务人将该标的物交给提存部门而消灭合同的制度。提存原因包括以下几项:一是债权人无正当理由拒绝受领;二是债权人下落不明;三是债权人死亡未确定继承人或者丧失行为能力未确定监护人。提存的效力首先体现在债务人的责任免除上,一旦合同标的被寄存于提存部门后,债权人就只能向提存部门收取提存物。其次,提存物寄存期间,其风险由债权人负担。此外,提存物寄存期间产生的一切费用,均由债权人负担。不过债务人在提存后应立即将有关情况通知债权人。

4. 免除

免除是指债权人抛弃债权,从而消灭合同关系及其他债务关系的单方行为。免除为债的消灭原因,各国民法对其法律性质如何确定尚存在分歧。《瑞士债务关系法》与《德国民法典》认为免除为契约,因此免除须征得债务人的同意才能生效。而日本民法及我国台湾地区"民法"则认为免除是单方行为,只要债权人有免除债务的意思表示,无须债务人的同意即可使债的关系归于消灭。

5. 混同

混同是指债权人和债务人混为一人,即同一个人既是债权人又是债务人。在这种情况下,债的关系已无存在的必要,应归于消灭。

混同的原因主要有以下几种:一是民法上的继受。在自然人死亡时,如该死者是债权人或债务人,而由其债务人或债权人继承其债权或债务。二是商法上的继受。作为债权人和债务人的公司进行合并时,互负债务也归于消灭。三是特定继受。例如,因债权或债务转让使债权人和债务人混同为一人。

在某些特殊情况下,虽然债权和债务发生混同,但债的关系并不因此而消灭,这主要有以下两种情况:①债权已被作为他人权利的标的;②票据法的特别规定。如出票人、承兑人或付款人成为最后一个被背书人时,债权和债务就归于同一个人身上,此时只要其尚未到期,当事人仍然可以背书转让。

(二) 英美法

1. 依法使合同消灭

在英美法中,有一些法律规定可以使合同的权利和义务在某些情况下消灭,主要有以下三种情况:

(1) 合并。合并有两种情况。一种与大陆法的混合相似,即合同的权利和义务同归一人,另一种是以安全性更强的合同代替原合同,使原合同消灭。

(2) 破产。破产人宣布破产后,经过破产清理程序,取得了法院的解除命令,即可解除一切债务及责任。

(3) 擅自修改书面合同。如果一方当事人擅自对书面合同做了修改,对方即可解除合同。但这一修改必须是未征得对方同意的对合同的重要部分作出的利己性的修改。

2. 合同因履行而消灭

如前所述,在英美法中,履行也是导致合同权利和义务消灭的主要原因。

3. 合同因双方协议而消灭

英美法认为,合同是依照双方当事人的协议而成立的,因此它也可以按照双方当事人之间的协议而解决,从而使合同的权利和义务终止。如果双方当事人达成协议,解除其中一方当事人履行合同的义务,则这种协议会因对价而不能执行,除非这种协议是签字蜡封的或禁止翻供的。但是,如果双方当事人达成协议,彼此免除各自尚待履行的合同义务,则不要另外的对价。

4. 合同因违约而消灭

英美法认为,在一方当事人严重违约时,可以使对方取得解除合同的权利,因此将违约也作为合同消灭的原因之一。违约包括两种情况:一种是合同约定的履行期已到而未履行的违约;另一种是预先违约,即一方当事人在合同规定的履行期到来之前,即明确表示不履行合同或以自己的行动使履约成为不可能。

(三) 中国法

我国基本上采纳了大陆法的观点。《中华人民共和国民法典》第五百五十七条规定:

"有下列情形之一的,债权债务终止:(一)债务已经履行;(二)债务相互抵销;(三)债务人依法将标的物提存;(四)债权人免除债务;(五)债权债务同归于一人;(六)法律规定或者当事人约定终止的其他情形。合同解除的,该合同的权利义务关系终止。"

中国将合同解除列为合同消灭的法定事由之一。《中华人民共和国民法典》第五百六十二条规定:"当事人协商一致,可以解除合同。当事人可以约定一方解除合同的事由。解除合同的事由发生时,解除权人可以解除合同。"《中华人民共和国民法典》第五百六十三条规定:"有下列情形之一的,当事人可以解除合同:(一)因不可抗力致使不能实现合同目的;(二)在履行期限届满前,当事人一方明确表示或者以自己的行为表明不履行主要债务;(三)当事人一方迟延履行主要债务,经催告后在合理期限内仍未履行;(四)当事人一方迟延履行债务或者有其他违约行为致使不能实现合同目的;(五)法律规定的其他情形。以持续履行的债务为内容的不定期合同,当事人可以随时解除合同,但是应当在合理期限之前通知对方。"

第五节 合同的违约责任与救济

一、违约责任

(一)违约责任的概念

违约是指合同当事人没有履行合同义务或者没有完全履行合同义务的行为。各国法律以及国际立法均认为合同一经依法成立,对当事人双方都具有法律约束力,任何一方都必须严格按照合同规定履行自己的义务,除非可以依法解除合同义务。违约责任是指合同当事人因违反合同义务所承担的责任。违约责任制度在合同法中居于十分重要的地位,因为合同当事人的意志能够产生法律约束力是以违约责任制度的存在为前提的。

(二)违约责任的归责

大陆法与英美法对于违约构成存在着传统上的分歧,主要集中在过错责任上。大陆法认为合同当事人作出违约行为后,只有存在着可以归责于他的过错时,才承担违约的责任。而美英法则认为只要许诺人没有履行其合同义务,即使他没有任何过错,只要他没有法定的免责理由,也构成违约,应承担违约的后果。英美法认为合同乃是一种担保,只要债务人不能达到担保的结果,就构成违约,应负损害赔偿的责任。

在现代合同法中,常常采纳过错推定原则。过错推定是指合同一方当事人在证明另一方当事人构成违约后,如果另一方当事人不能证明自己对此违约没有过错,则在法律上应推定被告具有过错,并应承担违约责任。

《中华人民共和国民法典》虽未明确规定,但实际上采纳了过错推定原则。《中华人民共和国民法典》第五百九十条规定:"当事人一方因不可抗力不能履行合同的,根据不可抗力的影响,部分或者全部免除责任,但是法律另有规定的除外。因不可抗力不能履行合同的,应当及时通知对方,以减轻可能给对方造成的损失,并应当在合理期限内提供证明。

当事人迟延履行后发生不可抗力的,不免除其违约责任。"

(三)违约的形式

1. 大陆法

《法国民法典》以不履行债务和迟延履行债务作为违约的主要表现形式。但是法国判例认为,如果债务人在订立合同时已经知道或应当知道他所作出的允许是不可能履行的,债权人应当以侵权行为为由请求损害赔偿。

德国法将违约分为给付不能与给付延迟两种情况。给付不能指合同当事人出于某种原因不可能履行合同,而非有能力履行而不去履行。给付延迟是指债务已届履行期,而且是可能履行的,但责任人没有按期履行其合同义务。

2. 英美法

在英美法国家,违约一般被分成违反条件和违反担保两种形式。只是美国现在把违反条件称作重大违约,违反担保称作轻微违约。其中,条件指合同中的重要条款。在商事合同中,关于履约的时间、货物的品质及数量等条款,都属于合同的条件,违反了合同的主要条款,对方有权解除合同,并要求赔偿损失。而担保是指合同的次要条款或附随条款。违反担保的法律后果与违反条件有所不同。在违反担保的情况下,蒙受损害的一方不能解除合同,而只能向违约的一方请求损害赔偿,并且不能以此为事由拒绝履行其合同义务。

3.《联合国国际货物买卖合同公约》(以下简称《公约》)

《公约》第二十五条规定:"一方当事人违反合同的结果,如使另一方当事人蒙受损害,以至于实际上剥夺了他根据合同有权期待得到的东西,即为根本违反合同,除非违反合同的一方并不预知而且同样一个通情达理的人处于相同情况中也没有理由预知会发生这种结果。"由此可知,《公约》把违约分为根本违反合同与非根本违反合同。如果卖方所交货物与合同不符构成根本违反合同时,买方可以采取以下救济办法:买方可以要求卖方交付替代的货物;或者买方可以解除合同,并可请求赔偿损失。《公约》规定,当一方违反合同时,不论此种违约行为是否构成根本违反合同,受损害一方都有权要求损害赔偿,而且即使受损害一方采取了其他的救济办法,如要求交付替代货物或解除合同等,这都不影响他行使请求损害赔偿的权利。

二、违约的救济措施

各国对不同的违约行为都规定了相应的救济措施,主要包括以下四种。

(一)实际履行

实际履行是指债权人要求债务人按合同的规定履行合同,或者由债权人向法院提起实际履行之诉,由执行机关运用国家强制力,使债务人按照合同的规定履行合同。

(二)损害赔偿

损害赔偿是指违约方因不履行或不完全履行合同义务而给对方造成损失,依法或根据合同规定应承担损害赔偿责任。它是合同违约救济最常见的形式。从性质上看,损害赔偿实际上是法律强制当事人给受害人一笔金钱,目的在于弥补受害人所遭受的损失。

(三)解除合同

大陆法认为,当合同双方的一方当事人不履行其债务时,对方即有解除合同的权利。而英美法有所不同,英国法规定只有当一方当事人违反条件时,对方才可以要求解除合同;如果一方仅是违反担保,对方只能请求赔偿。美国法则规定只有一方构成重大违约时,对方才可以要求解除合同,而轻微违约情况下受害人只能要求损害赔偿。《中华人民共和国民法典》第五百六十三条规定,当事人一方迟延履行债务或者有其他违约行为致使不能实现合同目的,可以解除合同。

(四)违约金与禁令

违约金是指以保证合同履行为目的,由双方当事人事先约定,当一方违约时,应向另一方交付的金钱。大陆法国家对违约金的认识有下列不同。

在法国,基于当事人意思自治原则所处的神圣地位,当事人有关违约金的约定原则上是有效的,不论这种约定是基于补偿的目的而作出的还是为了防范违约而作出的。如果当事人已经约定了赔偿金,这种约定将成为确定赔偿金额的依据,违约金是对违约方的一种制裁,具有惩罚性,因此受害方除了请求违约金外,还可以再请求损害赔偿。英美法认为,一方违约,另一方只能要求赔偿,而不能加以惩罚,但允许当事人预先约定损害赔偿的金额。

《国际商事合同通则》规定,如果合同规定不履行的一方应就该不履行而向受损害方支付一定的金额,受损害方有权获得这一金额,不论实际损害如何;但金额显然过高,可将其减少至一个合理的数额,无论有无与之相反的约定。在违约金这个问题上,《中华人民共和国民法典》第五百八十五条规定:"当事人可以约定一方违约时应当根据违约情况向对方支付一定数额的违约金,也可以约定因违约产生的损失赔偿额的计算方法。约定的违约金低于造成的损失的,人民法院或者仲裁机构可以根据当事人的请求予以增加;约定的违约金过分高于造成的损失的,人民法院或者仲裁机构可以根据当事人的请求予以适当减少。当事人就迟延履行约定违约金的,违约方支付违约金后,还应当履行债务。"

禁令是指由法院作出,强制执行合同所规定的某种消极义务,即由法院判令被告不许做某种行为。以禁令救济需满足两个条件:一是采取一般损害赔偿的救济方法不足以补偿债权人所受的损失;二是禁令必须符合公平合理的原则。它是英美法采取的一种特殊的救济方法。

三、违约责任的免除

合同有效成立后,当事人均有义务予以履行,否则要承担违约责任。但是,如果合同成立以后,发生了某些特殊情况,如不可抗力事件,阻碍了当事人履行合同义务,则各国法律将此作为例外处理,并形成所谓的情势变迁、合同落空和不可抗力制度。

(一)情势变迁

情势变迁是指合同成立后,作为合同关系基础的情势,由于不可归责于当事人的原因,发生了缔约时不能预见到的变化,如仍坚持原来的法律效力,将会产生显失公平的结果,违反了诚实信用的原则,因此应该变更乃至解除合同的制度。情势变迁作为大陆法的一项重要制度,虽然不多见于法律条文,但为各国所认可,并应用于司法实践。不过,情势变迁原则的适用范围并无定则,故法院对以情势变迁为由要求免除履行的抗辩要求很严,轻易不予接受。

(二)合同落空

合同落空在英美法中类似于情势变迁的概念,意指在合同成立后,非因当事人自身的过错,而是由于意外事件的发生致使当事人在缔约时所谋求的商业目的受到挫折。在这种情况下,对于未履行的合同义务,当事人可免除履行责任。

按照英美法的判例和学者的解释,可以导致合同落空的情势有:标的物的灭失;合同当事人死亡;履行合同时的情况发生根本性的变化;法律的改变使合同违法而不可能履行等。

实务上,法院须区别合同落空与不能履行的不同。依司法判例,合同落空仅指履行合同在商业观念上来看实在难以做到,并不一定是事实上不可能履行。

(三)不可抗力

所谓不可抗力是指当事人在签订合同时不能预见、不能避免并不能克服的意外事件。各国立法都承认当事人在合同中约定的不可抗力免责条款的合法性和有效性。

不可抗力事件包括两种情况:一种是自然原因引起的,如水灾、旱灾、台风、地震等;另一种是社会原因引起的,如战争、罢工、政府封锁、禁运等。缔约时,双方当事人可以自行商定将哪些意外事故列入合同的不可抗力条款。

不可抗力事件的发生将导致两种法律后果:一是解除合约,二是延迟履行合同。具体产生哪种后果,要视意外事件对合同履行的影响而定,当事人也可以通过签订不可抗力条款加以约定。

因不可抗力而不能履行或不能完全履行合同一方的当事人,应及时通知对方以减轻其损失,并应在合理的期限内提供相关的证明。《中华人民共和国民法典》第五百九十条对此作了明确的规定:"当事人一方因不可抗力不能履行合同的,根据不可抗力的影响,部分或者全部免除责任,但是法律另有规定的除外。因不可抗力不能履行合同的,应当及时通知对方,以减轻可能给对方造成的损失,并应当在合理期限内提供证明。当事人迟延履行后发生不可抗力的,不免除其违约责任。"

四、违约救济的诉讼和仲裁时效

所谓诉讼和仲裁时效,是指权利人请求法院或者仲裁机构保护其合法权益的有效期限。诉讼和仲裁时效是一项很重要的法律制度,其意义不是对债务人不履行义务的保护,而主要是要求债权人及时行使自己的请求权,防止权利与义务长期得不到落实而使财产处于不确定、不安全的状态。在这一制度下,债权人只有在诉讼或者仲裁时效的期限内,其请求才能得到法院或者仲裁机构的认可和法律的保护,否则,债权人的请求就得不到保护。

(一)主要国家对诉讼和仲裁时效的规定

世界各国的法律一般均对诉讼或者仲裁时效作出了明确的规定。

1. 大陆法的规定

大陆法各国一般将时效分为两种:取得时效和消灭时效。取得时效是指占有人在取得时效期满后,可以依法取得占有物的所有权的制度。消灭时效是指债权人在诉讼时效期限内不行使权利,其债权请求权得不到保护,诉讼权归于消灭的制度。对于消灭时效,各国又将其分为普通消灭时效和特别消灭时效。其中,前者时间较长;后者时间较短,且主要是针对一些劳务报酬和食宿费等需在短期内清偿的合同而制定的。

关于诉讼时效的期限问题,各国均有比较明确的规定,但长短不一。例如,就普通消灭时效而言,有些国家规定为三十年(如德国),有些国家规定为十年(如瑞士)。

2. 英美法的规定

英美法国家不像大陆法国家那样将时效分为取得时效和消灭时效,而是有其自己特色,并且各国间也存在着差异。例如,英国将时效细分为简式合同时效和签字合同时效两种。前者时间较短,为六年;后者时间较长,为十二年。美国没有全国统一的时效法律,而是由各州以成文法予以规定。虽然各州大多将诉讼时效分为口头合同时效和书面合同时效,但对于各种时效期限的长短规定,各州则存在着差异,多数州一般将口头合同时效规定为五年,书面合同时效规定为十年。《美国统一商法典》规定买卖合同的诉讼时效为四年。

3.《中华人民共和国民法典》的规定

《中华人民共和国民法典》第五百九十四条规定:"因国际货物买卖合同和技术进出口合同争议提起诉讼或者申请仲裁的时效期间为四年。"

(二)时效期限的计算

1. 开始期计算

一般来说,时效自当事人知道或者理应知道其权利受到侵害之日起计算。也就是说,自债权人请求权发生之日起计算时效的期限。在大多数情况下,当事人的权利受到侵害时就已经或者能够知道,但在特殊情况下,当事人的权利受到侵害时,当事人不可能知道,在此种情况下可以申请特殊处理。

2. 时效的中止与中断

所谓时效的中止,是指暂停计算时效的期限。具体来说,是指债权人在诉讼时效期间内,由于发生了不可归责于债权人的事由,阻碍了债权人行使请求权。为了保护债权人的权利,法律允许在时效期限届满前的若干期限内(通常为六个月),暂停计算时效的期限,待到阻碍债权人行使请求权的事由清除时,再继续计算时效期限。

所谓时效的中断,是指重新开始计算时效的期限。具体来说,是指在诉讼时效进行中,由于发生了法定终止时效期限计算的事由,已经计算的时效期限消灭,待到法定终止时效期限计算的事由终结时,时效期限再重新开始计算。法定终止时效期限计算的事由主要有:

(1)债务人部分履行债务(包括债务利息)。在此种情况下,诉讼时效的期限从债务人最后一次偿还债务时起重新开始计算。

(2)债权人向法院起诉,行使债权请求权。在此种情况下,诉讼时效的期限从法院判决生效时起重新开始计算。

(3)债务人向债权人承认其债务。在此种情况下,诉讼时效的期限从下一次债权人的权利受到侵害之日起重新开始计算。

(三) 时效期限届满的后果

一般来说,时效期限届满并非等同于债务人的债务被解除。债权人在时效期限届满后行使债权请求权时,若债务人没有以诉讼时效期限届满为抗辩理由,法院或者仲裁庭不得主动以时效期限届满为由拒绝债权人的诉讼请求;同时,如果债务人在时效期限届满后履行其债务,也不得以时效期限届满为由要求原债权人归还其已履行的债务。

练习与实践

一、名词解释

合同　要约　承诺　同时履行抗辩权　不安抗辩权　后履行抗辩权　债权人的代位权　债权人的撤销权　不可抗力

二、思考题

1. 合同成立与合同生效有何区别?合同依法成立的条件主要有哪几项?
2. 什么是要约?要约与要约邀请的区别是什么?
3. 什么是承诺?一项有效的承诺应具备哪些条件?
4. 大陆法与英美法对承诺生效时间的规定有何区别?1980年《联合国国际货物销售合同公约》是如何规定的?
5. 试述合同履行中的抗辩制度与合同的保全制度。
6. 违约的救济措施有哪些?

三、选择题

(一) 单选题

1. 诺成合同与实践合同的主要区别在于(　　)。
   A. 合同的成立时间　B. 合同的内容　C. 合同的履行　D. 合同的违约
2. 关于承诺的方式,各国法律一般规定,承诺不可以采取(　　)作出。
   A. 口头　　　　B. 书面　　　　C. 实际行为　　D. 缄默或不行为
3. 大陆法对于违约构成采取(　　)。
   A. 过错责任原则　B. 过错推定原则　C. 严格责任原则　D. 随意原则
4. 重大违约与轻微违约的法律后果的区别是(　　)。
   A. 受损害方都可以拒绝履行自己的合同义务
   B. 受损害方都不可以拒绝履行自己的合同义务
   C. 受损害方都可以要求解除合同
   D. 重大违约,受损害方可以解除合同;轻微违约,受损害方不能拒绝履行自己的合同义务
5. 要约须于到达受要约人时方能生效,那么在要约人发出要约至该要约到达受要约人之前这段时间内(　　)。
   A. 要约人不能撤回其要约
   B. 须征得受要约人同意方能撤回其要约

C. 由于要约尚未生效,因此要约人可随时撤回其要约或更改要约的内容
D. 得视要约的性质决定是否能撤回或更改

(二)多选题

1. 英美法认为,合同终止有( )方式。
A. 依法消灭　　　　　　　　　　　　B. 因履行而消灭
C. 因双方协议而消灭　　　　　　　　D. 因违约而消灭

2. 下列不能视为合同落空的情形有( )。
A. 在订立合同后市场价格上涨了20%
B. 货币贬值,汇率变动
C. 发生了必须向要价更高的另一供货人取得供货的情况
D. 合同履行时比签订合同时遇到了更加困难与开支更大的情形

3. 各国法律规定,( )没有订立合同的能力或受到一定的限制。
A. 未成年人　　B. 高血压患者　　C. 心脏病患者　　D. 精神病患者

4. 一项有效的承诺应具备哪些条件( )。
A. 承诺必须由受要约人作出
B. 承诺必须由要约人作出
C. 承诺必须与要约的内容一致
D. 承诺的传递方式必须符合要约所提出的要求

5. 《中华人民共和国民法典》规定,下列要约中不可以撤销的有( )。
A. "××规格水泥10吨,单价100元,请于15日前与我厂联系,过时不候"
B. "……本要约为不可撤销之要约"
C. "现有高档衬衫一批,单价150元,交款即购,数量不多,欲购从速"
D. 某公司给某运输公司发来传真,称:"有小麦100吨需运往南京,请贵公司务必为我公司安排5吨卡车20辆!"运输公司遂立即取消了部分零担货运,腾出车辆供该公司使用

四、判断题

1. 要约与承诺既能被撤回,也能被撤销。　　　　　　　　　　　　(　)
2. 单方当事人的民事法律行为不能构成合同关系。　　　　　　　　(　)
3. 合同债权的让与一般需债务人同意,债务的承担则需通知债权人。(　)
4. 英国法规定只有当一方当事人违反担保时,对方才可以要求解除合同。(　)
5. 代位权的行使范围以债权人的债权为限。　　　　　　　　　　　(　)

五、案例分析

1. 英国A商于2019年5月3日向我国B商发出一份要约,出售某商品一批,B商于收到该要约的次日(5月6日)上午答复A商,表示完全同意要约内容,但A商在发出要约后,发现该商品国际市场价格猛涨,于是在5月7日下午发传真给B商,表明撤销要约。A商收到B商的承诺通知时间是5月8日上午。

问题：

(1)若根据英美法,A商提出要求撤销其要约是否合法？为什么？

(2)若根据《联合国国际货物销售合同公约》的规定,A、B商人之间是否存在合同关系？为什么？

2.加拿大公司与泰国公司订立了一项出口精密仪器的合同。合同规定：泰国公司应在仪器制造过程中按进度预付款。合同订立后,泰国公司获悉加拿大公司供应的仪器质量不稳定,于是立即通知加拿大公司:据悉你公司的产品质量不稳定,故我方中止付款,加拿大公司收到通知后,立即向泰国公司提供书面保证,并提供了银行保函。但是泰国公司仍然不恢复履行。

问题：根据大陆法系的规定,泰国公司的做法是否得当？

3.2019年6月30日,某服装厂接受一批外商订货,标的为纯棉睡衣5 000件,交货日期为8月底。合同约定,一方违约,应向对方给付相当于货款20%的违约金。由于交货时间短,服装厂将厂内生产计划进行了调整,并要求工人加班加点,完成任务。7月1日,该服装厂与一棉纺厂签订一份棉布供货合同,合同规定在7月15日,棉纺厂向该服装厂提供棉布1.8万米,并约定一方不履行合同,应向对方支付相当于未履行部分价值的10%作为违约金。7月10日,棉纺厂向服装厂表示,出于机器检修等原因,原定15日交货有相当的困难,请求将交货日期改为30日。服装厂表示该布料系加工外商所订的睡衣原料,交货期限短,不能推迟,否则外商会拒绝收货,所以棉纺厂必须按时交货。7月15日,棉纺厂未按时交货,服装厂遂四处联系棉布供应。当日,服装厂得知某纺织品商店存有棉布,即前往购回1.5万米。与棉纺厂订货价格相比,服装厂多支付了15 000元。同日,服装厂派人以书面形式向棉纺厂声明解除供货合同。第二天,棉纺厂也以书面形式拒绝接受合同的解除,并于7月25日将1.8万米棉布送到服装厂。服装厂拒收,双方发生纠纷。服装厂向法院起诉,要求棉纺厂支付违约金3 000元,赔偿差价损失15 000元及其他合理支出500元。棉纺厂则要求追究服装厂的违约责任,收货付款并赔偿自己的损失5 000元。

问题：

(1)服装厂能否单方解除合同？

(2)此案应如何处理？

第五章
产品责任法

学习目标

了解产品责任的概念、构成要件及有关产品责任的国际公约；掌握美国产品责任法的归责理论及中国产品责任法的主要内容。

案例导入

美国有一个经典案例：罗丝·西波伦（1942—1984年）每天抽1~2包香烟，于1984年因患肺癌去世。罗丝的丈夫安托尼奥·西波伦向联邦地区法院起诉利格特集团公司、罗瑞莱德公司和菲利浦·莫里斯公司这三家烟草行业的主要公司，要求他们就其妻子的死承担责任。在这一绝对复杂和旷日持久的诉讼中，原告提出了许多有关产品责任的理论和主张。

西波伦先生主张的其中一个产品责任理论是违反了明示的担保。有一个事实是无可争议的，即这三家烟草制造商都在多家媒体广告促销活动中保证、允诺或暗示抽烟是安全的。例如，有关Chesterfield牌香烟的广告就曾吹嘘医学专家证明在抽吸6个月后没有发现该香烟有害于健康。同时Chesterfield牌香烟还通过广告宣称"由于制造商拥有奇特的电子技术使得该香烟对您有益且安全"。另外一则广告则声称Chesterfield牌香烟的原料和成分经一流大学的科学家检测和核准。而另一香烟品牌L&M则公然表示该香烟拥有神奇的过滤嘴，并声称是按照医嘱设计制造的。作为初审法院的联邦地区法院判决驳回了被告烟草公司的抗辩,即认为罗丝不相信或并没有信赖烟草公司的广告和其抽烟是安全的保证。陪审团判决被告由于违背了明示的担保而应赔偿原告40万美元。被告烟草公司不服判决,向联邦上诉法院(第三巡回法院)提起上诉。上诉中双方当事人争议的分歧在于:(1)被告的广告是否构成明示担保?(2)信赖是否属于《美国统一商法典》第2—313条有关明示担保的规定?

联邦上诉法院判决,初审的联邦地区法院的陪审团基于下述两点理由被误导:第一,他们没有要求原告举证西波伦太太已经阅读、看见或听到了广告。第二,他们没有允许被告举证即便西波伦太太已经阅读、看到或听到了广告,但她并没有信赖广告中关于抽烟是安全的这一保证。联邦上诉法院要求初审的联邦地区法院应对被告是否违反明示担保这一争议点重新审理,同时要求法院应适用《联邦烟草标示法》(Federal Cigarette Labeling Act)的规定,即自1966年1月1日之后,只要提供了足够的警示性标志,则烟草制造商或销售商就可以对购买者拥有免责的优先主张权。

分析:

1. 本案中被告的广告宣传是否构成明示的担保?
2. 西波伦太太是否信赖了被告的广告中的宣传?而信赖是否属于《美国统一商法典》第2—313条规定的明示担保应考虑的内容?

第一节　产品责任法概述

一、产品责任的概念与特征

产品责任是指产品的生产者或销售者因为产品有缺陷,从而给消费者或使用者造成财产损失甚至人身伤害所应当承担的赔偿责任。根据这个概念,产品责任应具有以下三个特征:

1. 产品责任是由产品的缺陷引起的

产品缺陷,是指产品具有不合理的危险性。产品所存在的缺陷是指在生产者或销售者把该产品投入市场之前就已经存在的缺陷。如果消费者或使用者在购买该产品后,擅自改动产品的性能,因此造成了财产损失或人身伤害,则不属于产品责任范围,即产品的生产者或销售者对此不承担产品责任。

2. 产品责任是一种侵权责任

从严格的法律意义上说,产品责任是独立于货物买卖法的一种侵权责任。货物买卖法中的违约行为属于民事责任。其违约责任,主要是指没有履行或者没有适当履行合同的义务的一方当事人,必须对其因为违约而给另一方当事人造成的经济损失承担相应的民事责任。违约的民事责任一般以过错责任原则作为基本的依据。而产品责任中的侵权责任不是以过错责任为必要条件的,只要有因为产品的缺陷而造成财产损失与人身伤害的事实,侵权责任即告成立。

3. 产品责任是一种损害赔偿责任

既然产品责任是因为产品的缺陷而给消费者或使用者造成财产损失与人身伤害,那么,生产者或销售者就应当承担相应的损害赔偿责任。

就赔偿金额而言,产品责任案件的赔偿金额一般要比货物买卖法的索赔金额大得多,因为在货物买卖索赔案件中,其赔偿金额一般不超过合同的金额,但是,在产品责任案件中,赔偿金额不是根据合同,而是根据产品责任制度确立的赔偿原则,补偿受损失者或受伤害者的全部损失。这种损失不仅包括过去的损失、实际的开支与将来的影响,而且包括其所受痛苦的代价。此外,赔偿金额必须一次性支付,并且不得扣除原告可能从其他途径取得的任何补偿或津贴,例如,保险赔偿或者社会救济金等。

二、产品责任的法律构成

(一) 产品存在缺陷

缺陷是承担产品责任的基础。现代产品责任法已经发展到有缺陷即有责任,无缺陷即无责任的阶段,因此,产品缺陷是产品责任得以成立的必备要件。

1. 产品缺陷的定义

各国产品责任法及有关国际公约普遍规定,产品缺陷是指产品不能提供人们的有权合理期待的安全或存在着不合理的危险。

阅读资料

> 英国1987年的《消费者保护法》与德国《产品责任法》规定,如果产品不具有人们有权期待的安全性,该产品即存在缺陷。
>
> 美国1965年《第二次侵权法重述》第402条A款、《统一产品责任示范法》及美国大多数法院有关产品责任的判例都认为,产品缺陷是指产品具有不合理的危险性。
>
> 原欧共体《关于对有缺陷产品的责任的指令》规定,下列所有情况,如果产品不能提供人们有权合理期待的安全性,即属于缺陷产品:①产品的使用说明;②能够投入合理期待的使用;③投入流通的时间。《关于人身伤亡的产品责任公约》规定,考虑包括产品说明在内的所有情况,如果一件产品没有向有权期待安全的人提供安全,即该产品为有缺陷。

虽然根据各国产品责任法及有关国际公约规定,作为产品责任中的产品缺陷是指产品中存在一定的危险性或不安全性,但这并非意味着凡缺乏安全的产品都具有缺陷。当产品存在合理危险,即产品具有在其用途范围内的不可避免的危险时,危险的制造者对此不承担责任;当产品存在不合理的危险,即产品具有应该避免而且能够避免而未避免的危险时,危险的制造者对此应承担责任。

知识拓展

产品缺陷、产品瑕疵、产品质量不合格的区别

产品缺陷不同于产品瑕疵：产品瑕疵属契约法上的概念，是指产品规格、质量不符合法定或约定标准或不符合通常效用，而导致产品价值减少或贬损；产品缺陷则直接侵害使用者或消费者人身权或财产权，足以引起对他人权利或利益的损害。一般而言，产品瑕疵与产品缺陷有如下区别：

(1)含义不同。产品瑕疵是指产品不具备良好的特征和特性，不符合明示采用的产品标准，或者不符合产品说明、实物样品等方式表明的质量状况，但是产品不存在危及人身、财产安全的不合理的危险。产品缺陷指产品中存在的不合理的危险性。

(2)瑕疵产品明示后可以销售。"明示"即作出说明，否则是欺诈行为，要承担责任。例如，销售商品标记的"处理品""次品"，这类商品实际上即为瑕疵产品，经过明示是可以销售的。缺陷产品则无论如何不能通过这种方式而投入流通。

(3)责任性质不同。因产品瑕疵与合同中的担保责任相对应，故其追究的是一种基于约定而产生的合同责任，一般实行过错责任原则。产品缺陷是一种法定的侵权责任，其责任追究实行严格责任原则。

另外，产品缺陷也不同于产品质量不合格。产品质量不合格是指产品质量不符合国家的有关法规、质量标准以及合同规定的对产品适用性、安全性和其他特性的要求。可见，产品质量不合格的判断标准是国家的有关法规、质量标准和合同要求，而由于这些标准受诸多因素制约，并非以产品的安全性为唯一标准，因此质量不合格的产品并不必然具备危及人身和财产安全的不合理危险，两者内涵、外延上均不一致，不能等同。

2. 产品缺陷的类型

各国产品责任法多将产品缺陷分为以下四种类型：

(1)产品设计缺陷

产品设计缺陷是指产品的设计存在着不合理的危险性。当按照卖方合理预见的方式使用时，一件产品不能提供普通消费者所期望的安全性或该产品的设计作为一个整体产生的利益小于其固有的危险时，这种产品就具有缺陷，它往往是导致产品存在潜在危险的根本因素，一般由配方、处方的错误以及原理的错误、结构设计的错误等方面造成。

(2)产品制造缺陷

产品制造缺陷主要是指产品在制造过程中，因质量管理不善、技术水平差等原因而使产品中存在的不合理危险性。产品制造缺陷可产生于产品制造过程的每个环节，因此产品制造缺陷一般可以分为原材料、零部件方面的缺陷及装配方面的缺陷。由于制造商特定的产品标准可以作为判断缺陷是否存在的客观标准，因此这种缺陷较之设计缺陷更容易判断。此外，制造缺陷一般仅涉及某一产品或某批产品，而不至于影响全部一类产品，因此这种缺陷需要采取补救措施的范围较小。

(3) 产品警示缺陷

产品警示缺陷是指产品提供者对产品的危险性没有作出必要的说明、警告或安全使用方面的指导,从而对使用者构成的不合理危险。这种缺陷往往存在于产品的广告、说明书、标签等表现形式中,而且与生产经营者的告知义务直接相关。告知义务,是指生产经营者对其所提供的产品的有关情况,诸如产品的质量、特性、功能、使用方法、注意事项等,给以充分的、必要的、确切的说明和介绍。对于法律规定的告知义务,有关生产经营者必须正确、适当地履行。对于有未告知或不告知、告知不实或虚伪、告知不当等违反告知义务的情况,生产经营者应承担相应的法律责任。

(4) 科学上不能发现的缺陷

科学上不能发现的缺陷又称为发展上的缺陷,是指在投入流通时的技术水平无法发现而后又被证明确实存在的缺陷。对于带有这种科学上不能发现的缺陷的产品造成他人损害,制造商应否承担责任,各国规定不一。这种规定不一与各国出于不同的政策考虑有关。如果出于促进制造人发明创造积极性发挥角度考虑,就将此种缺陷作为开发上的风险抗辩事由而免除制造人的责任。例如,英国1987年《消费者保护法》明确规定,对因科学发展状况决定商品制造人不能预料的缺陷致害,产品提供人不负责任。如果出于保护消费者角度考虑,就不将此种缺陷作为抗辩事由而仍追究制造人的责任。例如,美国许多州都采取这种做法,即使在产品投入市场时科学技术尚不能发现产品存在缺陷,但若该缺陷产品造成他人损害,则产品提供人也应承担责任。德国法律出于平衡各方利益的考虑,规定产品提供人承担部分赔偿责任。

《中华人民共和国产品质量法》(2018年修正)第四十六条对产品缺陷也进行了规定:"本法所称缺陷,是指产品存在危及人身、他人财产安全的不合理的危险;产品有保障人体健康和人身、财产安全的国家标准、行业标准的,是指不符合该标准。"由此可见,该法就产品缺陷提出了两个标准:一是与多数国家产品责任法相同的一般标准,即产品存在不合理危险;二是法定标准,即产品不符合国家强制性标准。另外,法律未对产品缺陷的类型进行规定,但一般在理论及司法实务上认为产品缺陷也包括上述四种类型。

(二)给产品的消费者或使用者造成人身或财产的损害

损害事实的客观存在是产品责任法律构成的要件之一,在一般情况下,生产经营者对某种在质量上有缺陷的产品应当承担的责任主要是修理、更换或退货等。但是,如果某种产品缺陷造成人身伤害或财产损失,那么这种产品损害就会导致产品责任的出现。缺陷产品造成的损害通常表现为人身方面的损害和财产方面的损害,前者又可分为人体方面的损害(致人死亡、致人伤残)及精神方面的损害(精神痛苦、疼痛),后者则指各种财产的毁损或价值明显降低。

1. 人身方面的损害

产品责任法中的人身损害是指因产品存在危及人身、财产安全的不合理危险,造成了消费者、使用者人体和健康的损害,包括人的肢体及器官的损伤、残废、灭失以及人身心的疾病、死亡等。人身损害侵害了消费者、使用者的生命权、健康权,此种损害是对人体的有形损害,遭此损害,受害人及其家属的财产往往受到某种损失,受害人精神方面也会受到不同程度的伤害,因此对人身损害的救济方法以财产赔偿为主要方式,以精神损害赔偿为辅助方式。

2. 精神方面的损害

精神损害通常是指因侵权行为使受害者所感受到的精神的、肉体的痛苦,或者指精神上、情绪上安定的丧失(痛苦、愤怒)而产生的损害。精神损害是由于对他人合法人身权和人格非财产权的侵害而致其心理上的损害。这种损害不直接表现为财产上的增减,而是表现为一种"人身无形损失"或"人格无形损害"。这种非财产上的损害或精神损害以精神痛苦为主,也包括肉体上的痛苦。精神痛苦主要表现为忧虑、绝望、怨愤、失意、悲伤等,如因容貌毁损致将来婚姻、就业困难的精神上的痛苦,因后遗症而对将来产生的精神上的痛苦等。关于精神损害是否可以视为应承担产品责任的产品损害,目前各国的产品责任立法和司法实践的做法各不相同。

3. 财产方面的损害

产品责任法中的财产损害是指缺陷产品对受害人财产权的侵害,也就是不法侵害受害人所有或占有的财物,并造成的财产损失。这种损害有以下几个特点:

(1)它是在产品离开生产经营者控制之后在产品的使用、消费过程中给他人造成的。

(2)它通常包括直接损害,间接损害是否包括在内存在争议。直接损害是指现有财产的减少,间接损害是指可得利益的减少。

(3)它与合同责任的损害有别,不包括缺陷产品本身的损害,而仅指缺陷产品以外对其他财产的损害。

(4)它一般指供个人占有、使用或消费类型的财产遭受的损害,非此范围的损害则不属于产品责任法中的财产损害。

(5)它在有的国家有数额的限定,即财产损害必须是超过了一定价值的损害。

(三) 产品缺陷与损害之间的因果关系

产品责任中的因果关系是严格产品责任法律构成的要件之一,只有存在因果关系,生产经营者才承担侵权损害赔偿责任。这充分表明了产品责任中的因果关系所具有的公正性与合理性。产品责任中的因果关系的特殊性在于它是产品缺陷与损害后果之间的相互关系,而不是某种具体行为与损害后果之间的关系。因为产品损害的原因来自"产品的缺陷",所以产品责任中的因果关系是指产品缺陷与受害人的损害事实之间存在引起与被引起的相互关系,前者是原因,后者是结果。此外,确定产品责任因果关系往往利用因果关系推定而非因果关系认定来实现。在一般的侵权行为中,确定因果关系一般采用直接认定的方式。在产品责任中,因产品设计、制造过程十分复杂,消费者很难证明受到损害与产品缺陷之间存在相互关系,因而往往采用推定的方式来进行。在因果关系中,常辅之以"举证责任倒置"的方法。在一般的侵权行为中,采取"谁主张谁举证"原则,受害人负有向法院证明其遭受损害的事实是由加害人的行为所致,但在产品责任中,受害人证明有一定的困难,产品受害人只要能合理地推定因果关系即可,而生产经营者则负有自己是否要承担产品责任的举证责任。

三、产品责任法的概念与特征

(一)产品责任法的概念

产品责任法是调整制造者或销售者与消费者、使用者之间因产品缺陷所形成的侵权赔偿关系的法律规范的总称。

阅读资料

产品责任法首先以判例的形式出现在工业发展比较早的英美国家,第二次世界大战后其在欧美国家尤其在美国得到很大发展。随着国际贸易日益频繁与迅速发展,各国产品越来越多地涌入国际市场,进行着广泛的流通,各国之间产品责任的争端随之增加。对产品责任进行国际调整,越来越受到国际社会的重视,加之有关国际条约相继问世,一个新兴的法律部门——国际产品责任法便应运而生。

(二)产品责任法的特征

产品责任法具有以下三个特征:

1. 产品责任法具有公法性质

产品责任法与货物买卖法既有联系,又有区别。二者的联系是,货物买卖法中有关卖方对货物品质的担保责任的规定,与产品责任法的某些要求具有共同之处。二者的区别是,就法律性质而言,货物买卖法属于私法性质,其大多数规定是任意与灵活的,只有少数规定具有强制性。因此,买卖双方当事人可以根据具体的情况,对合同的有关规定加以修改、补充或排除。产品责任法属于国家的经济立法,具有公法性质,其绝大多数规定具有强制性,不仅当事人不能通过合同的订立加以修改、补充或排除,而且对于不存在合同关系的任何遭受损害的第三人,也可以根据产品责任法的规定,向法院对生产者和销售者提出侵权的诉讼,要求赔偿适当的损失。

2. 产品责任法实行侵权的严格责任原则

最初,产品责任是建立在传统的契约原则之上的,即生产者或销售者对于产品缺陷给他人造成的财产损失与人身伤害,承担责任与否,承担多少责任,取决于他与对方之间在合同中所规定的担保责任。如果双方之间有合同关系,那么,受害人可以就该损害向对方提起损害赔偿诉讼;反之,就不能要求赔偿。但是,随着产品责任事故的不断发生,导致许多超出合同关系的社会问题不断出现。例如,因为产品缺陷而导致的伤残、死亡、医疗、保险与社会补助等。这一系列问题当然是传统的契约原则无法解决的。于是,欧洲、美洲国家的法院对于由产品缺陷而引起的典型案例,逐步作出了突破传统的基于合同关系的归责原则的判决,然后在这些案例的基础上,从货物买卖合同法中分离并且制定出特殊的产品责任法规与国际公约。这些法规与公约对产品责任制度的规定,均超出了传统的"合同所生之权利与义务"的原则,适用侵权原则。

根据合同制度的原则,如果销售者明知货物有瑕疵而不告诉购买者时,则销售者除了返还已经收取的货款外,还应当赔偿对方所受的全部损失。根据侵权责任的严格责任原则,不论生产者是否知道该产品有缺陷,销售者都应当对该产品缺陷所造成的损害承担责任。

3. 产品责任法立法的目的旨在保护消费者的权益

就产品责任法调整的对象而言,它所调整的只是产品缺陷引起的财产损失与人身伤害,并不包括产品本身的损害,这是由货物买卖法加以调整的。在产品责任诉讼中,凡是遭受该产品伤害或涉及的人,都可以向法院起诉。例如,根据欧洲、美洲国家的产品责任法,作为原告的当事人,既可以是直接使用该产品而受伤的消费者或使用者,也可以是其亲属或家中的任何人,甚至还可以扩大到旁观者或过路人。作为承担责任的被告,不仅仅限于该产品的生产者,还包括销售者。而销售者则包括产品的进口商、批发商、经销商、零售商与代理商等。产品责任法的这些规定,旨在确立与加强生产者与销售者对其生产与销售的产品应当承担相应的责任,从而最终保护消费者的权益。因此,从这种意义上说,产品责任法相当于消费者权益保护法。

第二节 美国的产品责任法

在资本主义国家中,美国科学技术和工业生产发展程度最高,与世界各国经济联系最多,对产品质量的要求最高,它的产品责任法也就最具有代表性。同时,美国的产品责任法是发展较早的,其他国家虽有这方面的法律或判例,但不如美国发达。在美国,产品责任法不属于联邦法范畴,现行的产品责任法主要是州立法,1979年1月美国商务部提出了《统一产品责任示范法(草案)》供各州立法参与,现已被大多数州所采用。

一、原告可以起诉的理由

(一)疏忽责任原则

1. 疏忽责任的定义

所谓疏忽(Negligence)责任,是指生产者和销售者没有尽到合理的注意,使产品有缺陷,并因这种缺陷导致消费者的人身或财产受到损害,对此该产品的生产者和销售者应对其疏忽承担责任。

> ## 阅读资料
>
> ### 疏忽责任原则的产生和发展
>
> 　　美国最先发展了这个原则，美国早期的产品责任法主要是采取契约原则，即产品制造者就其产品所发生的损害，对合同关系以外的第三人不负赔偿责任。1916 年之前，美国一直奉行英国的非责任原则，就是根据合同关系来确定当事人的责任，即生产者或销售者就其在商品生产或销售中的疏忽行为，对于合同关系之外的任何人，不负损害赔偿责任，这是传统的私法原则。然而，1916 年在"麦克·费尔森诉别克汽车公司"案中，法官卡多佐顺应时势，抛弃了"非责任原则"，首先确定产品制造人"疏忽责任原则"。
>
> 　　麦克·费尔森诉别克汽车公司案的案情如下：被告是别克汽车公司，原告从零售商处购买了别克汽车公司制造的汽车，驾驶时汽车轮胎爆炸破裂，突然翻车，将车主抛出窗外，使其受到了伤害和损失。汽车是通过零售商出售给买主的，因此，被告声称他和买主之间没有任何合同关系，同时声称汽车车胎不是他的产品，是从别人那里购置的。但卡多佐法官在判决中认为："任何商品，依其本质如足以危害人的生命健康和安全的，均属危险产品；在制造人可能知悉的买受人以外的第三人会不经试验就使用该产品时，则不论当事人间有无合同关系，制造人对该产品均负有注意的义务。"并进而指出，要求有直接合同关系是不公平的，因为在大部分情况下制造者与他们的产品的消费者没有合同关系。因而判决被告应负疏忽行为责任，给予原告赔偿。卡多佐勇敢地否决了不合商业发展的旧传统，为国家修改法律打开了通道。这一原则一经提出，立即为其他各州法院所采纳，成为当时美国法院确定产品责任的主要依据。

2. 疏忽责任原则涉及的范围

　　疏忽责任在英美法上是一种侵权行为，在原告以疏忽为理由向法院起诉要求被告赔偿损失时，原告与被告不需要有直接的合同关系，因为这不是根据合同提起的诉讼。所以，作为原告的一方就不限于买方，可以扩及他人，只要他们是由于该产品的缺陷而受到损害，都可以对该产品的生产者和销售者提起疏忽之诉。根据疏忽责任原则的规定，原告在以疏忽为理由对被告起诉时，须负有举证责任。原告举证责任在产品责任法中适用于一切财产的损坏案件。被告也从产品制造人扩展到部件生产者、修理者以及以自己的商标或名义推销商品的人。

3. 以疏忽为由起诉被告时原告应提供的证据

　　美国各州的产品责任法规定，当原告以疏忽为由向法院起诉要求被告赔偿损失时，必须证明：

　　(1) 由于被告的疏忽直接造成了原告损失。

　　(2) 被告没有做到"合理的注意"，即被告确有疏忽之处。关于疏忽可从以下几方面证明：

①原告可以证明使用产品的设计的缺点，从而说明生产者在设计产品时没有做到合理的注意。

②原告也可以证明被告对产品的危险性没有作出充分的说明，以提醒消费者或使用者注意，从而构成疏忽。

③原告还可以证明被告在生产或经销产品时违反了联邦或州的有关这种产品的质量、检验、广告或推销方面的规章、法令，而违反这种规章、法令本身就是一种疏忽行为，因为产品中的缺陷对原告来说是未知的。

在判断疏忽行为的责任时，一般应注意以下几个要素：

①责任。行为人应承担不得使他人陷于不合理的危险的责任。

②行为。行为人不得有违反上述责任的行为，或者不得有未尽合理注意的行为。所谓合理注意是指作为一个正常的通情达理的人应该做到预防的事情。

③后果。由于上述行为和后果之间有着直接的因果关系，也就是有着合理紧密的联系。

4.原告以疏忽责任原则起诉遇到的困难和问题

该原则对消费者的难题是：以疏忽为理由起诉生产者和销售者，举证是比较困难的。尤其在现代大生产条件下，要证明产品有缺陷是困难的，有时甚至是不可能的。因为产品从设计到制造始终控制在生产者和销售者手中，如对生产和销售的过程不熟悉就无法举证。同时，有些产品在事故中被损毁，无法找寻，也造成了消费者和使用者的举证困难。

(二)担保责任原则

1.担保责任的定义

担保责任就是指产品有缺陷(指产品不符合理安全的标准)，是由于生产者、销售者违反了对产品的的明示的或依法律规定的默示的担保，以致给消费者、使用者造成了人身伤害或财产损失，对此，生产者和销售者应承担责任。

2.担保责任原则的内容

担保责任原则包括：

(1)明示担保。明示担保是指产品的生产者和销售者对其生产或出售的产品的品质以口头、书面或其他方式所做的明确的、直接的担保。一般来说，产品的生产者或销售者等在广告说明书上所列的事项，包括在电台、电视、报纸上的广告宣传，食品类标志上所载明的成分或日期，广告上所记载的特殊功能或效能等，都属于明示担保。

(2)默示担保。默示担保是指不是基于生产者或销售者的意思表示，而依据法律、交易习惯、惯例而产生的一种担保责任。

3.担保责任原则的特点及其发展和演变

违反担保之诉原属于买卖合同法的概念，它具有以下不足：

(1)依合同法的原则，据合同提起违反担保之诉的有利之处在于无须证明被告有过失,其弊端在于要求双方当事人之间必须要有直接的合同关系。

(2)缩小了承担责任的范围,赔偿不会超过合同金额。若固守双方当事人必须要有直接合同关系,则不能达到保护消费者的目的,即在买卖合同中,只有买卖双方才有直接合同关系,如卖方违反合同的担保义务,只有买方才能对卖方起诉,买方以外的任何人均无权对卖方起诉,同时,买方也只能对卖方起诉,而不能对卖方以外的任何人起诉。

后来,美国法院在审判实践中放弃和取消了这一要求,使担保既有合同法的性质,又具有侵权行为法的性质。

小案例

1932年"巴克斯特诉福特汽车公司"一案中,福特汽车公司通过广告宣传其产品的质量,表示其生产的双层挡风玻璃不易破碎,原告巴克斯特因为相信广告中被告对玻璃质量的保证,而从销售商处购买了被告生产的汽车,但原告在驾车行驶时,一辆与其并行的汽车弹起一块石头打碎了原告的福特汽车的玻璃,使原告的眼睛致残。原告巴克斯特据此向和他没有合同关系的制造商福特汽车公司提起损害赔偿之诉,结果美国法院予以受理并判原告胜诉。法院认为,由于制造商福特汽车公司借广告向消费者大众进行了广泛的陈述,如果其虚假的陈述导致消费者受损,则基于公共政策和诚信原则,制造商应承担明示担保责任,故应负赔偿责任。

又如,1953年"麦克白诉哥特杂货公司"一案中,原告麦克白从被告哥特杂货公司购得一套咖啡具,当原告根据使用说明煮咖啡时,咖啡沸腾后喷到原告脸上,造成烫伤,检查咖啡具的结果证明咖啡具有滤器槽口不适合排放水开后产生的压力。法院判决,依默示担保原则,被告应负赔偿责任。此案属于违反默示担保,即卖方出售的产品应默示担保消费者使用该产品时是安全可靠的,不会损伤消费者。

目前,担保责任这一概念已扩展到产品责任法上。这样,担保既是合同法的基本概念,又具有侵权行为法的性质。由于担保的双重性质,违反担保除负有合同责任外,又可依其情节轻重构成侵权责任,而且基于被告违反其产品的明示担保或具有商销性的默示担保,并不依赖于对方举证疏忽,因而美国法院将其适用于解决产品责任问题。《美国统一商法典》在1966年修改时,在第三百一十八条就有关产品责任提出了三种方案:

(1)卖方的明示或默示担保责任涉及买方的家庭成员、共同居住或者其家庭中的客人,若合理预见这些自然人会使用、消费或受该产品的影响并因此受到人身伤害,则卖主应对他们的人身伤害负责。这就是说,允许有权起诉的原告包括买方及其家属,以及与其居住在一起的亲朋,但只限于人身伤害而不包括财产损失。美国多数州采纳此方案。

(2)把担保责任扩展到任何可以合理预见的将使用、消费或受该产品影响的人的人身伤害,而不仅仅限于买主的家人。也就是说,可以起诉的原告是预期可能会使用这种产品的人,但也只限于人身伤害,不包括财产损失。美国目前有四五个州采纳了此方案。

(3)将责任扩大到任何可以合理预见会使用、消费或受该产品影响的人的人身伤害和财产损失。也就是说,原告可以扩大到合理预期可能会使用这种产品的人,并包括人身、财产损失,责任可追溯到生产者、制造者。美国目前有四五个州采纳此方案。有些州则没有明确规定。

从上述方案可以看出,目前在美国,以违反担保为由提起诉讼时,作为产品责任法中的担保责任原则有以下两个特点:

(1)由于确定了产品制造人明示担保和默示担保责任,因此可排除原告必须举证产品制造者的过失义务,即原告无须证明被告有疏忽。如果以违反明示担保为由要求赔偿,则原告只需证明:被告所做的说明;受害人相信该项说明;伤害是由于产品不符合被告所做的说明而引起的。如果因违反默示担保要求赔偿,则原告也只需证明:产品在出厂时就有缺陷;缺陷与损害之间存在因果关系。这样原告就可以要求被告赔偿其损失。原告在担保诉讼中还必须就被告违反担保给予及时通知,否则这可能会妨碍他提起诉讼且使他遭受损失。

(2)产品责任法的担保责任原则与买卖合同法相比,放宽和取消了双方当事人要有直接合同关系的要求。这种放宽和取消体现在两方面:一是从原告起诉的对象看,原告不仅可起诉卖方,而且可对从生产到销售这种有缺陷的产品的各个环节的当事人起诉,包括零售商、批发商、生产者;二是从有权起诉的人这方面看,不仅可以是买方,而且可以是由于这种缺陷的产品而遭受损失的一切人,如买方的家属、亲友、客人,甚至包括过路行人。

4.以违反担保责任起诉应注意的问题

尽管以担保责任原则为由起诉一般都具有上述两个特点,但应当注意的是,各国产品责任法及美国多数产品责任法也并非完全一致。

(1)从原告起诉的对象看,美国有些州和有些国家仍然要求原告证明被告有过失。

(2)从有权起诉的人这方面看,美国有的州放得比较宽,有的则还有保留。

因此,在使用这一原则时,应注意各国及美国各州的法律的具体规定。

(三)严格责任原则

1.严格责任原则的定义

严格责任原则亦称无过失责任原则,是指一件产品只要有缺陷,对消费者或使用者具有不合理的危险性,因而造成其人身伤害或财产损害,该产品的生产者或销售者就应负赔偿责任。严格责任原则是产品责任法的一个新原则,目的是更有效地保护消费者的利益。依此原则,消费者或使用者在正常状态下使用产品时,只要产品有缺陷,或具有不合理的危险,不管生产者或使用者对此种缺陷是否给予了合理的注意,只要该产品对使用者或消费者造成了损伤或其他财产损失,所有参与该产品生产或销售各个环节的人均应负赔偿责任,且消费者无须证明生产者有疏忽或过失。

> **阅读资料**
>
> **严格责任原则在美国的产生**
>
> 　　1963年,美国加利福尼亚法院在审理"格林曼诉尤巴电器公司"一案中第一次应用了严格责任原则。该案的案情是:原告的妻子格林曼夫人购买了尤巴电器公司生产的一种多用削木机床作为送给丈夫的圣诞节礼物,格林曼在按说明书使用该机床时,一块木头从机器中飞出来,撞击到格林曼的头部,致格林曼重伤。经检查,该机床属于有缺陷的产品,它与事故有直接关系。原告以违反担保为由提起诉讼。美国加利福尼亚州最高法院认为,尽管原告认为该机床有缺陷,但原告无法证明工具制造上有疏忽,也不属于违反担保责任的范围,但法院仍然判决原告胜诉,理由是此案适用侵权法上的严格责任原则。加利福尼亚州最高法院的法官特雷诺在该案的判决中进一步明确表示:"为使生产者承担严格责任,原告一方无须证明明示担保的存在,一旦制造者将其产品投入市场,而明知使用者对产品不经检查就使用,只要能证明该产品的缺陷对人造成伤害,生产者即负赔偿责任。"也就是说,制造商应承担侵权法上的严格责任。特雷诺法官进一步指出,即使没有疏忽,只要公众准则认为哪一方负责后最能有效地减少市场上有缺陷的产品对人的生命和健康的潜在威胁,那么就应该由哪一方负责。加利福尼亚州的这个判例确立了"格林曼规则",即严格责任原则。严格责任原则被美国法学会在1965年出版的《侵权行为重述》中确认。

2. 严格责任原则的特点及对消费者的有利之处和作用

严格责任原则具有以下特点:

(1)从产品制造者来说,不论他有无过失均应负责,故称无过失责任。

(2)产品制造者与受害者之间不存在直接的合同关系,故是一种严格责任。

严格责任原则比较有效地保护了消费者的利益,并将疏忽责任和担保责任原则有机结合了起来。这种有利之处体现在原告只需证明以下三点,被告就承担损害赔偿之责任:

(1)产品确有缺陷或处于不合理的危险状态。产品缺陷指设计上的缺陷、生产上的缺陷或缺乏产品安全使用所必需的因素,如包装、标签、提醒用户注意事项、安全使用证明书。

(2)这些缺陷在产品进入市场时已经存在。

(3)这些缺陷造成了人身伤害或财产损失。

3. 严格责任原则和疏忽责任原则的区别

疏忽责任原则是以卖方有无疏忽,即卖方是否尽到"适当注意",作为确定其是否应对原告的损失承担损害赔偿责任的依据。而严格责任原则则不必考虑卖方是否做到"适当注意"的问题,即使卖方在制造或销售产品时已经做到了一切可能做到的注意,但如果产品有缺陷并使原告遭到损失,卖方仍须对此负责。这里所说的卖方不仅包括同买方直接订立合同的卖方,而且包括生产者、批发商、经销商、零售商以及为制造该项产品提供零部件的供应商。买方也不仅包括直接买主,而且包括买主的家属、亲友、客人甚至过路行人。

综上所述,疏忽责任、担保责任和严格责任这三个原则构成美国各州独立的产品责任法的基本体系。美国各州产品责任法既各有差异,又彼此重叠或相互影响,但其总的原则是一致的。从近年的司法实践和发展趋势上看,严格责任原则已为大多数州所接受,成为产品责任法的共同基本制度。

二、被告可以抗辩的理由

在产品责任诉讼中,被告可以提出抗辩,要求减轻或免除其责任。依据原告起诉的诉因之不同,被告可以提出以下不同的抗辩。

(一)担保的排除或限制

在产品责任诉讼中,如果原告以被告"违反担保"为理由对其起诉,被告如按《美国统一商法典》的有关允许排除其对货物的明示担保和默示担保(如商销性的担保和适合特定用途的担保)的规定,在合同中排除了各种明示或默示担保,他就可以提出担保已经排除作为抗辩。但按照美国1974年《麦格拉森·莫斯担保法案》的规定,为保护消费者的利益,在消费交易中,卖方如有书面担保就不得排除各种默示担保。此外,这项抗辩仅能对抗以"违反担保"为理由的起诉,而不能用来对抗以"疏忽"为理由的起诉,因为后者属于侵权之诉,不受合同中关于排除明示或默示担保义务的制约。

(二)承担疏忽与相对疏忽

1. 承担疏忽

承担疏忽是指原告(受害者)在使用被告所提供的有缺陷的产品时也有疏忽之处,由于双方面的疏忽而使原告受到伤害。按照普通法早期的原则,承担疏忽在侵权之诉中是一个充足的抗辩理由,故在以疏忽为依据提起的产品责任诉讼中,如一旦确认原告有"承担疏忽",原告就不能向被告要求任何损害赔偿。但近年来,美国许多州已通过立法或判例放弃了承担疏忽原则而利用"相对疏忽原则"。

2. 相对疏忽

相对疏忽是指尽管原告有一定的疏忽,但法院只是按原告的疏忽在引起损害中所占的比重,相应减少其索赔的金额,而不是像承担疏忽那样,原告不能向被告请求任何损害赔偿。目前美国许多州都把相对疏忽原则适用于严格责任之诉的抗辩。

3. 以承担疏忽和相对疏忽抗辩应注意的问题

被告无论是以承担疏忽还是相对疏忽抗辩,都属于侵权法范畴,只有在侵权之诉中才能提出这一抗辩。在合同之诉中的违反担保之诉,则不能提出这种抗辩。

(三)自担风险

所谓自担风险是指原告已知产品有缺陷或带有危险性,尽管如此原告也仍愿将自己置于这种危险境地,由于原告甘冒风险而使自己受到损害。

按照美国法的规定,无论原告以违反担保还是以疏忽责任或严格责任为由起诉,被告均可以自担风险作为抗辩。根据美国《侵权行为重述》第四百零二条的注释,如使用者、消费者已发现产品有缺陷,并且知道有危险,但他仍不合理地使用该产品,并因而使自己受到损害,则他不能要求被告赔偿损失。

目前,采取相对疏忽原则的各州已不再将自担风险作为完全阻止原告索取任何赔偿的抗辩,而只把原告疏忽作为减少索赔金额的依据。

(四)非正常使用产品或误用、滥用产品

在产品责任诉讼中,如原告由于非正常使用或误用、滥用产品,使自己受到损害,被告可以此理由抗辩要求免除责任。但被告提出此抗辩时,法院则对此加以某种限制,一般要求被告证明对产品的误用或滥用已超出了合理的范围。如这种误用、滥用是在被告合理预见范围之内,被告就必须采取措施予以防范,否则不能免责。

(五)擅自改动产品

如原告对产品或其中部分零部件擅自加以变动或改装,从而改变了该产品的状态或条件,因而使自己遭受损害,被告可以原告擅自改变产品的状态或条件为理由提出抗辩,并要求免责。

(六)产品带有不可避免的不安全因素

如某种产品即使正常使用也难以完全保证安全,而且权衡利弊,该产品对社会公众是有益的,是利大于弊,则制造或销售这种产品的被告可以要求免除责任。其中以药物最为典型。因药物不可避免地含有对人体有害的副作用,但它又能治疗某种疾病,在这种情况下,制造和销售这种产品的卖方若能证明,该产品是适当加工和销售的,且他已提醒使用者注意该产品的危险性,他就可以要求免责。即使在严格责任之诉中,也可提出这一抗辩。

三、产品责任诉讼中原告可以请求损害赔偿的范围

(1)对人身伤害的损害赔偿。产品责任中的人身伤害一般是指产品具有缺陷而对他人生命、身体和健康所造成的损害。对人身伤害的损害赔偿包括精神上的痛苦和苦恼、收入的减少和挣钱能力减弱、合理医疗费用、身体残废等。通常肉体和精神上的痛苦在全部赔偿中占很大的比重。

(2)财产损失的赔偿。财产损失是指缺陷产品造成的缺陷产品之外的其他财产损失。其赔偿包括替换受损坏的财产、修复受损的财产所支出的合理费用。

(3)商业上的损失。商业上的损失通常是指有缺陷的产品的价值和完好、合格的产品的价值(或合同价金)之间的差价。一般除包括产品毁灭之外,还包括产品本身价值的减少、不能使用、必须修缮或丧失营业利益等。美国各州对产品自身的损害是否可以得到赔偿态度不一,需具体案情具体分析。

(4)惩罚性的赔偿。如产品责任之诉中的有过错的被告全然置公共政策于不顾,受损害的原告可要求法院给予惩罚性的赔偿,这种赔偿金额一般很高,其目的是对有过错一方恶意的、不负责任的行为施加惩罚,以遏制其他人重犯类似的过错。是否判惩罚性损害赔偿,以及赔偿金额大小,由陪审团根据案情事实酌定。

四、产品责任诉讼的管辖权和法律适用

由于各国的产品责任法均属国内法,在国际贸易中,本国产品输出国外,外国产品输入本国,因产品的缺陷使他国或本国消费者和用户遭到人身和财产的损害,消费者可对进口商、经销商起诉,也可对产品输出国的制造商起诉,请求损害赔偿。当然,本国产品出口到其他国家时,因产品缺陷使外国消费者和用户遭到人身伤害或财产上的损失,外国消费者同样可以利用产品责任要求出口商和制造商赔偿损失。但由于各国产品责任法的差异,各国法律对此类案件处理不完全相同,这就往往涉及复杂的管辖权和法律适用问题。

(一)"长臂管辖"或长臂法

确定产品责任的管辖权是受理产品责任案件时首先需要解决的问题。管辖权也就是法院受理案件的权力和对人的管辖权力。早期美国法采取"实际控制"的原则,即以被告本人出现为基础,传票和起诉书必须在法院管辖区内交给被告本人。但这样一来使得各州法院由于被告在本州无住所而丧失了对一些案件的管辖权。目前,美国采用所谓的"伸长司法管辖",又称"长臂法"。"长臂管辖"是美国法院对不居住在美国(或本州)的被告取得的对人的管辖权。

小案例

1945年联邦最高法院在审理"国际鞋业公司诉华盛顿州法院"一案中认为,本案的上诉人国际鞋业公司虽然设立于密苏里州,但在华盛顿州雇用了十多个推销员为该公司展览样品,接受订单,并将订单寄回公司,说明该公司与华盛顿州有业务活动,涉及本案的纳税义务直接产生于这些活动,故该公司与华盛顿州有足够的联系,按照公平和争议原则,该州要求该公司纳税是公平合理的。同时,最高法院还判定,如果被告人与一个州有"最低限度的接触"时,该州法院将有管辖权。

1955年美国伊利诺伊州根据最高法院第五次修正案制定的延伸管辖权的法律,首开先河,制定了"长臂管辖法令",使美国法院扩大了司法管辖权,并于1962年制定了《统一州际和国际诉讼法》,概括了"长臂管辖"的法规,即法庭可对不住在本州内的非居民被告取得对人的司法管辖权,这使得美国州法院控告他国(州)加害者的侵权行为成为可能。

就管辖权的标准而言,美国各州都制定了一些法律用以确定法院对不居住在美国的被告是否享有管辖权的标准,但各州法律规定的标准并不完全一致。按照美国各州制定的各门法令,符合"最低限度的联系"就可管辖。所谓"最低限度的联系"就是指被告经常直接地或通过代理人在该州境内从事商业活动,或因其行为或不行为在该州境内造成了损害。只要符合这个标准,法院就对该被告有管辖权,法院就有权受理此案,有权按照法定程序传唤国外的被告出庭,并有权依法作出有效判决。在大多数情况下,美国法院认为:只要国外的被告与法院所在的州有某种联系,法院就对该被告有对人的管辖权,而且美国法院可以要求被告所在国的法院承认和执行这个判决。

(二)法律冲突与法律适用

法院在确定了管辖权之后,就带来了一个法律适用问题,即法律冲突。法律冲突是指涉外民事关系中应适用何种法律规范来确定当事人的责任问题,这是国际私法的规则。就涉外产品责任法来说,是适用本国法律还是适用外国法律的问题。

各国的冲突法有不同规定,美国的冲突法规则是适用损害发生地法来确定当事人的责任,即产品在什么地方对消费者或用户造成了损害,就适用什么地方的法律来确定产品的生产者和销售者的责任。但近20年来,这项原则受到了批评,特别是在涉及汽车事故的产品责任案件中,由于汽车到处行驶,经常跨州越国,如完全按照出事地点的法律来确定汽车的生产者或销售者的产品责任,有的可能对受害者不利。20世纪下半叶美国一些有影响的州,如纽约州和加利福尼亚州,已不再坚持适用损害发生地法,而转为适用对原告最有利的地方的法律,以保护美国原告的利益。

第三节 关于产品责任的国际公约

随着国际贸易的急剧发展,各国的产品在国际范围内的流动日益频繁,国家之间的产品责任争端与案件也随之增多。第二次世界大战后,各国越来越重视产品责任的国际调整问题。在统一的产品责任法还没有形成以前,目前国际上已经有三个区域性的产品责任公约,全部集中在欧洲,即《关于造成人身伤害与死亡的产品责任的欧洲公约》《关于产品责任适用法律的公约》和《关于对有缺陷产品责任的指令》。这些公约对欧盟各国的国内立法产生了深刻的影响,在欧盟内部普遍适用。

一、《关于造成人身伤害与死亡的产品责任的欧洲公约》

《关于造成人身伤害与死亡的产品责任的欧洲公约》是由欧洲理事会拟定并于1976年召开的理事会会议上通过的,欧洲理事会各成员国于1977年1月27日在斯特拉斯堡正式签订,并供开放签字参加,故又称《斯特拉斯堡公约》(以下简称《公约》),与该《公约》相随的,还有解释报告。根据《公约》第十三条第二款的规定,《公约》将于欧洲理事会三个成员国成为《公约》当事国之日起生效。目前,《公约》已生效,成员国有法国、比利时、卢森堡和奥地利等。《公约》由正文与附件组成,其中正文共有十七条。《公约》的基本内容有以下七点。

1. 适用范围

《公约》的适用范围仅限于对人的伤害、致死方面的案件,调整由于缺陷产品造成人身伤害和死亡所引起的赔偿责任问题,而不包括缺陷产品对财产造成的损害所引起的产品责任。

2. 归责原则

《公约》规定了严格责任原则,并且如果数人对同一损害都负有责任时,他们之间承担连带责任。

3. 关于产品的定义

《公约》第二条规定,"产品"一词是指所有动产,包括天然动产或工业动产,无论是未加工的还是加工过的,即使是组装在另外的动产内或组装在不动产内。例如,桥梁是不动产,但建筑桥梁用的钢筋、水泥仍可作为动产对待,如果桥梁内的钢筋、水泥等建筑材料有缺陷致使桥梁断裂造成人员伤亡,那么该钢筋、水泥的生产厂商应承担产品责任。

4. 关于缺陷的定义

《公约》第二条第三款规定,考虑包括产品说明在内的所有情况,如果一件产品没有向有权期待安全的人提供安全,则该产品有缺陷。

5. 关于责任的主体

《公约》将生产者确定为产品责任的承担主体,并进一步解释了生产者的范围:①成品或零配件的生产者;②任何以将产品投入流通为目的的按商业惯例进口产品的人;③任何使自己名字、商标或其他标志特征出现在产品上将其作为自己产品的出示者;④产品没有标明生产者时,每一供应者应被视为生产者,除非根据索赔人的要求,供应者将生产者或前供应者的身份在合理的时间内告知索赔人。

6. 赔偿和免责

《公约》没有对赔偿额进行最高限制,而是相反,确立了最低限制。它规定,对每个死者或伤者的赔偿额不得少于相当于七万特别提款权的国内货币;对同类产品的相同缺陷造成的一切损害的赔偿额不得少于相当于一千万特别提款权的国内货币。

但如果存在以下情形,生产者可以不承担责任:

①生产者未将商品置于市场销售。

②依据情况判断,在产品投入流通时,造成损害的缺陷尚不存在或缺陷是投入流通后由第三人造成的。

③该造成损害之缺陷产品不是用于销售、出租或为经济目的的分销,而又非在商业过程中制造或分销。

④受害人本身的过失。

不过在最后一种情况下,应考虑所有情况后决定减少或免除生产者的责任。如果损害既是由产品的缺陷,又是由第三方的行为或疏忽造成,则不应该减轻生产者的责任。此外,《公约》第八条还规定,本《公约》规定的生产者责任,不得以任何免责或解除义务的条款加以排除或限制。

7. 时效

《公约》规定了诉讼时效为三年,自申请人发觉或必须合情合理地发觉损害、缺陷及生产者的身份之日起计算。根据《公约》的规定,如果诉讼未在自生产者将造成损害的单个产品投入流通之日起十年内提出,则受损害者丧失对生产者要求赔偿的权利。

二、《关于产品责任适用法律的公约》(《海牙公约》)

在国际产品责任诉讼中,由于各国的产品责任法不完全相同,因此法院所采用的法律冲突规则也有所不同,使案件的处理结果带有相当大的不确定性。为了统一各国关于产品责任的法律冲突规则,海牙国际私法会议于1973年10月2日通过了一项《关于产品责任适用法律的公约》(以下简称《海牙公约》)。到目前为止,法国、荷兰、卢森堡、挪威、南斯拉夫、西班牙、芬兰、比利时、意大利和葡萄牙等国家已批准《海牙公约》。该公约已于1978年10月1日生效。《海牙公约》共有二十二条,除对产品责任的法律适用规则作出规定之外,还对"产品""损害"和"责任主体"作了明确的规定。《海牙公约》是目前国际上唯一一部有关产品责任方面的冲突法公约,其宗旨是在国际范围内解决产品责任法律适用的问题。它主要适用于有关产品的国际性诉讼案件,而且仅适用于无合同关系的当事人之间所发生的纠纷。现将其主要内容简述如下。

(一)《海牙公约》对产品、损害及责任主体的规定

《海牙公约》规定,"产品"一词应包括天然产品和工业产品,无论是未加工的还是经过加工的,也无论是动产还是不动产。《海牙公约》对"损害"也进行了广义的解释,按照公约的规定,"损害"是指对人身的伤害或对财产的损害以及经济损失;但是,除非与其他损害有关,产品本身的损害以及由此而引起的经济损失不应包括在内。《海牙公约》规定产品的"责任主体"应当包括:(一)成品或部件的制造商;(二)天然产品的生产者;(三)产品的供应者;(四)在产品储备或销售等整个商业环节中的有关人员,包括修理人和仓库管理员。上述人员的代理人或雇员的责任也适用该公约。

(二)《海牙公约》对产品责任的法律适用规则的规定

1. 准据法的确定

《海牙公约》在第四至七条对于产品责任纠纷的法律适用问题作出了规定。《海牙公约》的突出特点是以两个以上的联结点来确定所适用的准据法,以避免单独联结点不能得到满意的结果。此外,《海牙公约》也允许受损害者在一定范围内自己选择准据法。

《海牙公约》所提供的基本联结点有四个:

①损害地,是指权益最初被侵害的地方或损害最初发生的地方。

②直接遭受损害的人的经常居住地。

③被控负有责任的人的主要营业地。如果直接受损害的人的经营居住地或被控负有责任的人的主要营业地发生变化,则一般认为以损害事实发生时其所处的经常居住地或主要营业地为确定准据法的联结点。

④直接遭受损害的人取得产品地。这里取得产品地是指事实上占用产品,而并非取得法律上的权限。

根据以上四个联结点确定的法律适用规范,《海牙公约》提供了以下规则:

(1)以损害地所在国的国内法为基本的适用法律时,必须同时满足下列条件之一:该国又是直接遭受损害人的经常居住地所在国;该国又是被控负有责任的人的主要营业地所在国;该国又是直接受损害的人取得产品的所在国。

(2)以直接受损害的人的经常居住地所在国的国内法为基本适用的法律时,也必须同时满足下列条件之一:该国又是被控负有责任的人的主要营业地所在国;该国又是直接受损害的人取得产品地的所在国。

(3)如果四个联结点分散在不同的国家,或者虽然被控负有责任的人的主要营业地与直接受损害人取得产品地在同一个国家,但是,损害地和直接遭受损害人的经常居住地分

别在其他国家时,通过上述两种方法均不能确定准据法。在此种情况下,《海牙公约》认为,可以首先考虑适用被控负有责任人的主要营业地所在国的国内法,但《海牙公约》还是赋予原告在损害地与被控负有责任人的主要营业地之间进行选择的权利。《海牙公约》的此项规定尽管可能不会给受损害方带来诉讼上的便利(因为损害发生地也并非受损害人的经常居住地),但这种规定毕竟给了受损害方一个选择的权利,使他可以按照自己的意愿选择救济的途径。

(4)如果被控负有责任的人证明他不可能合理地预见该产品或同类的产品会经由商业渠道在损害地所在国或直接受损害人经常居住地所在国出售,则由于该产品引起的诉讼只能适用被控负有责任的人的主要营业地所在国的国内法,而损害地所在国的国内法和直接受损害的人的经常居住地所在国的国内法都不能适用。

小案例

被告所生产的一种玩具在某国被常年禁止进口,后来解禁,被告并不知晓。某国一玩具零售商从被告的一个批发商手中购买了该玩具回国销售,由于玩具存在缺陷而对一个儿童造成损害,向被告索赔。此时被告可以不能合理预知为抗辩理由,要求适用被告主要营业地所在国的国内法解决该纠纷。

《海牙公约》还规定,即使是按照第四至七条规定确定了上述的准据法,也应当考虑产品销售生产所在国通行的行为规则和安全规则。也就是说,受理案件的法院有权根据市场国的安全标准作为判断生产者责任的地方性材料,即使市场国的法律不是按照公约规定所确定的准据法,如果根据市场国的安全法律可以认定生产者负有责任的话,法院也可以将这一事实作为判决的参考。

2. 其他规定

《海牙公约》规定根据其所确定的准据法必须得到适用,只有这种适用明显地与该国的公共政策或公共秩序相抵触或不一致时,才可以拒绝适用。关于准据法,只要依据《海牙公约》所提供的规则是确定的,即使所确定的是非缔约国的法律,也是本公约所允许的,并且这种非缔约国法律的适用不受任何互惠条件的影响,是一种独立的适用。

关于适用顺序,《海牙公约》第十五条这样规定,如果一个缔约国同时加入了其他有关产品责任的公约,则本公约不应优先适用。如果某国既是《关于对有缺陷产品责任的指令》的缔约国,又是《海牙公约》的缔约国,则在有关产品责任确定的法律适用上,前者优先于后者被适用。

关于保留条款,《海牙公约》规定,其缔约国在加入该公约时最多享有两项保留:其一为公约的"时效规则"。如果保留此项,则意味着该国在运用《海牙公约》确定准据法时,该准据法中关于时效规则的规定将不被审理案件的法院所采用,而有可能适用法院地国关于时效问题的规定。其二是对"本公约不适用于未加工的农产品"的保留。如果某个缔约国法律规定未经加工的农产品所造成的损害不适用于产品责任法(如德国法),那么《海牙公约》允许其做这样的规定。除此之外,《海牙公约》不允许缔约国有其他的或更多的保留。

三、《关于对有缺陷产品责任的指令》

为了协调原欧洲经济共同体各成员国之间有关产品责任的法律,原欧洲经济共同理事会于1985年7月25日通过了一项《关于对有缺陷产品责任的指令》(以下简称《指令》),要求各成员国在1988年8月1日以前采取相应的国内立法予以实施,但允许各成员国有某些取舍的余地。该指令对原欧洲经济共同体各成员国的产品责任法产生了重大影响,同时又是欧共体及欧盟制定的一系列有关产品责任条约中最重要的一则。《指令》共有二十二条,其主要内容包括以下六点:

1. 采取无过失责任原则

《指令》对产品责任放弃了欧洲大陆法传统的过失责任原则,而采用无过失责任原则,这是一个很大的变化。作出这种改变的主要出发点是为了使消费者获得更充分的保护。因为当代技术产品纷繁复杂,需要在生产者和消费者之间妥善地分摊风险,而在两者当中,生产者处于更有力的地位,他们能够而且应当通过严格的设计、加工和检验程序尽量减少或避免他们所生产的产品的危险性,而且,他们还可以通过产品责任保险,将保险费加在货价上而使自己获得保障。因此,在立法指导思想上就应当加重生产者的责任,使消费者受到更有力的保护。

基于上述考虑,《指令》明确规定,在产品责任诉讼中,受害的消费者只需证明他受到损害和产品有缺陷的事实,以及二者之间存在着因果关系,即可以使该产品的生产者承担责任,而无须证明生产者有过失。

2. 关于生产者的定义

根据该《指令》第一条的规定,生产者应对有缺陷的产品所引起的损害承担责任。因此,确定谁是"生产者"是一个十分重要的问题。《指令》对生产者所下的定义是较为广泛的,它包括:(一)成品制造者;(二)任何原材料的生产者;(三)零部件的制造者;(四)任何将其名称、商标或其他识别标志置于产品之上的人;(五)任何进口某种产品在共同体内销售、出租、租赁或在共同体内以任何形式经销该产品的人;(六)如果不能确认谁是生产者,则提供该产品的供应者即被视为生产者,除非受损害的消费者在合理时间内获得查出谁是生产者的通知。

3. 关于产品的定义

《指令》的另一项重要内容是确定该指令所指的"产品"的定义。按照《指令》的规定,"产品"是指可以移动的物品,但不包括初级农产品和赌博用品。不过各成员国可以通过国内立法,将上述两种产品包括在"产品"的定义范围之内。至于经过工业加工的农产品则包括在"产品"的范围内。

4. 关于缺陷的定义

《指令》对缺陷的定义采用客观标准。按照各种标准,如果产品不能提供一般消费者有权期望得到的安全,该产品就被认为是有缺陷的产品。在确定产品是否有缺陷时,要考虑到各种情况,其中包括产品的状况、对产品的合理预期的使用,以及把产品投入流通的时间。不能因为后来有更好的产品投入市场,就认为先前的产品有缺陷。例如,在20世纪60年代,汽车没有装设安全带,当时不认为这种汽车是有缺陷的产品,但是,如果20世纪80年代生产的汽车没有装设安全带,就将被认为是有缺陷的产品。对产品的操作、使用说明书,也是涉及产品的安全性的因素之一。

5. 关于损害赔偿

按照《指令》的规定,可以请求损害赔偿的范围,主要包括财产损失、人身伤害和死亡。对有缺陷的产品自身损失,一般不予考虑。对不超过五百欧元的损害也不予考虑,以免引起过多的小金额的诉讼。特别值得指出的是,《指令》对"痛苦"的补偿有所保留,它认为这属于非物质性的损害赔偿,应按有关国家的国内法来处理。这一点与《美国产品责任法》有所不同。

6. 对产品责任的抗辩

依照《指令》的规定,在产品责任诉讼中,被告可以提出以下三种抗辩。

(1)无罪责。如果生产者能证明他没有罪责,他就可以不承担责任,这主要包括以下几种情况:①该生产者并没有把该产品投入市场。②引起损害的缺陷在生产者把产品投入市场的时候并不存在,或者证明这种缺陷是在后来才出现的,例如,是由于对产品的不适当使用而引起的。③生产者制造该产品并非用于经济目的的销售或经销,也非在其营业中制造或经销。④该缺陷是由于遵守公共当局发布的有关产品的强制性规章而引起的。⑤按照生产者将产品投入市场时的科技知识水平,该缺陷不可能被发现,这种抗辩又称为"发展的风险"或"现有水平"抗辩。各成员国的法律对这一抗辩持不同的态度,因此《指令》允许各成员国在各自法律中对是否采用这种抗辩自行作出取舍。⑥零件的制造者如能证明该缺陷是由于该产品的设计所致,而不是零件本身的缺陷,也可不承担责任。

(2)时效。在产品责任诉讼中,时效已过也是重要的抗辩理由。《指令》对时效作了如下规定:①受损害者的权利自生产者将引起损害的产品投入市场之日起十年届满即告消灭,除非受害者已在此期间对生产者起诉;②《指令》要求各成员国必须在其立法中规定提起损害赔偿诉讼的时效,该诉讼时效为三年,从原告知道或理应知道受到损害、产品有缺陷及谁是生产者之日开始计算。《指令》对时效的中止和中断没有作出规定,因此有关时效中止和中断的问题,应按适用的国内法来处理。

(3)赔偿的最高额。生产者的责任原则上应当是没有限制的。但《指令》允许成员国在立法中规定,生产者对由于同一产品的同一缺陷所引起的人身伤害或死亡的总赔偿责任不得少于7 000万欧元。

此外,《指令》还规定,生产者不得以合同或其他办法来限制或排除其对产品的责任。这表明产品责任是属于强制性的法律规定,不能由当事人在合同中任意予以排除或限制。

第四节　中国的产品责任法

一、中国产品责任法立法概况

● 1986年颁布的《中华人民共和国民法总则》,第一次将产品责任问题规定在民事基本法中,并确立了严格产品责任的归责原则,为中国的产品责任专门立法奠定了基础。

2009年8月27日,第十一届全国人民代表大会常务委员会第十次会议对《中华人民共和国民法通则》进行了修正。2020年5月28日,第十三届全国人民代表大会第三次会议通过了《中华人民共和国民法典》,自2021年1月1日起施行,《中华人民共和国民法通则》同时废止。

● 1993年2月22日通过并于同年9月施行的《中华人民共和国产品质量法》,专设损害赔偿一章(第四章),用六个条文对严格产品责任作了比较详细、具体的规定,为各级人民法院裁判缺陷产品致损的侵权责任案件,提供了具体的裁判基准。这标志着中国的产品责任立法又上了一个新台阶。该法于2000年第一次修正,2009年第二次修正,2018年第三次修正。

● 1993年10月31日颁布,1994年1月1日起实施的《中华人民共和国消费者权益保护法》,是中国有关消费者保护的一部基本法。该法以消费者权益为中心,同时规定了生产经营者的义务。其中对有关产品质量标准、产品责任主体、产品损害赔偿等内容作了规定,尤其在关于损害赔偿项目及惩罚性损害赔偿金方面有较为创新的规定。该法于2009年第一次修正,2013年第二次修正。

● 2007年8月27日,国家质量监督检验检疫总局发布了《食品召回管理规定》,正式开始我国不安全食品召回制度。除此以外,同日发布的还有《儿童玩具召回管理规定》《出境水生动物检验检疫监督管理办法》和《进出口商品数量重量检验鉴定管理办法》。其中《进出口商品数量重量检验鉴定管理办法》于2015年进行了修正。

● 2009年2月28日通过,同年6月1日实施的《中华人民共和国食品安全法》进一步加大了对我国食品安全的监管和消费者权益保护的力度。该法于2015年第一次修正,2018年第二次修正。

目前我国产品责任立法包括《中华人民共和国产品质量法》《中华人民共和国进出口商品检验法》《中华人民共和国进出境动植物检疫法》《中华人民共和国食品安全法》《中华人民共和国药品管理法》《农药管理条例》和《中华人民共和国消费者权益保护法》等相关法律规范。

二、中国产品责任法的重要内容

(一) 责任主体

因产品存在质量问题,需要承担民事责任的主体,《中华人民共和国民法典》《中华人民共和国产品质量法》及《中华人民共和国消费者权益保护法》均作了相同的规定,即由生产者、销售者依法承担相应的产品质量责任。同时,为充分保护消费者的利益,《中华人民共和国产品质量法》第四十三条还规定:"因产品存在缺陷造成人身、他人财产损害的,受害人可以向产品的生产者要求赔偿,也可以向产品的销售者要求赔偿。属于产品的生产者的责任,产品的销售者赔偿的,产品的销售者有权向产品的生产者追偿。属于产品的销售者的责任,产品的生产者赔偿的,产品的生产者有权向产品的销售者追偿。"

这里所谓的生产者,既包括产品成品或零部件的制造商,还应包括在产品上标出自己的名称、商标或其他标志,以表明自己是该产品的生产者的自然人或法人。

至于产品的运输者、仓储者,作为产品进入流通领域的中间环节,他们负有保证产品在运输、保管中不受损害的义务,违反该义务造成产品缺陷并导致损害的,也应当承担责任。但是,由于运输者、仓储者不是直接面对消费者,所以他们不向受害人直接承担责任,而是由生产者、销售者先承担责任,再依据产品责任向运输者、仓储者追偿。

(二)产品责任的归责原则

《中华人民共和国产品质量法》区分生产者与销售者,规定了不同的产品责任归责原则。

1.生产者承担产品责任适用严格责任原则

《中华人民共和国产品质量法》第四十一条规定,因产品存在缺陷造成人身、缺陷产品以外的其他财产损害的,生产者应当承担赔偿责任。根据该规定,要求生产者承担产品责任时必须满足三个条件:产品存在缺陷;存在人身伤害或财产损失的损害事实;产品缺陷与损害事实之间存在因果关系。

2.销售者承担产品责任适用过错责任原则

《中华人民共和国产品质量法》第四十二条规定,由于销售者的过错使产品存在缺陷,造成人身、他人财产损害的,销售者应当承担赔偿责任。该款确定了销售者承担产品责任适用过错责任原则。为减轻受害人证明销售者过错的举证负担,在诉讼中,适用过错推定原则,即由销售者对自身没有过错负担举证责任。若销售者不能证明自身没有过错,则在法律上推定其有过错。同时,该法于第四十二条还规定,销售者不能指明缺陷产品的生产者也不能指明缺陷产品的供货者的,销售者应当承担赔偿责任。这说明销售者在特殊情况下适用严格责任原则来承担产品责任。

(三)产品范围

《中华人民共和国产品质量法》第二条规定,产品是指经过加工、制作,用于销售的产品。未经加工的天然形成的产品,如原矿、原煤、石油、天然气等,以及初级农产品,如农、林、牧、渔等产品,不包括在内。另外,建筑物、工程等不动产也不包括在内。但是,建设工程使用的建筑材料、建筑构配件和设备,可以包括在内。对于军工产品,因国务院、中央军事委员会另有规定,也不包括在《中华人民共和国产品质量法》所调整的产品范围内。

(四)生产者、销售者的产品质量义务

1.生产者的产品质量义务

(1)保证产品内在质量符合要求的义务。包括下列要求:

①产品不得存在缺陷,即不存在危及人身、财产安全的不合理的危险,有国家标准、行业标准的应当符合该标准。

②具备产品应当具备的使用性能,但是,对产品存在使用性能的瑕疵作出说明的除外。

③符合在产品或其包装上注明采用的产品标准,符合以产品说明、实物样品等方式表明的质量状况。

(2)真实、准确、完整标识的义务。产品或者其包装上的标识必须真实,并符合下列要求:

①有产品质量检验合格证明。

②有中文标明的产品名称、生产厂厂名和厂址。

③根据产品的特点和使用要求,需要标明产品规格、等级、所含主要成分的名称和含量的,用中文相应予以标明;需要事先让消费者知晓的,应当在外包装上标明,或者预先向消费者提供有关资料。

④限期使用的产品,应当在显著位置清晰地标明生产日期和安全使用期或者失效日期。

⑤使用不当,容易造成产品本身损坏或者可能危及人身、财产安全的产品,应当有警示标识或者中文警示说明。裸装的食品和其他根据产品的特点难以附加标识的裸装产品,可以不附加产品标识。

(3)适当包装的义务。特殊产品的包装必须符合要求。易碎、易燃、易爆、有毒、有腐蚀性、有放射性等危险物品以及储运中不能倒置和其他有特殊要求的产品,其包装质量必须符合相应要求,依照国家有关规定作出警示标识或者中文警示说明,标明储运注意事项。

(4)生产者不得生产国家明令淘汰的产品。

(5)生产者不得伪造产地,不得伪造或者冒用他人的厂名、厂址。

(6)生产者不得伪造或冒用认证标志等质量标志。

(7)生产者生产产品,不得掺杂、掺假,不得以假充真、以次充好,不得以不合格产品冒充合格产品。

2. 销售者的产品质量义务

(1)销售者应当建立并执行进货检查验收制度,验明产品合格证明和其他标识。

(2)销售者应当采取措施,保持销售产品的质量(销售者的产品养护义务)。

(3)销售者销售的产品的标识应当符合规定,具体内容与法律对生产者的要求相同。

(4)销售者不得销售国家明令淘汰并停止销售的产品和失效、变质的产品。

(5)销售者不得伪造产地,不得伪造或者冒用他人的厂名、厂址。

(6)销售者不得伪造或者冒用认证标志等质量标志。

(7)销售者销售产品,不得掺杂、掺假,不得以假充真、以次充好,不得以不合格产品冒充合格产品。

(五)产品缺陷的判断标准

《中华人民共和国产品质量法》第四十六条规定:"本法所称缺陷,是指产品存在危及人身、他人财产安全的不合理的危险;产品有保障人体健康和人身、财产安全的国家标准、行业标准的,是指不符合该标准。"由此可见,中国法律确定了判断产品缺陷的双重标准:一是"不合理危险"标准;二是生产标准。

"不合理危险"标准是欧美各国认定产品缺陷时通用的一个标准。中国在制定产品责任法时借鉴了国外的立法经验,也将缺陷定位于存在"不合理的危险性"。生产标准,即保障人体健康和人身、财产安全的国家或行业标准。按照这个标准的要求,如果产品不符合国家标准或行业标准时,可认定为缺陷产品。生产标准具有较强的可操作性,也增加了认定缺陷产品的客观性。但同时适用两个标准,容易产生歧义：如果一个产品符合国家或行业标准,但却仍存在不合理的危险,是否应认定为缺陷产品？因为我们不能要求所有的国家标准、行业标准都是先知先觉,能够杜绝所有的不合理危险。事实上,标准往往具有滞后性,这就使得符合国家或行业标准的产品仍可能具有不合理的危险。

(六) 产品责任的免除

生产者能够证明有下列情形之一的,不承担赔偿责任：
(1) 未将产品投入流通的。
(2) 产品投入流通时,引起损害的缺陷尚不存在的。
(3) 将产品投入流通时的科学技术水平尚不能发现缺陷的存在的。

(七) 损害赔偿的范围

《中华人民共和国产品质量法》确定的损害赔偿范围包括财产损害、人身损害及精神损害。

(1) 财产损害。因产品存在缺陷造成受害人财产损失的,侵害人应当恢复原状或者折价赔偿。受害人因此遭受其他重大损失的,侵害人应当赔偿损失。这里的财产不包括缺陷产品本身。

(2) 人身损害。因产品存在缺陷造成受害人人身伤害的侵害人应当赔偿医疗费、治疗期间的护理费、因误工减少的收入等费用；造成残疾的,还应当支付残疾者的生活自助工具费、生活补助费、残疾赔偿金以及由其所扶养的人所必需的生活费等费用；造成死亡的,应当支付丧葬费、死亡赔偿金以及由死者生前扶养的人所必需的生活费等费用。

(3) 精神损害。《中华人民共和国产品质量法》未明确使用精神损害的概念,它采用的是补偿原则,没有设定惩罚性赔偿,有人误解中国《中华人民共和国产品质量法》不对精神损害予以赔偿。但是根据最高人民法院 2001 年发布的《关于确定民事侵权精神损害赔偿责任若干问题的解释》,人身损害中规定的残疾赔偿金与死亡赔偿金即为精神损害抚慰金的表现形式。2010 年 7 月 1 日实施的《中华人民共和国侵权责任法》第二十二条更是从法律层面上明确规定："侵害他人人身权益,造成他人严重精神损害的,被侵权人可以请求精神损害赔偿。"

(八) 产品责任的时效

《中华人民共和国产品质量法》第四十五条规定,"因产品存在缺陷造成损害要求赔偿的诉讼时效期间为二年,自当事人知道或者应当知道其权益受到损害时起计算。因产品存在缺陷造成损害要求赔偿的请求权,在造成损害的缺陷产品交付最初消费者满十年丧失；但是,尚未超过明示的安全使用期的除外。"这里所谓的"最初消费者"是指某种物质资料或劳务活动的第一个使用者、买受人或服务对象。

(九) 违反《中华人民共和国产品质量法》的处罚

为了加强对产品质量的监督管理和有力地制止产品质量违法行为的发生,《中华人民共和国产品质量法》规定了追究违法者行政和刑事责任的处罚办法。

(1) 行政处罚。行政处罚是国家行政机关或法律授权的组织对违反《中华人民共和国产品质量法》的生产者、销售者等追究行政责任。行政处罚的方式主要有：责令停止销售，责令停止生产；没收违法所得；没收违法生产、销售的产品；查封或者扣押有严重质量问题的产品以及直接用于生产、销售该项产品的原辅材料、包装物、生产工具；吊销营业执照等。

（2）刑事处罚。产品的生产者、销售者以及有关人员违反《中华人民共和国产品质量法》，构成犯罪的，依法追究刑事责任。

（十）产品责任承担中的连带民事责任

（1）《中华人民共和国产品质量法》第五十七条第三款规定："产品质量认证机构违反本法第二十一条第二款的规定，对不符合认证标准而使用认证标志的产品，未依法要求其改正或者取消其使用认证标志资格的，对因产品不符合认证标准给消费者造成的损失，与产品的生产者、销售者承担连带责任；情节严重的，撤销其认证资格。"

（2）《中华人民共和国产品质量法》第五十八条规定："社会团体、社会中介机构对产品质量作出承诺、保证，而该产品又不符合其承诺、保证的质量要求，给消费者造成损失的，与产品的生产者、销售者承担连带责任。"

（3）《中华人民共和国产品质量法》第五十九条规定："在广告中对产品质量作虚假宣传，欺骗和误导消费者的，依照《中华人民共和国广告法》的规定追究法律责任。"

《中华人民共和国广告法》（2018年修正）第五十六条规定："违反本法规定，发布虚假广告，欺骗、误导消费者，使购买商品或者接受服务的消费者的合法权益受到损害的，由广告主依法承担民事责任。广告经营者、广告发布者不能提供广告主的真实名称、地址和有效联系方式的，消费者可以要求广告经营者、广告发布者先行赔偿。关系消费者生命健康的商品或者服务的虚假广告，造成消费者损害的，其广告经营者、广告发布者、广告代言人应当与广告主承担连带责任。前款规定以外的商品或者服务的虚假广告，造成消费者损害的，其广告经营者、广告发布者、广告代言人，明知或者应知广告虚假仍设计、制作、代理、发布或者作推荐、证明的，应当与广告主承担连带责任。"

练习与实践

一、名词解释

产品责任　产品责任法　疏忽责任原则　担保责任原则　明示担保　默示担保　严格责任原则　长臂管辖

二、思考题

1. 什么是产品责任？
2. 在美国法中，产品责任的诉讼依据有哪些？
3. 美国产品责任法的严格责任原则的含义是什么？它与"疏忽说"及"违反担保说"有何区别？
4. 在美国产品责任诉讼中，生产者和销售者可以提出哪些抗辩？

5. 在美国产品责任诉讼中，原告可以请求赔偿的范围包括哪些方面？

6.《关于产品责任适用法律的公约》确定了哪几项基本的法律适用规则？

7.《中华人民共和国产品责任法》的主要内容有哪些？

三、选择题

(一) 单选题

1. 下列不属于美国《产品责任法》损害赔偿范围的是(　　)。

A. 财产损害赔偿　　B. 精神损害赔偿　　C. 人身损害赔偿　　D. 惩罚性损害赔偿

2. 根据美国《产品责任法》的规定，以疏忽提起诉讼时，它是一种(　　)。

A. 违约之诉　　　B. 侵权之诉　　　C. 确认之诉　　　D. 合同之诉

3. 在《海牙公约》中，可以成为准据法的是下列(　　)的法律。

A. 损害地所在国

B. 直接受损害的人的惯常居住地所在国

C. 直接受损害的人取得产品地所在国

D. 赔偿责任人的主营业地所在国

E. 以上都有

(二) 多选题

1. 产品"缺陷"的种类有(　　)。

A. 设计缺陷　　B. 发展缺陷　　C. 制造缺陷　　D. 警示缺陷

2. 产品责任的法律构成有(　　)。

A. 产品存在缺陷

B. 给产品的消费者或使用者造成人身或财产的损害

C. 产品缺陷与损害之间的因果关系

D. 消费者没有过错

3.《中华人民共和国产品质量法》确定的损害赔偿范围包括(　　)。

A. 财产损害　　B. 人身损害　　C. 精神损害　　D. 惩罚性赔偿

四、判断题

1. 目前美国产品责任的归责原则单一适用严格责任原则。　　　　　(　　)

2. 产品责任法立法的目的旨在保护消费者的权益。　　　　　　　　(　　)

3.《海牙公约》不适用合同关系当事人就产品责任提起的损害赔偿。　(　　)

4. 缺陷产品经明示后可以销售。　　　　　　　　　　　　　　　　(　　)

5. 根据美国《产品责任法》的规定，如被告能证明原告是由于非正常使用或误用、滥用产品而使自己受到损害的，被告可以要求免责。　　　　　　(　　)

五、案例分析

H 国的公民 A 听说北欧的食品很昂贵,就在去北欧出差前在国内购买了很多本国产的方便面。由于该方便面存在质量问题,A 在瑞典食用时中毒,为此花去了医疗费和康复费数万欧元。

问题:

(1)依《关于产品责任适用法律的公约》,该方便面的生产商应根据哪国法律对 A 的损失承担产品责任?为什么?

(2)如果该方便面从未经商业渠道销往瑞典,情况又怎么样?

第六章
与贸易有关的知识产权法

学习目标

本章主要介绍与贸易有关的知识产权法律制度,其中包括保护专利权、商标权、著作权、专有技术等知识产权的国内法律制度与国际公约,保护知识产权的国际组织,以及国际技术贸易和国际许可贸易协议的相关法律制度。要求学生重点掌握保护与贸易有关的知识产权法律制度,理解相关国际公约的主要内容,了解国际技术贸易法律制度。

案例导入

2016年中山市三强进出口贸易有限公司进口的德国产Berndes牌系列炊具:STONE CLICK系列16厘米单柄奶锅(不带盖)、24厘米单柄平底煎锅、32厘米双耳焖锅(不带盖)、24厘米双耳汤锅(不带盖)、28厘米单柄深煎锅(不带盖)共53套,因铬(Cr)(4%乙酸浸泡液)超标,被广东海关退运。

分析:

1. 进口方如何与出口方交涉索赔?
2. 如果德国出口方对于海关的处理有异议,将如何处理?

第一节 知识产权法概述

一、知识产权的概念及范畴

知识产权亦称智力成果权,是指从事智力活动的个人或组织对其在科学、技术、文化、艺术等领域创造的精神财富所享有的权利,即对其智力创造性成果所享有的一种专有权,是基于智力的创造性活动所产生的权利。

传统的知识产权可以分为工业产权与著作权两大类,主要包括专利权、商标权和著作权,其中前两者被称为工业产权。《保护工业产权巴黎公约》第一条第二款规定:"工业产权的保护对象有专利、实用新型、外观设计、商标、服务标记、厂商名称、货源标记或原产地名称和制止不正当竞争。"著作权也称为版权或作者权。它是指作者对其创作的文学艺术作品享有的人身权与财产权。人身权包括发表权、署名权、修改权与保护作品完整权等;财产权包括作品的使用权与获得报酬权,即以复制、表演、播放、展览、发行、摄制电影、摄制电视、录像或者改编、翻译、注释、编辑等方式使用作品的权利,以及许可他人以上述方式使用作品并由此获得报酬的权利。此外,计算机软件与集成电路布图设计也被中国与大多数国家列为作品,成为著作权的客体内容。在内容的选取与编排上有独创性的数据库,许多国家也将其视为编辑作品,给予著作权法的保护。

根据1967年7月14日在斯德哥尔摩签署的《建立世界知识产权组织公约》第二条第八款的规定,知识产权包括以下八项权利:

(1)关于文学、艺术和科学作品的权利。
(2)关于表演艺术家的演出、录音与广播的权利。
(3)关于人们在一切活动领域中的发明的权利。
(4)关于科学发现的权利。
(5)关于工业品式样的权利。
(6)关于商标、服务标记、厂商名称与标记的权利。
(7)关于制止不正当竞争的权利。
(8)关于在工业、科学、文学或艺术领域里一切其他来自知识活动的权利。

在世界贸易组织的《与贸易有关的知识产权协定》(TRIPs)的第二部分第一节至第七节所规定的知识产权类别中,规定了版权、商标、地理标识、工业设计、专利、集成电路布图设计(拓扑图),还规定了"对未披露过的信息专有权的保护",这通常被理解为是指保护工商业经营者所拥有的经营秘密与技术等商业秘密。随着科学技术的迅速发展,知识产权保护对象的范围将不断扩大,不断涌现新型的智力成果,如计算机软件、生物工程技术、遗传基因技术、植物新品种等,就是当今世界各国所公认的知识产权的保护对象。

我国的知识产权立法包括《中华人民共和国著作权法》《中华人民共和国专利法》《中

华人民共和国商标法》等法律,以及《中华人民共和国著作权法实施条例》《计算机软件保护条例》《中华人民共和国专利法实施细则》《中华人民共和国商标法实施条例》《中华人民共和国知识产权海关保护条例》《中华人民共和国植物新品种保护条例》《集成电路布图设计保护条例》等。由此可见,我国法律在知识产权的概念范畴方面,采用了《建立世界知识产权组织公约》的广泛的概念范畴。

二、知识产权的法律特征

(一)无形性

无形性是知识产权最主要的法律特征。这里所说的"无形性",并非指知识产权的载体,而是指知识产权本身。知识产权的客体为知识产品,是一种智力成果,人们对它的存在只能通过对某种知识经验的感受和认识去感知,而非表现为一种实在和具体的控制。另外,它可以与所有者相脱离,成为一种无形的信息同时为若干主体所适用,如某人对某知识产权的合法使用,并不影响他人对该知识产权的合法使用。正是由于这种无形性,令它不会因实物形态的使用消费而导致财产的实际损耗或者消失,也不会发生使无形产品消灭的事实处分。

因此,某些大陆法系国家将知识产权称为"以权利为标的"的"物权";某些英美法系国家则将其称为"诉讼中的准物权",对知识产权的保护也区别于传统的财产权利的保护。由于知识产权具有无形性的法律特征,因此其所有人在行使权利转让时,标的可能是制造某种专利产品的"制造权",也可能是销售某种产品的"销售权",却不可能是产品本身。

(二)专有性

各国法律均承认知识产权是一种财产权,且是无形财产权,是一种独占性的权利,具有排他性或专断性。该特征具体表现为以下两个方面:

(1)知识产权所有人对其拥有的知识产权享有占有、使用和处分的独占权。除所有人的许可同意、转让或法律规定的情形外,所有人以外的任何人不得享有或使用该项权利。另外,所有人有权自己占有和使用其知识产权,也可以将其转让或授予他人使用,从中收取费用。

(2)权利人在法律许可的范围内有权排除他人对其权利的侵害。任何第三人未经其所有人的同意,不得擅自使用其知识产权,否则构成侵权行为。当上述权利受到侵害时,该权利人有权对侵权者提起诉讼,要求停止侵害、赔偿损失或予以刑事处罚。

(三)时间性

按照各国的知识产权法律,对知识产权的上述专有性的保护都规定一定的保护期限,当法定保护期限届满之后,法律不再对权利人的专有权予以保护,权利人不再享有专有知识产权的权利,这些专用、独享知识产权的权利自行终止,知识产权成为社会的共同财富。

例如,《中华人民共和国专利法》第四十二条规定:"发明专利权的期限为二十年,实用新型专利权和外观设计专利权的期限为十年,均自申请日起计算。"

(四)地域性

知识产权具有严格的地域性,其表现是,在一国境内根据该国法律取得的知识产权,只在该国法律管辖的领域内有效,受该国法律的保护,而在其他国家则不具有域外效力,除了签订国际公约或双边协定并受到其约束外,任何国家都没有保护外国知识产权的义务。

如果知识产权所有人想要使其知识产权在其他国家也得到法律保护,则要向有关国家提出专利申请。例如,发明人甲在中国取得专利权,如欲使其发明在美国受到保护,他就必须将其发明按照美国的专利法,向其专利主管部门提出专利申请,并获得核准其专利权后,其权利才能在美国受到保护。

而其他民事权利则不具备如此严格的地域性特征,在一国境内根据该国法律取得的权利,在外国境内虽然没有国际条约的约束,但在通常情况下,也都能根据该国的冲突规范所确定的准据法,得到有关国家法律的承认与保护。

三、知识产权法

由于知识产权是一种不具有一定物质形态的人类创造性智力劳动的成果,对当代社会经济、科学技术和文化的发展起着越来越重要的作用,因此,需要在法律上予以保护。目前,绝大多数国家都制定了保护工业产权与版权的法律。因为传统的知识产权主要包括专利权、商标权和著作权,所以各国保护知识产权的主要法律是商标法、专利法与著作权法,调整有关商标、发明与文学艺术创作的所有权和使用权等各种关系的法律规范。国家通过这些法律授予知识产权所有人以商标权、专利权与著作权,确认与保护他们对自己的商标、发明和作品的所有权与使用、支配、转让、继承等权利。国际社会缔结了若干关于保护工业产权与版权的国际公约,这些国际公约的缔结,在一定程度上削弱了"严格地域性"的作用,并在知识产权的国际保护方面产生了重要的作用,为知识产权的国际保护奠定了基础。

阅读资料

19世纪末期,当时一些主要西方国家极力谋求通过缔结双边或多边的国际公约保护其商品、技术和图书在国际市场上的竞争力与垄断地位。在他们的发起与支持下,1883年3月20日在巴黎签订了《保护工业产权巴黎公约》(以下简称《巴黎公约》),该公约于1884年7月7日生效,1985年3月19日中国成为该公约成员国;1886年9月9日在瑞士伯尔尼签订了《保护文学艺术作品伯尔尼公约》(以下简称《伯尔尼公约》),该公约于1887年12月5日生效,1992年10月15日中国成为该公约成员国;1891年4月14日在西班牙马德里签订了《商标国际注册马德里协定》(以下简称《马德里协定》),该公约于1891年生效,1989年5月25日中国成为该公约成员国。

20世纪,国际上又相继缔结了其他的国际协定用于保护更广泛意义的知识产权。例如,关于保护专利权的国际协定有:1925年11月6日在海牙缔结的《工业品外观设计国际保存海牙协定》,1961年在法国巴黎订立的《保护植物新品种国际公约》,1968年订立、1971年生效的《建立工业品外观设计国际分类洛迦诺协定》,1970年6月19日由35个国家在华盛顿订立、1978年6月1日开始《专利合作条约》,1971年3月24日签订的《国际专利分类斯特拉斯堡协定》,1977年订立、1980年生效的《国际承认用于专利程序的微生物保存布达佩斯条约》。

又如,关于保护商标权的国际协定有:1957年6月15日在法国尼斯订立、1961年4月8日生效的《为商标注册目的而使用的商品与服务的国际分类尼斯协定》,1958年的《保护原产地名称及其国际注册里斯本协定》,1973年的《商标注册条约》和《建立商标图形要素国际分类维也纳协定》,1981年订立、1983年生效的《保护奥林匹克会徽内罗毕条约》等。

再如,保护著作权的国际协定有:1952年通过、1955年9月16日生效的《世界版权公约》,1961年通过、1964年生效的《保护表演者、音像制品制作者和广播组织罗马公约》,1971年缔结、1973年生效的《保护录音制品制作者防止未经许可复制其录音制品公约》,1974年《关于播送由人造卫星传播载有节目的信号的布鲁塞尔公约》,1979年《避免对版权使用费收入重复征税多边公约》,1989年《视听作品国际登记日内瓦条约》等。

中国自20世纪80年代起,先后制定了:《中华人民共和国商标法》(该法于1982年8月23日发布,1983年3月1日起实施,分别于1993年、2001年、2013年、2019年修正);《中华人民共和国专利法》(该法于1984年3月12日发布,1985年4月1日起实施,分别于1992年、2000年、2008年修正);《中华人民共和国著作权法》(该法于1990年9月7日发布,1991年6月1日起实施,分别于2001年、2010年修正)。中国还相继参加了世界知识产权组织及《保护工业产权巴黎公约》《商标国际注册马德里协定》《保护文学艺术作品伯尔尼公约》《世界版权公约》《录音制品公约》《专利合作条约》《为商标注册而实行的商品与服务的国际分类尼斯协定》,对知识产权予以相应的法律保护。

第二节 专利法

一、概述

(一)专利的概念及特征

专利(Patent),从法律意义上讲,是由国家专利管理部门根据发明人的申请,经审查认为其发明符合法律规定的条件,而授予发明人在一定的期限内对该项发明创造享有的一种专有和独占的权利,也就是指专利权,这是一项重要的知识产权。从发明本身讲,是指具有独占权的专利技术。从专利保护的内容来说,是指记载着授予专利权的发明创造的说明书及其摘要、权利要求书、表示外观设计的图形或照片等公开的文献。

专利法是由国家制定的、调整因确认发明创造所有权和利用发明创造而产生的各种社会关系的法律规范的总和,是以保护发明为手段,达到促进全社会的科学技术与生产发展为目的的一种法律制度。专利法的主要作用在于:

(1)要求发明人公开其发明,以便让社会公众能了解其发明,并可以通过合法的途径利用其发明。

(2)在法律上保护发明人的专有权,在一定的期限内禁止任何第三人侵犯其专利权,使发明人不致因公开其发明而遭受损失。

作为一项特殊的知识产权,专利权除了具有无形性、专有性、时间性、地域性等知识产权的一般特征外,还具有以下三个特征:

(1)独占性。专利是一项特殊的、能够产生专利权的发明创造,专利权只限于权利人垄断,任何单位和个人,都不得以营利为目的擅自使用该权利。

(2)公开性。在申请的过程中,申请人需要在相关文件中将所要申请的专利内容载明,主管部门在收到专利申请后,经初步审查认为符合法律要求的,自申请日起满一段时间,即行公布。

(3)法定性。专利必须符合专利法规定的专利条件。和著作权相比,专利权并非在发明完成之后自动产生,而是必须经过专利申请人依法申请和主管部门的依法审批。

(二)专利权的主体

专利权的主体即专利权人(Patentee),指有权申请并享有专利权的自然人或法人。专利权人有权在规定的期限内享有就该项发明进行制造、使用与销售其产品的专有权,并可以将其专利权转让给别人,或把专利的使用权让与他人使用。任何第三人要利用该项发明进行制造、使用或销售产品,都必须事先征得专利权人的许可,并要付给专利权人一定的报酬。如果未经专利权人的同意而擅自使用其专利,就构成侵犯专利权的行为,专利权人可以向有关当局提出控告,要求予以制止,并可以请求赔偿损失,情节严重者还可以追究其刑事责任。

专利权人可以是自然人,也可以是法人单位。《中华人民共和国专利法》第六条规定:"执行本单位的任务或者主要是利用本单位的物质技术条件所完成的发明创造为职务发明创造。职务发明创造申请专利的权利属于该单位;申请被批准后,该单位为专利权人。非职务发明创造,申请专利的权利属于发明人或者设计人;申请被批准后,该发明人或者设计人为专利权人。利用本单位的物质技术条件所完成的发明创造,单位与发明人或者设计人订有合同,对申请专利的权利和专利权的归属作出约定的,从其约定。"执行本单位职务所完成的职务发明创造是指:①在本职工作中作出的发明创造;②履行本单位交付的本职工作之外的任务所作出的发明创造;③退职、退休或调动工作后一年内作出的,与其在原单位承担的本职工作或者原单位分配的任务有关的发明创造。另外,利用本单位的物质技术条件所完成的发明创造,单位与发明人或者设计人订有合同,对申请专利的权利和专利权的归属作出约定的,从其约定。

非职务发明创造,申请专利的权利属于发明人或设计人本人,申请被批准后,该发明人或设计人为专利权人。两个以上单位或者个人合作完成的发明创造、一个单位或者个人接受其他单位或者个人委托所完成的发明创造,除另有协议的以外,申请专利的权利属于完成或者共同完成的单位或个人;申请被批准后,申请的单位或者个人为专利权人。

在中国没有经常居所或营业所的外国人、外国企业或外国其他组织在中国申请专利,应委托国务院专利行政部门指定的专利代理机构办理。申请被批准后,专利权归申请的企业、组织或个人所有。

(三)专利权的客体

专利权的客体是指专利法保护的对象,即依法可以取得专利保护的发明创造。

在中国,专利权的客体可以分为以下几个种类:

(1)发明专利。发明是指对产品、方法或者其改进所提出的新的技术方案,它是专利法保护的最主要对象。

(2)实用新型专利。实用新型是指对产品的形状、构造或其结合所提出的适于实用的新技术方案。

(3)工业品外观设计专利。外观设计是指对产品的形状、图案或者其结合以及色彩与形状、图案的结合所作出的富有美感并适于工业应用的新设计。

知识拓展 ZHISHI TUOZHAN

中国法律还从反面对不得授予专利的对象进行了规定。例如,《中华人民共和国专利法》第五条规定:"对违反法律、社会公德或者妨害公共利益的发明创造,不授予专利权。对违反法律、行政法规的规定获取或者利用遗传资源,并依赖该遗传资源完成的发明创造,不授予专利权。"又如,该法第二十五条列举了不授予专利权的几种情况:"(一)科学发现;(二)智力活动的规则和方法;(三)疾病的诊断和治疗方法;(四)动物和植物品种;(五)用原子核变换方法获得的物质。(六)对平面印刷品的图案、色彩或者二者的结合作出的主要起标识作用的设计。"但是,对动物和植物品种产品的生产方法,可以依照该法规定授予专利权。

二、授予专利权的条件

(一)授予外观设计专利权的条件

根据大多数国家专利法的规定,授予专利权的外观设计,只需要符合一个条件——新颖性即可,即申请专利权的外观设计应当同申请日以前在国内外出版物上公开发表过或者国内公开使用过的外观设计不相同和不相近似,并不得与他人在先取得的合法权利相冲突。

(二)授予发明或实用新型专利权的条件

一项发明或实用新型要取得专利权,必须同时具备以下三个条件,缺一不可。

1. 新颖性

新颖性是指申请人提出的一项发明或实用新型专利申请，必须是在申请之日以前从来没有同样的发明或者实用新型曾在国内外出版物上公开发表过、在国内公开使用过或以其他方式为公众所知。新颖性是发明和实用新型获得专利权的首要条件。

阅读资料

各国的专利法对如何确定某项发明是否具备新颖性的条件并不完全相同。各国有以下几种主要标准：

（1）时间标准，即以一定的时间作为界限来判断一项发明是否具有新颖性。如以完成发明创造的时间为标准，或以专利申请日为标准。目前，英国、法国、德国以及加入欧洲专利公约的国家都是以专利申请日作为判断新颖性的时间标准。

（2）地域标准，即以一项发明是否在一定地区范围内被公开来判断一项发明是否具备新颖性。地域标准主要有两个：一是世界标准，即要求申请专利的发明在提出申请时，必须是在世界上任何国家都未曾公开发表与公开使用的，才给予专利权；二是本国标准，即某项发明在提出专利申请时，只要在申请国未曾公开发表与公开使用的，即使在国外已被公开发表或公开使用，仍然可以在该国申请取得专利权。目前，大多数国家的立法都以世界范围内的新颖性作为取得专利权的条件，但不同国家对公开发表与公知、公用等内容的判断标准有不同的规定。

（3）方式标准，即以何种方式（书面、使用、口头）公开一项发明来判断是否具有新颖性。

中国和大多数国家采用了时间标准和地域标准来判定专利新颖与否。

另外，为了不影响在某些情况下发明人取得专利权，各国的专利法对新颖性的要求都有一些例外规定。例如，《中华人民共和国专利法》第二十四条明确规定：在中国政府主办或者承认的国际展览会上首次展出的发明创造，或在规定的学术会议或者技术会议上首次发表的发明创造，以及他人未经申请人同意而泄露其内容的发明创造，如果发明人在申请日以前六个月内申请专利，不丧失新颖性。只要发明人在规定的期限内提出专利申请，仍然可以依法取得专利权。

2. 创造性

创造性，亦称为先进性。它是指提出专利申请的发明或实用新型，与申请日以前已有的技术水平相比，必须具有突出的实质性特点和显著的进步。所谓"有突出的实质性特点"，是指与现有技术相比，申请专利的发明具有与其明显不同的技术特征。美国专利法把这一条件称为"非显见性"，即要求获得专利的发明必须高于现有的技术水平，在一个技术领域的普通专业人员看来，该项发明不是显而易见的。可见，创造性是对于授予专利权的发明或者实用新型提出的内在质量和技术的要求。

由于确定一项专利申请是否具备创造性条件，需涉及各种复杂的技术问题，因此，国务院专利行政部门必须将申请专利的发明同现有技术，从用途、结构、效果等诸方面进行比较,才能确定其是否具有创造性。

3. 实用性

实用性是指申请专利的发明或实用新型必须能够实际应用于生产制造或者使用,并且能够产生积极的效果。这是发明或实用新型能够取得专利的另一个重要条件。能够制造或者使用,主要是指发明或实用新型能够在工业上制造或者使用,一般不包括服务行业。根据美国和日本法院的判例,科学原理、自然现象的发现以及营业方式、财务制度、电报密码与广告方法等,都认为不符合实用性的要求,不能取得专利权。实用性必须以"能够产生积极的效果"为前提,在美国,有害的、危险的、不道德的发明都按照缺乏实用性处理。

三、专利的申请和审查

一项发明,只有经过专利申请人向政府主管部门提出专利申请,经主管部门根据法定程序审查批准并颁发专利证书后,才能授予专利权,给予其法律的保护。

(一)专利申请的原则

1. 申请在先原则或发明在先原则

各国专利法的基本原则是一项发明只能授予一项专利权。当有两个以上的人分别对自己开发的同一发明提出专利申请时,就要由政府主管部门确定究竟应将专利权授予哪个申请人。对此问题,国际上主要存在两个不同的原则予以处理。

(1)发明在先原则,即专利权只授予最先做出发明的人或发明人的权利受让人,而不问其提出专利申请时间的先后。但是该原则在实际采用过程中,对于确定谁是最先发明人的问题往往会遇到很多实际困难,所以目前只有美国、加拿大、菲律宾等少数国家采用此原则。

(2)申请在先原则,也称为先申请原则,即专利权只授予最先正式提出专利申请的人,而不问做出该项发明时间的先后。世界上大多数国家采用此原则。

中国实行的是先申请原则。《中华人民共和国专利法》明文规定,两个以上的申请人分别就同样的发明创造申请专利的,专利权授予最先申请的人。申请日是我国判断一项专利申请的内容是否具有新颖性和创造性的基准日。一般而言,申请日为国务院专利行政部门收到专利申请文件之日,如申请文件为邮寄的,以寄出的邮戳日为准。

2. 单一性原则

单一性原则,又称一项发明一件专利原则,是指每一项专利权只保护一个具体的发明创造。一件发明或实用新型专利申请应限于一项发明或实用新型。属于一个总的发明构思的两项以上的发明或实用新型,可以作为一件申请提出。一件外观设计专利申请应限于一种产品所使用的一项外观设计。同一产品两项以上的相似外观设计,或者用于同一类别并且成套出售或者使用的产品的两项以上外观设计,可以作为一件申请提出。

3. 优先权原则

申请人自发明或者实用新型在外国第一次提出专利申请之日起十二个月内,或者自外观设计在外国第一次提出专利申请之日起六个月内,又在中国就相同主题提出专利申请的,依照该外国同中国签订的协议或者共同参加的国际条约,或依照相互承认优先权的原则,可以享有优先权,即将其首次申请日当作其后续申请的申请日。申请人自发明或者实用新型在中国第一次提出专利申请之日起十二个月内,又向国务院专利行政部门就相同主题提出专利申请的,可以享有优先权。

申请人要求优先权的,应当在申请的时候提出书面声明,并且在三个月内提交第一次提出的专利申请文件的副本。

(二)专利的申请

根据各国专利法的规定,发明人在提出专利申请时,必须对发明的内容作出说明,并具体指出要求保护的范围,必要时还要附具图样对其发明作出解释。例如,美国专利法规定,发明人在提出专利申请时,必须向专利局长提交下列文件:①说明书;②图样;③宣誓书或声明书。其中,最重要的是说明书。根据美国法律的规定,申请人在说明书中,应包括发明的名称与对发明的叙述,并应说明制造及使用发明的方式、方法以及发明人认为实施其发明的最佳方式。对于上述情况,申请人必须如实披露,并应做到足以使一般具有专业技术的人能够实施该项发明的程度。此外,申请人还必须在说明书中明确、具体地提出他所要求给予专利保护的范围。

(二)专利的审查

随着科学技术的发展,发明的数量逐渐增多,专利申请案也日益增加,许多国家相继建立或者引入了审查制度,作为削减专利数量、保证专利质量的措施之一。美国于1836年首创了审查制度,同时设立了专利局。此后,德国于1877年、英国于1905年先后都实行了审查制度。但法国直到现在为止仍然坚持不审查制度,法国的不审查制度对比利时、意大利和西班牙等国曾产生过影响。

20世纪50年代,国际上逐渐形成了审查制和不审查制两大专利体系。其差异在于:

(1)不审查制度,又称为形式审查制度,它仅仅审查申请案的文件是否齐备、表格是否符合标准、手续是否完备、发明是否属于法律规定的保护对象。不审查制度手续简单,花费较少,授权迅速,但不能保证专利的质量。

(2)审查制度,要求在初步审查的基础上,对专利申请再进行实质审查,看其是否具备新颖性、创造性和实用性等专利条件。审查制度能在一定的程度上保证专利质量,但审查制度的缺点是所花时间较长,易造成大量申请案的积压。

为了解决这一问题,荷兰于1963年创立了"早期公开,延迟审查"制度。专利局对这些公开了的专利申请是否进行审查,视专利申请人是否提出实质审查请求而定。申请人在规定的时间内,如不提出实质审查请求,其申请按自动撤回处理,临时保护也随之消失。

自荷兰以后，瑞典、丹麦、挪威等国家也相继沿用这种审查制度。这项制度现已成为专利制度中的一项基本制度。中国现行专利制度也采用了这种制度。

(四)中国专利的申请和审批程序

(1)申请受理。国务院专利行政部门收到发明专利申请书、发明说明书(有附图的应包括附图)、说明书概要(有附图的应附附图)及权利要求书(若委托专利代理机构办理的，还应有专利代理委托书)后，发给申请人受理通知书，明确申请日，给予申请号。

(2)初步审查(形式审查)。它是指国务院专利行政部门在收到专利申请后，只对该申请在形式上是否符合法律要求作出审查，而不对该发明本身是否满足了授予专利权所具备的实质性条件进行审查。初步审查主要有以下内容：①申请手续是否完备，文件是否齐全，填写是否符合规定；②各种证件是否完备；③申请人的身份是否符合《中华人民共和国专利法》的规定；④发明主题是否符合法律规定，是否符合《中华人民共和国专利法》保护的范围；⑤申请人是否缴纳了申请费。对于符合上述规定的申请，国务院专利行政部门即行公告。国务院专利行政部门收到发明专利申请后，经初步审查认为符合本法要求的，自申请日起满十八个月，即行公布。国务院专利行政部门可以根据申请人的请求早日公布其申请。

(3)早期公开。发明专利自提出申请之日起，有优先权的自优先权之日起，满十八个月予以公布，即把发明专利申请文件全文发表在《发明公报》上，允许公众自由阅读。

(4)实质审查。它是指发明专利申请自申请之日起三年内，国务院专利行政部门根据申请人随时提出的要求，对申请发明专利的新颖性、创造性、实用性所做的实质性审查。其审查办法是通过较全面的世界性文献检索，判断申请专利的发明是否有新颖性、创造性和实用性。申请人无正当理由逾期不请求实质审查的，该申请即被视为撤回。国务院专利行政部门认为必要的时候，可以自行对发明专利申请进行实质审查。

(5)授权登记公告。国务院专利行政部门对发明专利申请经实质审查后，没有发现驳回理由的，即作出授予发明专利权的决定并发给专利证书，同时予以登记和公告。发明专利权自公告之日起生效。

四、专利的保护期限

专利权与其他知识产权一样，具有时间性的特征，即专利权只能在法定期限内有效并受到法律保护。专利权在有效期限届满后，原则上不能续展，专利内容向社会公开，任何人都可以随意使用。有些国家对某些专利虽然在特殊情况下允许其续展，但是续展的期限一般都不能超过原来的有效期，且只准续展一次。根据多数国家专利法的规定，在专利有效期内，专利权所有人必须根据法律规定，每年向专利主管部门缴纳专利费，如果不按时缴费，其专利权即告失效。

阅读资料

各国专利法关于专利权的保护都规定了一定的期限,但是期限的长短与计算期限的办法各有不同。大多数国家规定专利权的保护期限为十至二十年。如西方发达国家的专利期限一般多为十五至二十年;发展中国家的情况则比较复杂,有短至五年的,也有长达二十年的。计算期限的方法,多数国家是从提出专利申请之日起算,例如,法国、英国、比利时和卢森堡等国家规定,专利权的期限为从提出申请之日起二十年。少数国家是从授予专利权之日起算,还有些国家是从专利申请被公告之日起算。例如,日本专利法规定,从公告之日起十五年,但不能超过从申请之日起二十年,以较长者为准。

《中华人民共和国专利法》第四十二条规定,发明专利权的期限为二十年,实用新型专利权和外观设计专利权的期限为十年,均自申请日起计算。除中国外,还有许多国家规定专利权的保护期限自申请日起算,1992年法国专利法规定,发明专利权有效期限为二十年,自提交申请之日起算,实用新型专利权有效期限为六年,自提交申请之日起算。美国原专利法规定专利权的保护期限自授权之日起算,但为了履行《知识产权协定》规定的义务,其现行专利法也将专利权保护期的起点定于专利申请日,而不再是专利权授权日。

五、专利的强制许可

(一)专利的强制许可的概念及意义

专利的强制许可是指国家专利主管部门可以不经专利权人的同意,通过行政程序直接允许申请人实施发明专利或者实用新型专利,并向其颁发实施专利的强制许可证。专利的强制许可是相对于专利权人的自愿许可而言的,是国家在保护专利权人合法利益的同时,为了发展本国的国民经济与科学技术事业,为防止专利权人对专利权进行垄断和滥用而采用的措施。专利的强制许可是对专利权极为重要的限制。因此,许多国家在专利法中都规定,取得专利权的发明,必须在当地实施,如果在申请专利之日起满一定期限,或在批准专利之日起满一定期限,没有正当理由而未将其发明付诸实施或未充分实施时,专利主管机关可以根据第三人的申请,不经专利权人的同意,依法发给强制使用许可证,允许第三人在向专利权人支付一定报酬的条件下,可以使用该专利发明。此外,还有一些国家的专利法规定,若在颁布第一个强制使用许可证的一定期限内,该专利的实施情况仍不能达到令人满意的程度,专利主管部门为了满足国民经济或公共利益的需要,可以撤销或征用该项专利。

专利权人的专利被强制许可后,其专利的所有权仍归属专利权人。专利权人仍有权实施其专利,也有权许可他人实施其专利。取得强制许可的人,只有实施该专利的权利,无权再将此项专利转让他人实施。取得实施强制许可的单位或者个人,应当付给专利权人合理的使用费,其数额由双方商定;双方不能达成协议的,由专利行政管理部门裁决。

(二)实施强制许可的情形

根据《中华人民共和国专利法》的相关规定,实施强制许可有如下情形:

(1)滥用专利权。如有专利权人自专利权被授予之日起满三年,且自提出专利申请之日起满四年,无正当理由未实施或者未充分实施其专利的;或是专利权人行使专利权的行为被依法认定为垄断行为,为消除或者减少该行为对竞争产生的不利影响的,国务院专利行政部门根据具备实施条件的单位或者个人的申请,可以给予实施发明专利或者实用新型专利的强制许可。

(2)国家出现紧急状态。在国家出现紧急状态或者非常情况时,或者为了公共利益,国务院专利行政部门可以给予实施发明专利或者实用新型专利的许可。另外,为了公共健康,对取得专利权的药品,国务院专利行政部门可以给予制造并将其出口到符合中华人民共和国参加的有关国际条约规定的国家或者地区的强制许可。

(3)从属专利发明创造。一项取得专利权的发明或者实用新型,比以前已经取得专利权的发明或者实用新型在技术上具有显著经济意义的重大技术进步,其实施又有赖于前一发明或者实用新型的实施的,国务院专利行政部门根据后一专利权人的申请,可以给予实施前一发明或者实用新型专利的强制许可。在依照前款规定给予实施强制许可的情形下,国务院专利行政部门根据前一专利权人的申请,也可以给予实施后一发明或者实用新型的强制许可。

第三节 商标法

一、概述

(一)商标的概念及特征

商标(Trademark)是商品的标志,是商品的生产者、经营者或者服务者为了将自己生产、制造、加工或者销售的商品或提供的服务与他人的商品或服务相区别,而在其商品、包装或服务上使用的便于识别的具有显著特征的可视性标志。任何能够将自然人、法人或者其他组织的商品与他人的商品区别开的标志,包括文字、图形、字母、数字、三维标志、颜色组合和声音等,以及上述要素的组合,均可以作为商标申请注册。

商标具有以下特征:

(1)商标是一种无形的财产。对于经营者而言,商标不单纯是一种标记,还标志着商品或其服务项目的质量、信誉、社会影响及其市场竞争能力,能给经营者带来丰厚的利润。

(2)商标是用于商品或服务上的专用标志,便于社会公众对商品的来源、质量、性能等进行判断。

(3)商标是由文字、图形或者其组合所构成的,具有代表、象征、识别商品或者服务项目的功能。

(4)商标具有显著性的特征,便于识别,能够为消费者从商标的外观进行对照和比较。

(二)商标权

商标权是商标所有人在其商标满足了法定的要求后,向国家商标主管机关申请并经主管机关核准注册,依法获取对其商标享有的专有权,即商标所有人依法对其商标享有占有、使用、收益和处分的权利。从严格意义上来看,商标权应该称为注册商标权。凡未经商标所有人同意,擅自在同种或类似商品上使用与商标所有人相同或近似注册商标的行为,均属侵权行为,该商标所有人有权向商标管理机关或人民法院请求停止侵害,并有权要求侵权者给予损害赔偿。商标所有权人享有的注册商标权主要包括:

(1)专有使用权。商标所有权人在核定使用的商品或服务上专有使用核准注册的商标的权利。这是商标权的最重要内容。

(2)禁止权。商标所有权人在享有专有使用权的同时,还享有禁止他人未经许可使用其注册商标的权利。

(3)许可使用权。在法律许可的范围内,商标所有权人可以通过合同的形式,授权他人使用注册商标。

(4)转让权。商标所有权人可以在法律许可的范围内,将注册商标所有权转让给他人使用。这是商标所有权人对自己财产的处分行为,因为商标是商标所有权人的无形财产,但转让须按照法定程序进行。

(三)商标的分类

商标可从不同的角度进行分类。

(1)按使用对象不同,可分为商品商标与服务商标。前者适用于商品,后者适用于服务。

(2)按构成要素不同,可分为文字商标、图形商标和组合商标,还有立体商标。

(3)按使用目的不同,可分为总商标与产品分商标。前者亦称为营业商标,是指企业将其厂商名称作为商标,固定使用在其生产或者经营的所有产品上,便于消费者识别商品出处,树立企业整体形象。后者是企业对其生产或者经营的各个不同品种、规格的特定商品各使用一个商标,且专门使用于该特定商品。

还有其他类型的商标,如证明商标、集体商标、地理商标等。证明商标是指由对某种商品或者服务具有监督能力的组织所控制,而由该组织以外的单位或者个人使用于其商品或者服务,用以证明该商品或者服务的原产地、原料、制造方法、质量或者其他特定品质的标志。集体商标是指以团体、协会或者其他组织名义注册,供该组织成员在商事活动中使用,以表明使用者在该组织中的成员资格的标志。地理商标是标示某商品来源于某地区,该商品的特定质量、信誉或其他特征主要由该地区的自然因素或人为因素所决定的标志。

二、商标权的取得

(一)取得商标权的原则

1.各国对取得商标权的不同规定

对于取得商标权的资质问题,各国的商标法有不同的规定,主要有三种情况:

(1)注册在先原则

在采用这种制度的国家中,商标的注册是取得商标权的必要法律程序。注册商标拥有者的权利可以压倒任何其他人的权利,包括首先使用人的权利。

阅读资料

法国商标法规定,商标的所有权只有通过首先有效的申请注册而取得,仅凭使用商标的事实不能产生任何权利。因此,如果商标的首先使用人未能及时办理注册手续,而被别人将该商标抢先注册,则该商标的首先使用人就无法取得该商标的所有权。目前,大多数国家,如日本、法国、德国、意大利、比利时、丹麦、荷兰、卢森堡、希腊、埃及、伊朗、墨西哥、秘鲁等,还有多数拉丁美洲国家以及俄罗斯和东欧一些国家,均采用这种制度。在采用这种制度的国家里,确定商标注册申请日是十分重要的问题,因为这涉及如果遇有两个以上的申请人就同一商标或类似商标提出注册申请谁会获得批准的问题。另外,若两个以上的申请人就同一商标或类似商标同一时间提出注册申请又该如何处理?有些国家允许两个以上的申请人作为该商标的共同所有人,还有些国家则要求由各申请人自行协商,推选其中的一个人提出申请。例如,日本商标法规定,如果申请人直接向专利厅提出申请,以专利厅收到申请文件的当天为申请日;如果通过邮局寄出申请,则以邮戳时间为申请日;如果一天内有两个以上的申请人,就相同或类似的商品提出两个以上的相同或类似商标的申请,专利厅将让申请人之间互相协商,只能由一人提出申请,如果申请人之间通过协商不能解决,则采用抽签的方法确定。

(2)使用在先原则

使用在先原则是指商标的首先使用人有权取得商标的所有权,而不论其是否办理了商标注册手续,法律都予以承认与保护。

这种制度保护的是商标的首先使用人的权利,但是对商标的注册人不利,因为办理商标注册手续只具有"声明"的性质,不能确定商标权的真正归属,使商标注册人的权利处于不确定的状态,它随时有遭到商标的首先使用人提出异议、要求对注册商标予以撤销的可能。同时,它使商标的注册徒有虚名,不能起到确定商标所有权的作用。因此,目前只有列支敦士登、挪威、菲律宾等少数国家采用这一原则。

(3)混合原则

这种制度实际上是上述两种制度的折中,即以在规定期限内无人对已注册的商标提出指控决定商标的所有权。根据这种制度,一个人只要首先使用了某个商标,即使未经注册,也受到法律的保护,他可以阻止别人注册同样或相似的商标;如果别人已将该商标注册,他也可以对此提出异议,要求宣告该项注册无效。但是,如果在法律规定的期限内,没有人对业已注册的商标提出异议,则该商标的注册人就可以取得无可辩驳的商标权。

阅读资料

根据美国联邦商标法的规定,商标的注册申请人必须证明该商标已经实际使用,才能申请注册。这说明美国采用混合原则,要求商标注册申请以实际使用为前提条件,商标注册是享有该商标的所有权的初步证据,任何第三人都可以在批准注册后五年之内提出异议,五年期限届满以后,任何第三人都不得再提出异议和要求法院撤销已注册的商标。1938年《英国商标法》也实行这种制度。目前,除了美国和英国外,许多英联邦成员国,如澳大利亚、加拿大、印度、新西兰和斯里兰卡等国家,以及奥地利、西班牙、科威特等国家的商标法都采用这种制度。

另外,有些国家为了保护商标首先使用人的权利,在授予商标注册人的商标权的同时,允许首先使用该商标但未办理注册手续的人继续使用该商标。例如,英国商标法规定,商标的首先注册人无权限制与干涉该商标的首先使用人继续使用该商标。斯里兰卡、沙特阿拉伯、冰岛等国家也有类似的规定。但是,商标首先使用人的权利仅限于自己使用该商标,或只能在将其业务转让给别人的同时连同商标一起转让,并不能像商标的注册所有人那样可以任意将商标的使用权转让给别人。

2. 中国实行商标注册原则

中国实行商标注册原则,即以注册作为取得商标专用权的必要条件,经注册的商标受法律保护,未经注册的商标不受法律保护。《中华人民共和国商标法》第四条规定:"自然人、法人或者其他组织在生产经营活动中,对其商品或者服务需要取得商标专用权的,应当向商标局申请商标注册。不以使用为目的的恶意商标注册申请,应当予以驳回。"经商标局核准注册后,该商标的注册人即享有专用权,受法律保护。

两个以上的自然人、法人或者其他组织可以共同向商标局申请注册同一商标,共同享有和行使该商标专用权。如果有两个或两个以上的商标注册申请人,就同一种商品或类似商品,以相同或者近似的商标申请注册的,初步审定并公告申请在先的商标;同一天申请的,初步审定并公告使用在先的商标,驳回其他人的申请,不予以公告。

中国实行商标自愿注册原则,但是为了加强对与国计民生休戚相关的少数商品的管理,对部分商品商标实行强制注册。如《中华人民共和国商标法》第六条规定:"法律、行政法规规定必须使用注册商标的商品,必须申请商标注册,未经核准注册的,不得在市场销售。"中国规定必须使用注册商标的法律主要有《中华人民共和国烟草专卖法》。《中华人民共和国烟草专卖法》规定,卷烟、雪茄烟和有包装的烟丝必须申请商标注册,未经核准注册的,不得生产、销售。

(二)商标注册程序

1. 各国商标注册的基本程序

(1)申请。各国商标法一般都要求申请人提交书面申请,具体说明申请人的名称、国籍、居住地与使用该商标的商品名称和商品分类的类别等,还要求申请人提交一定尺寸的商标图样与印版一式数份,并且必须根据规定缴纳申请费用。

(2)审查。主管部门在接到商标注册申请后,要对申请进行审查。有些国家只对申请进行形式审查,即只审查申请文件和手续是否完备;有些国家除进行形式审查外,还要进行实质审查,即审查商标的内容是否具有新颖性以及是否符合该国法律的要求。

(3)公布。经审查认为申请人有资格取得商标注册,即将该项申请在官方商标公报上予以公布,时间一般为三个月。在此期间,任何人如果认为该商标不符合法律的要求或认为该商标与已注册的商标相同或相类似,可以向商标主管部门或有管辖权的法院提出异议。

(4)颁布证书。若在规定的期限内无人提出异议,则可以准予注册,并由商标主管部门颁发注册证书。

2. 外国人申请商标注册的规定

根据各国商标法的规定,对于外国人申请商标注册,一般都给予国民待遇。但是在实行国民待遇原则时,各国的一些具体规定不尽相同,主要表现在以下三个方面。

(1)互惠原则。有些国家的商标法规定,外国人在该国申请商标注册,必须遵循互惠原则,即如果该外国人所属国家允许该国国民办理商标注册,该国也允许其注册,否则就不允许其在该国注册。

(2)提供本国商标注册登记证书。有些国家的商标法规定,外国人在申请商标注册时,必须提交本国相应的注册登记证书。也就是说,只有先在本国获准注册的商标,才能在该外国办理注册手续。

(3)商标注册代理。大多数国家的商标法都规定,外国人要在该国办理商标注册,必须在该国设有营业所或住所,否则必须委托在该国设有营业所或住所的代理人代为办理。有的国家虽然允许外国人直接申请注册,但是由于外国人一般不太了解该国的法律规定与注册手续,办理起来较复杂,因此一般多委托注册国的代理人代为办理。

《中华人民共和国商标法》规定,外国人或者外国企业在中国申请商标注册与办理其他商标事宜的,应当委托依法设立的商标代理机构办理。外国人或者外国企业,是指在中国没有经常居所或者营业所的外国人或者外国企业。

3. 中国商标注册的一般程序

(1)申请

每一个商标注册申请人必须事先向其所在地的市、县商标主管部门(商标局)提交商标注册申请书一份,商标图样一份,以颜色组合或者着色图样申请商标注册的,应当提交着色图样,并提交黑白稿一份;不指定颜色的,应当提交黑白图样,并按规定的商品分类表填报使用商标的商品类别和商品名称。提出注册申请商标注册的申请日期以商标局收到申请文件的日期为准。商标注册申请手续齐备并按照规定填写申请文件并缴纳费用的,编定申请号后,商标局向申请人发送受理通知书。

(2)审查

商标局依《中华人民共和国商标法》的相关规定,对申请注册的商标进行初步审定,包括形式审查和实质审查。

形式审查是对商标注册申请书、手续是否符合法律规定的审查,主要就申请书的填写是否属实、准确、清晰和有关手续是否完备进行审查。通过形式审查决定商标注册申请能否受理。

实质审查是对商标是否具备注册条件的审查。实质审查的内容包括：商标是否违背商标法的禁用条款；商标是否具备法定的构成要素，是否具有显著性特征；商标是否与他人在同一种或类似商标上注册的商标相混同，是否与申请在先的商标及已撤销、失效并不满一年的注册商标相混同。

(3) 初步审定

对申请注册的商标，商标局应当自收到商标注册申请文件之日起九个月内审查完毕，对符合《中华人民共和国商标法》有关规定的商标，得出可以核准注册的结论，即予以初步审定公告；对于不符合《中华人民共和国商标法》商标注册有关规定的商标，或者同他人在同一种商品或者类似商品上已经注册的或者初步审定的商标相同或者近似的，驳回申请，不予公告。

商标局认为商标注册申请内容需要说明或者可以修正的，可以要求申请人作出说明或者修正。申请人未作出说明或者修正的，不影响商标局作出审查决定。

对驳回申请、不予公告的商标，商标局应当书面通知商标注册申请人。商标注册申请人不服的，可以自收到通知之日起十五日内向商标评审委员会申请复审。商标评审委员会应当自收到申请之日起九个月内作出决定，并书面通知申请人。有特殊情况需要延长的，经国务院工商行政管理部门批准，可以延长三个月。当事人对商标评审委员会的决定不服的，可以自收到通知之日起三十日内向人民法院起诉。

(4) 异议程序

商标异议是指对初步审定予以公告的商标提出反对意见，要求撤销初步审定的商标。对初步审定的商标，自公告之日起三个月内，在先权利人、利害关系人均可提出异议。对初步审定公告的商标提出异议的，异议人应当将"商标异议书"一式两份交送商标局，被异议人应在收到通知之日起三十日内答辩；期满不答辩的，由商标局裁定并通知有关当事人。对初步审定公告的商标提出异议的，商标局应当听取异议人和被异议人陈述事实和理由，经调查核实后，自公告期满之日起十二个月内作出是否准予注册的决定，并书面通知异议人和被异议人。有特殊情况需要延长的，经国务院工商行政管理部门批准，可以延长六个月。

被提出异议的商标在异议裁定生效前公告注册的，该商标的注册公告无效。商标局作出不予注册决定，被异议人对商标局异议裁定不服的，可以在收到商标异议裁定通知之日起十五日内，将商标异议复审申请书一式两份交送商标评审委员会申请复审。商标评审委员会将依据当事人提供的证据和陈述的理由，收到申请之日起十二个月内作出复审决定，并书面通知异议人和被异议人。

(5) 核准注册

对初步审定公告的商标，自公告之日起三个月内，公告期满无异议的，予以核准注册，颁发商标注册证，并予公告。商标注册申请人自其商标核准注册之日起，成为商标权人，享有商标权。

三、注册商标的有效期与续展

(一)注册商标的有效期

注册商标的有效期是指注册商标具有法律效力的期限。各国的商标法对注册商标都规定了一定的保护期限。

阅读资料

> 注册商标的有效期最长的为二十年,例如,美国、瑞士、意大利、西班牙、菲律宾和厄瓜多尔等国的法律规定为二十年;一般为十至十五年,如加拿大、伊拉克和叙利亚等国家规定为十五年,日本、法国、德国、奥地利、瑞典、丹麦、挪威、比利时、荷兰、卢森堡、希腊、泰国以及大多数中东与拉丁美洲国家的法律规定为十年;另外,如英国与一些英联邦国家则规定为七年,最短的为五年。

(二)注册商标的续展

在有效保护期限届满以后,商标所有人可以要求续展。注册商标的续展是指注册商标有效期的延续。

各国商标法明确规定,注册商标的保护期限届满后,其所有人可以办理续展手续,要求续展保护期限。续展的期限一般与注册的有效期限相等,但也有一些国家的法律规定经续展后的保护期可长于注册的有效保护期。例如,《英国商标法》规定,注册商标的有效期为七年,而续展后的保护期为十四年。

各国商标法对续展的次数都没有加以任何限制。因此,只要商标所有人按期办理续展手续,并缴纳规定的费用,其注册商标就可以长期受到法律的保护。但是,如果商标所有人不按期办理续展手续,则有关主管部门在该商标的有效期届满后,可以依法撤销其商标注册,商标所有人不再享有商标权。

(三)中国关于注册商标的有效期与续展的法律规定

《中华人民共和国商标法》第三十九条规定:"注册商标的有效期为十年,自核准注册之日起计算。"

《中华人民共和国商标法》第四十条规定:"注册商标有效期满,需要继续使用的,商标注册人应当在期满前十二个月内按照规定办理续展手续;在此期间未能办理的,可以给予六个月的宽展期。每次续展注册的有效期为十年,自该商标上一届有效期满次日起计算。期满未办理续展手续的,注销其注册商标。商标局应当对续展注册的商标予以公告。"

四、注册商标的撤销

商标在获准注册后,如果出现下列情况,商标主管部门可以依法撤销其注册:
(1)第三人的异议成立。

(2)有效期届满,未按时办理续展。

(3)不使用。

根据大多数国家商标法的规定,商标在获准注册之后,必须付诸使用。如果在规定的期限内不予以使用,又无正当的理由,经第三人提出要求,有关主管部门可以撤销其注册。该期限一般为三年或五年。例如,瑞士《商标法》规定为三年,英国《商标法》规定为五年。

《中华人民共和国商标法》第四十九条规定:"商标注册人在使用注册商标的过程中,自行改变注册商标、注册人名义、地址或者其他注册事项的,由地方工商行政管理部门责令限期改正;期满不改正的,由商标局撤销其注册商标。注册商标成为其核定使用的商品的通用名称或者没有正当理由连续三年不使用的,任何单位或者个人可以向商标局申请撤销该注册商标。商标局应当自收到申请之日起九个月内做出决定。有特殊情况需要延长的,经国务院工商行政管理部门批准,可以延长三个月。"

第四节　著作权法

一、概述

著作权是指作者及其他著作权人对文学、科学和艺术作品依法享有的专有性人身权利和财产权利等专有权利的总称。作为一种民事权利,著作权具有民事权利的性质和特征,既具有财产权可让与性、有期限性和可继承性,又具有人身权的不可让与性和永久性。著作权是一种绝对的专属权,因为它的行使,是以其他义务人的不作为来保障与实现的。

著作权通常有狭义和广义之分。狭义的著作权是指作者依法享有的权利,包括著作人身权和著作财产权;广义的著作权除包含狭义的著作权内容外,还包括著作邻接权,即作品传播者依法享有的权利,主要是指艺术表演者,录音、录像制作者和广播电视组织的权利。

知识拓展 ZHISHI TUOZHAN

著作权亦称版权。各国知识产权法学者都认为著作权是随着印刷术的采用而出现的,只不过最初的著作权更接近于"版权"的原始之意,即翻印权,并未发展到对作者权利的保护。原始版权保护制度起源于我国宋朝,宋神宗继位(公元1068年)之前,朝廷曾颁布"禁擅镌"的命令。15世纪末,威尼斯共和国授予印刷商冯·施贝叶为期5年的印刷出版专有权,被认为是西方第一个由统治政权颁发的保护翻印之权的特许令。欧洲第一个要求享有"作者权"(对印刷商无偿占有作者的精神创作成果提出抗议)的是德国宗教改革的领袖马丁·路德。

著作权法是指调整因著作权的产生、控制、利用和支配而产生的社会关系的法律规范的总称。

阅读资料

1709年,英国议会通过了世界上第一部著作权法,名为《为鼓励知识创作而授予作者及购买者就其已印刷成册的图书在一定时期内之权利法》,又被称为《安娜法令》。法国1791年颁布《表演权法》,1793年颁布《作者权法》,使著作权法离开了"印刷""出版"的基点,成为名副其实的保护作者权的法律。在法国之后建立版权保护制度的多数大陆法系国家,都沿用了法国著作权制度的"作者权"概念,作为与英文"版权"相对应的术语。日本的著作权法引自德国,"著作权"的日文含义即"著作权人的权利",与作者权等同。著作权立法在现代化、国际化潮流的推动下,"版权"体系的英美法系国家和"作者权"体系的大陆法系国家在基本原则、基本制度方面已出现相当程度的整合和趋同。

二、著作权的主体

著作权的主体称为著作权人,就是依法对于文学、艺术和科学作品享有著作权保护的人。著作权的主体一般分为两类:原始主体和继受主体。

(1)原始主体。原始主体是指在通过自己的创作活动或委托他人创作完成某一作品后,直接依据法律规定或者合同约定,对著作权客体行使著作权的人。在一般情况下,原始主体为作者,但委托作品、职务作品中的出资人和雇主,在有合约规定且无其他基础性权利的情形下,也可以成为原始主体。

(2)继受主体。继受主体是指通过受让、继承、受赠或者法律规定的其他方式取得全部或者一部分著作权的人,如继承人、受遗赠人、作品原件的合法持有者等。继受主体的权利源于原始主体。

应当注意的是,原始主体可以获得完整的著作权,包括著作权中的人身权和财产权;但继受主体则不可能获得完整的著作权,只能获得著作权中的财产权,而著作权中的部分人身权,如署名权等,是专属于原始创作者,无法转让给他人。

根据《中华人民共和国著作权法》的规定,著作权人包括作者以及其他依法享有著作权的自然人、法人或者非法人组织。在实践中,还存在着一些作品,对其著作权主体的确认比较特殊。《中华人民共和国著作权法》对著作权主体的归属作了专门规定,主要有以下几种:

(1)演绎作品的著作权。演绎作品,是指改编、翻译、注释、整理已有作品而产生的作品,其著作权由改编、翻译、注释、整理人所有,但前提是,该演绎行为的行使不得侵犯原作品的著作权。

(2)合作作品的著作权。合作作品,是指两人以上合作创作的作品,依照法律,其著作权由合作者共同享有。对于可以分割使用的合作作品,作者对各自创作的部分可以单独享有著作权,但行使著作权时不得侵害合作作品整体的著作权。

(3)汇编作品的著作权。汇编作品,是指将若干作品、作品的片段或者不构成作品的数据或者其他材料进行汇编,对其内容进行选择和编排以体现其独创性而成的作品,此类作品的著作权由汇编人享有,但是在行使该权利时,不得侵犯原作品的著作权。

(4)电影作品和类似摄制电影的方法创作的作品的著作权。此类作品的著作权由制片者享有,但编剧、导演、摄影、作词、作曲等作者享有署名权,并有权按照与制片者签订的合同获得报酬。电影作品和以类似摄制电影的方法创作的作品中的剧本、音乐等可以单独使用的作品的作者有权单独行使其著作权。

(5)职务作品的著作权。职务作品是公民为完成法人或者其他组织工作任务所创作的作品。此类作品著作权分两类对待,公民为完成单位任务而创作的作品,原则上公民享有完整的著作权,但法人或者其他组织有权在其业务范围内优先使用。作品完成两年内,未经单位同意,作者不得许可第三人以与单位使用的相同方式使用该作品。

有下列情形之一的职务作品,作者享有署名权,著作权的其他权利由法人或者其他组织享有,法人或者其他组织可以给予作者奖励:

①主要是利用法人或者其他组织的物质技术条件创作,并由法人或者其他组织承担责任的工程设计图、产品设计图、地图、计算机软件等职务作品。

②法律、行政法规规定或者合同约定著作权由法人或者其他组织享有的职务作品。

(6)委托作品的著作权。受委托创作的作品,著作权的归属由委托人和受托人通过合同约定。合同未做明确约定或者没有订立合同的,著作权归受托人。

(7)原件所有权转移作品的著作权。美术等作品原件所有权的转移,不视为作品著作权的转移,但美术作品原件的展览权由原件所有人享有。

三、著作权的客体

(一)著作权保护的客体的特征

著作权保护的客体是指以某种物质形式所表现的创作活动的产物,即一定的作品,通常是指作者创作的文学、艺术和科学作品。一件作品要成为著作权客体,必须具备以下三个特点:

(1)独创性。这是作品受到保护的实质条件,是法律保护作品表达方式的客观依据。所谓独创性,是指作品必须是由作者独立构思、创作活动的产物,作品内容和形式上都不与他人已经发表的作品相同,即不是抄袭、剽窃或者篡改他人的作品。

(2)可复制性。不论作品的内容如何,作品都必须能够以一定的客观物质形式表现出来,使他人能够直接或间接地看到、听到或接触到(如盲文),即被外界所感知,并能通过印刷、绘画、录制等手段予以复制。

(3)合法性。合法性包括两个方面:首先,作品表现的客观形式应当是法律所允许的;其次,作品的内容不应当违背法律法规和公共利益。

任何作品只要具备以上三个特点,不管其思想内容是否与其他作品相同,都可以受到著作权法的保护。相反,尚未以一定的物质形式体现出来的人的思想,是不能得到著作权法保护的。也就是说,著作权所保护的是作品的"独创的表达形式",而不是作品的内容和实质。这是著作权与专利权、商标权的一个重要区别。

(二)著作权保护的客体的范围

著作权保护的作品内容广泛,形式多样,各国对此方面的规定都不完全相同。归纳起来,大体可以分为以下几类:(一)文字作品(著作、小册子、单篇文章及其他文字作品);(二)口头作品(讲学、演说、布道及其他口头作品);(三)音乐作品;(四)戏剧作品与戏剧音乐作品;(五)舞蹈作品与哑剧作品;(六)艺术作品(油画、绘画、版画、雕刻、雕塑与其他造型艺术作品);(七)摄影作品;(八)电影作品;(九)录音与录像作品;(十)电视与广播作品;(十一)辞典、百科全书、文选、诗集与画集等;(十二)与地理、地形、建筑或科学有关的示意图、地图、设计图与模型作品;(十三)利用已有的文学、艺术与科学作品进行改编、翻译与注释等而形成的演绎作品。

此外,随着科学技术日新月异的发展,计算机程序的法律保护问题已经被提上议事日程。美国在1980年增补其新版权法时,第一个把计算机程序列为著作权法保护的对象,在此之后越来越多的国家也将计算机程序纳入著作权保护的范畴。

通常,各国的著作权法还规定,政府的法律、条例、行政命令与法院判决等官方文件,报纸与电台的新闻报道,公开的政治演说,属于公共财富的常识性的作品,如标语、口号、表册、日历与度量衡表等,都不在著作权的保护之列。此外,对于诽谤性的、淫秽色情的以及故意欺骗公众的作品,一般各国都拒绝予以著作权保护。

《中华人民共和国著作权法》适应了著作权客体范围不断扩大这一趋势,其第三条将文学、艺术和科学领域内的作品分为以下九类:

(1)文字作品。文字作品是指以文学、符号、数字等为要素创作的作品,范围比较广泛。文字作品主要包括:以文学表现的小说、诗歌、散文、译著、剧本、科研报告、专著、工具书等作品;以数字表现的统计报表;以符号表现的盲文读物;综合运用文字、数字和符号表现的各种作品。

(2)口述作品。口述作品又称口头作品,是指以口头语言创作的,未以任何物质载体固定的作品,如即兴的演讲、诗歌辞赋、法庭辩论、授课和以口头表达的致辞、歌唱、讲编故事等。作者的思想感情不是通过文字来表达的,而是通过口头方式来进行表述。

(3)音乐、戏剧、曲艺、舞蹈、杂技艺术作品。音乐作品,是指以乐谱形式或者未以乐谱形式表现的能够演唱或演奏的带词的或者不带词的作品,如交响乐、歌曲、以简谱或者五线谱写的乐曲等。戏剧作品,是指将人的连续动作同人的说唱表白有机编排在一起,通过舞台表演来反映某一事物变化过程的舞台演出作品,如话剧、歌剧、地方戏剧、广播剧等。曲艺作品,是指中国特有的相声、快板、大鼓、评书等以说唱为主要表演形式的作品。舞蹈作品,是指通过人体连续的动作、姿势、表情表现的作品,可以以录像等形式固定,也可以是未加固定的动作;杂技艺术作品,是指以健美有力的形体动作和灵巧迅速的手法表现各种高难度技术的作品。

(4)美术、建筑作品。美术作品,是指绘画、雕刻等以线条、色彩或者其他方式构成的具有审美意义的书面或者立体的造型艺术作品,具体又分为实用和纯艺术两种类型。建筑作品,是指通过一定的形状、色彩、线条来表现某种个性与美感的建筑物,其与建造所采用的材料和技术无关,但必须非纯粹为实用目的建设的房屋。

(5)摄影作品。摄影作品是指非纯复制摄影作品(如翻拍的文书)之外的,借助于器材,在感光材料上记录客观物体形象的艺术作品。

(6)视听作品。视听作品是指通过机械装置能直接为人的视觉和听觉所感知的作品。视听作品包括有声电影、电视、录像作品和其他录制在磁带、唱片或类似这一方面上的配音图像作品等。

(7)工程设计图、产品设计图、地图、示意图等图形作品和模型作品。工程设计图、产品设计图是指为了施工和生产,利用各种线条绘制的,用以说明工程实物基本结构和造型的平面图案、图样及相关文字说明;地图、示意图等是指反映一定自然现象或者社会现象,说明事物原理或者结构的图形作品。

(8)计算机软件。计算机软件是指由一定计算机指令构成的集合体,如计算机程序及其相关文档,目的在于使计算机发挥功能并进行结果运算。

(9)符合作品特征的其他智力成果。

此外,《中华人民共和国著作权法》还对不适用著作权法保护的作品作了规定,共有四类:

(1)法律、法规、国家机关的决议、决定、命令和其他具有立法、行政、司法性质的文件,及其官方正式译文;

(2)单纯事实消息;

(3)历法、通用数表、通用表格和公式。

四、著作权的内容

著作权的内容,是指由著作权法保护或承认的作者和其他著作权人所拥有的权利。具体来说,作者对其作品的著作专有权包含两个方面的内容:人身权和财产权。虽然各国的著作权法都保护著作权人的著作权,但根据各国的著作权法和国际版权公约的相关规定,除了强调保护作者和其他著作权人的正当权益外,还规定在一定条件下,为了公众和社会利益,为了发展科学文化的需要,可以不经著作权所有人的同意而无偿地利用其拥有著作权的作品,这就是对著作权人的权利限制或合理使用。

(一)著作权中的人身权

著作权中的人身权,又称作者人格权,是指作者基于作品依法所享有的以人身利益为内容的权利,这是一种与作者人身不可分割的权利。这种人身权利只能由作者本人享有,而其他人都不能享有,它的转让、继承与剥夺也受到一定的限制。此外,人身权利可以不依赖财产权利而存在,在财产权利转让后,作者仍然保留着人身权利。大多数国家的法律对作者的人身权利的保护是没有限制的。作者死后,他的部分人身权利一般可以由其继承人依法进行保护,如果作者没有合法继承人,则由相应的作者协会或作者生前的所属组织依法进行保护,还有国家规定由作者生前的所属组织进行保护。

《中华人民共和国著作权法》第十条规定了著作人身权具体包括以下四种:

(1)发表权。即决定作品是否公之于众的权利。该权利是著作权中最重要的权利,也是我国宪法赋予公民言论出版权在著作权法中的重要体现。

(2)署名权。即作者在作品上署名表明作者身份的权利。该权利是确认并且保障创作人身份的重要权利。《中华人民共和国著作权法》规定,在作品上署名的自然人、法人或者非法人组织为作者。署名权具体包括作者在作品上是否署名、署何名、以何顺序署名以及排斥一切外来干涉的权利。作者在作品上不署名并不等于放弃署名权,这也是作者行使署名权的一种方式。署名权具有强烈的人身权的特点,它具有永久性(而非终身性),无保护期的限制,不得转让、继承、放弃。

(3)修改权。即修改或者授权他人修改作品的权利。首先,作者有权对自己的作品进行修改;其次,作者可以授权他人修改,他人未经授权而对作品进行修改,都会构成对作者修改权的侵犯。但是,报社、期刊社对作品进行文字性修改、删节,可以不必征求作者的同意,对作品内容的修改,应当经作者许可。

(4)保护作品完整权。即保护作品不受歪曲、篡改的权利。保护作品完整权是修改权在内容上的进一步延伸。不仅禁止对原作品进行修改,而且禁止他人在再创作的过程中(如翻译、表演等方式)对作品进行歪曲性的改动。该权利的保护期没有限制,作者死后,该权利被作者继承人或者受遗赠人继受,无人继承又无人受赠的,由著作权行政管理部门保护。

(二)著作权中的财产权

著作权中的财产权,又称经济权利,是指作者或其他著作权人通过各种方式利用其作品或通过许可他人使用其作品而获得经济利益的权利。通常是作者或其他著作权人将其作品的全部或一部分支配利用权转让给他人,或授权他人使用,而受让人或被许可使用人按约定或法律规定向作者支付相应的报酬。

知识拓展 ZHISHI TUOZHAN

> 著作权中的财产权与人身权不同的是,它可以转让、赠送、继承或放弃,并且该种权利的保护期和保护空间有限。在英国、美国与其他英美法系国家,著作权被看成是一种个人的流动财产,作者可以通过签订合同的方式将他的版权部分或全部地转让给他人。而在法国、德国与其他大陆法系国家,著作权则被认为是一种与作者本人不可分割的个人权利,因此,不能作为流动财产转让,但是可以作为使用权转让,通常采取发放许可证的方式允许他人行使其版权中的某些权利。著作权除了可以通过合同或许可证的方式转让以及继承的方式转让外,还可以因国家收购而转移。

根据《中华人民共和国著作权法》第十条的规定,著作财产权具体包括以下十三种:

(1)复制权。即以印刷、复印、拓印、录音、录像、翻录、翻拍、数字化等方式将作品制作一份或者多份的权利。

(2)发行权。即以出售或者赠与方式向公众提供作品的原件或者复制件的权利。

(3)出租权。即有偿许可他人临时使用视听作品、计算机软件的原件或者复制件的权利,计算机软件不是出租的主要标的的除外。

(4)展览权。即公开陈列美术作品、摄影作品的原件或者复制件的权利。

(5)表演权。即公开表演作品,以及用各种手段公开播送作品的表演的权利。

(6)放映权。即通过放映机、幻灯机等技术设备公开再现美术、摄影、视听作品等的权利。

(7)广播权。即以有线或者无线方式公开传播或者转播作品,以及通过扩音器或者其他传送符号、声音、图像的类似工具向公众传播广播的作品的权利,但不包括本款第十二项规定的权利。

(8)信息网络传播权。即以有线或者无线方式向公众提供,使公众可以在其选定的时间和地点获得作品的权利。

(9)摄制权。即以摄制视听作品的方法将作品固定在载体上的权利。

(10)改编权。即改变作品,创作出具有独创性的新作品的权利。

(11)翻译权。即将作品从一种语言文字转换成另一种语言文字的权利。

(12)汇编权。即将作品或者作品的片段通过选择或者编排,汇集成新作品的权利。

(13)应当由著作权人享有的其他权利。

(三)著作权的合理使用

合理使用是指在法律规定的情形下,按照法律规定的条件使用他人作品的,可以不经著作权人许可,不向其支付报酬的制度。《中华人民共和国著作权法》第二十四条规定,在下列情况下使用作品,可以不经著作权人许可,不向其支付报酬,但应当指明作者姓名或者名称、作品名称,并且不得影响该作品的正常使用,也不得不合理地损害著作权人的合法权益:

(1)为个人学习、研究或者欣赏,使用他人已经发表的作品;

(2)为介绍、评论某一作品或者说明某一问题,在作品中适当引用他人已经发表的作品;

(3)为报道新闻,在报纸、期刊、广播电台、电视台等媒体中不可避免地再现或者引用已经发表的作品;

(4)报纸、期刊、广播电台、电视台等媒体刊登或者播放其他报纸、期刊、广播电台、电视台等媒体已经发表的关于政治、经济、宗教问题的时事性文章,但著作权人声明不许刊登、播放的除外;

(5)报纸、期刊、广播电台、电视台等媒体刊登或者播放在公众集会上发表的讲话,但作者声明不许刊登、播放的除外;

(6)为学校课堂教学或者科学研究,翻译、改编、汇编、播放或者少量复制已经发表的作品,供教学或者科研人员使用,但不得出版发行;

(7)国家机关为执行公务在合理范围内使用已经发表的作品;

(8)图书馆、档案馆、纪念馆、博物馆、美术馆、文化馆等为陈列或者保存版本的需要,复制本馆收藏的作品;

(9)免费表演已经发表的作品,该表演未向公众收取费用,也未向表演者支付报酬,且不以营利为目的;

(10)对设置或者陈列在公共场所的艺术作品进行临摹、绘画、摄影、录像;

(11)将中国公民、法人或者非法人组织已经发表的以国家通用语言文字创作的作品翻译成少数民族语言文字作品在国内出版发行;

(12)以阅读障碍者能够感知的无障碍方式向其提供已经发表的作品;

(13)法律、行政法规规定的其他情形。

《中华人民共和国著作权法》第二十五条规定,为实施义务教育和国家教育规划而编写出版教科书,可以不经著作权人许可,在教科书中汇编已经发表的作品片段或者短小的文字作品、音乐作品或者单幅的美术作品、摄影作品、图形作品,但应当按照规定向著作权人支付报酬,指明作者姓名或者名称、作品名称,并且不得侵犯著作权人依照本法享有的其他权利。

五、著作权的取得和保护期限

(一)著作权的取得

关于著作权的取得方式,众多国家的著作权法和国际公约均采用自动保护原则,即作品一旦产生,便自动受到法律的保护。作者及其作品享受著作权的保护,不需要履行任何手续,不必登记注册,不必送交样本,不必在出版物上刊载任何形式的标记。

《中华人民共和国著作权法》第二条规定:"中国公民、法人或者非法人组织的作品,不论是否发表,依照本法享有著作权。外国人、无国籍人的作品根据其作者所属国或者经常居住地国同中国签订的协议或者共同参加的国际条约享有的著作权,受本法保护。外国人、无国籍人的作品首先在中国境内出版的,依照本法享有著作权。未与中国签订协议或者共同参加国际条约的国家的作者以及无国籍人的作品首次在中国参加的国际条约的成员国出版的,或者在成员国和非成员国同时出版的,受本法保护。"

以上规定表明,作品创作完成之日,即为著作权产生之日,无须履行审查、登记手续。作品有初稿、定稿的,应该以定稿为准。但是外国人或无国籍人的作品,视具体情况而定,一般情况下,其作品首先在中国境内出版的可享有著作权。

(二)著作权的保护期限

著作权的保护期限,是著作权受保护的有效期,一旦著作权保护期届满,作品即进入公共领域,不再受到著作权法的保护,而成为社会的公共财富。著作权的保护期由于权利的内容及主体的不同而有所不同。《中华人民共和国著作权法》针对不同著作权利类型的保护期限采用不同的计算方法:

(1)对于著作人身权中的署名权、修改权和保护作品完整权无保护期的限制,永久地受到法律的保护。

(2)对于著作人身权中的发表权和著作财产权的保护期则有时间的限制。具体来说,分为以下几种情况:

①自然人的作品。其发表权以及《中华人民共和国著作权法》第十条第一款第五项至第十七项规定的权利的保护期为作者终生及其死亡后五十年,截止于作者死亡后第五十年的12月31日;如果是合作作品,截止于最后死亡的作者死亡后第五十年的12月31日。

②法人或者非法人组织的作品、著作权(署名权除外)由法人或者非法人组织享有的职务作品,其发表权的保护期为五十年,截止于作品创作完成后第五十年的12月31日;《中华人民共和国著作权法》第十条第一款第五项至第十七项规定的权利的保护期为五十年,截止于作品首次发表后第五十年的12月31日,但作品自创作完成后五十年内未发表的,《中华人民共和国著作权法》不再保护。

③视听作品,其发表权的保护期为五十年,截止于作品创作完成后第五十年的 12 月 31 日;《中华人民共和国著作权法》第十条第一款第五项至第十七项规定的权利的保护期为五十年,截止于作品首次发表后第五十年的 12 月 31 日,但作品自创作完成后五十年内未发表的,《中华人民共和国著作权法》不再保护。

第五节 知识产权的国际保护

一、概述

知识产权具有地域性的特点,即只能依照一国法律取得知识产权,其效力只及于一国主权范围之内,只能在该国境内受到保护,其他国家没有保护的义务。

随着国际贸易的持续发展,国际社会交往日益频繁,越来越多的知识产权逐渐走进他国领域。但是,知识产权的地域性特点令其得不到他国法律有效的保护,从而大大降低其在国外的市场竞争力,并且会令知识产权所有人面临巨大的经济损失;反过来看,知识产权的地域性特点还将会成为严重阻碍知识产权跨越国界的阻力,令无法引进他国知识产权的国家的科学技术发展受到极大的负面影响,从而阻碍该国的经济建设和发展。鉴于此,各国逐渐意识到要解决知识产权地域性带来的不利影响的根本途径,就是加强知识产权的国际保护,突破知识产权保护中地域的局限性。各国除了签订国家与国家之间的双边协定外,国家之间还先后缔结或参加了保护知识产权的国际公约,全球性或区域性的保护知识产权的国际组织也逐渐建立起来,形成了一套世界范围内的知识产权国际保护法律体系。

二、保护知识产权的国际组织

(一)世界知识产权组织

1. WIPO 概述

世界知识产权组织(World Intellectual Property Organization,简称 WIPO),总部设在瑞士日内瓦,是一个始终致力于促进使用和保护人类智力成果的国际组织,它管理着涉及知识产权保护各个方面的二十三项国际条约和十六个国际联盟。

1893 年,"国际保护工业产权联盟"(巴黎联盟)国际局和"国际保护文学艺术作品联盟"(伯尔尼联盟)国际局合并,成立了一个联合事务局,并更名为"保护知识产权联合国际局",此即为世界知识产权组织的前身。该组织于 1967 年 7 月 14 日在瑞典斯德哥尔摩召开外交会议,在会议上签订了《成立世界知识产权组织公约》,该公约于 1970 年 4 月 26 日正式生效,并根据该公约成立了一个政府间的国际机构,定名为"世界知识产权组织"。1974 年 12 月,世界知识产权组织成为联合国的一个专门机构,是联合国十六个专门机构中的第十四个,总部设在日内瓦。中国于 1980 年 6 月 3 日加入该组织。

世界知识产权组织的宗旨是:通过国与国之间的合作,并在适当的情况下,与其他国

第六章　与贸易有关的知识产权法

际组织进行协作,以促进在全世界范围内保护知识产权;保证各种知识产权方面的有关国际公约所建立的联盟之间的行政合作。

2000年10月,根据中国和阿尔及利亚的提案,世界知识产权组织成员国大会在第三十五届成员大会上通过决议,决定从2001年开始,将每年的4月26日定为"世界知识产权日"。因为4月26日是《成立世界知识产权组织公约》生效的日期。设立世界知识产权日旨在全世界范围内树立尊重知识,崇尚科学和保护知识产权的意识,营造鼓励知识创新和保护知识产权的法律环境。

2. WIPO的任务与职能

世界知识产权组织的主要任务与职能包括：

(1)世界知识产权组织负责通过国家间的合作促进对全世界知识产权的保护,管理建立在多边条约基础上的关于专利、商标和版权方面的行政工作,并办理知识产权法律与行政事宜。该组织执行有关知识产权保护的任务,如实施国际条约,援助各国政府、组织和私人团体,监控知识产权的发展,协调和简化各种规则和行为;不断注意开发新的规范和标准的需求,以便跟上技术和商贸活动的发展。该组织将很大一部分财力用于同发展中国家进行开发合作,促进发达国家向发展中国家转让技术,推动发展中国家的发明创造和文艺创作活动,以利于其科技、文化和经济的发展。

(2)在集中管理各知识产权同盟的行政事务合作方面,世界知识产权组织将工业产权和版权的各同盟的行政工作集中于日内瓦国际局(世界知识产权组织的秘书处),实行集中管理,以有利于各联盟之间的相互协调。

知识拓展 ZHISHI TUOZHAN

目前,世界知识产权组织已成为知识产权方面的十几个同盟的行政执行机构。世界知识产权组织管理的联盟、公约、条约及协定主要有：

①在工业产权方面有：巴黎联盟(《保护工业产权巴黎公约》)、马德里联盟(《商标国际注册马德里协定》)、海牙联盟(《工业品外观设计国际保存海牙协定》)、尼斯联盟(《为商标注册目的而使用的商品与服务的国际分类尼斯协定》)、里斯本联盟(《保护原产地名称及其国际注册里斯本协定》)、洛迦诺联盟(《建立工业品外观设计国际分类洛迦诺协定》)、《专利合作条约》联盟、国际专利分类联盟(《国际专利分类斯特拉斯堡协定》)、维也纳联盟(《建立商标图形要素国际分类维也纳协定》)、布达佩斯联盟(《国际承认用于专利程序的微生物保存布达佩斯条约》)、《保护奥林匹克会徽内罗毕条约》以及《制裁商品来源的虚假或欺骗性标志马德里协定》。

②在著作权方面有：伯尔尼联盟(《保护文学艺术作品伯尔尼公约》)以及《保护表演者、录音制品制作者和广播组织罗马公约》《保护唱片制作者禁止未经许可复制其唱片的日内瓦公约》《发送卫星传输节目信号布鲁塞尔公约》。

(3)在对发展中国家援助方面,世界知识产权组织加强了与发展中国家在知识产权保护方面的活动,就技术转让、起草知识产权方面的立法、建立专利机构与专利文献机构以及培养专业工作人员等事项向发展中国家提供援助,促进国家、地区和多边各级机构通过或修改现有的保护知识产权的准则,通过国际注册体系来获得国际知识产权保护。例如,它起草了《发展中国家发明示范法》及其实施细则以供发展中国家参考。为了在技术转让问题上对发展中国家提供帮助,它制定了"工业产权发展合作长期计划"。

3. WIPO的组织结构

世界知识产权组织是知识产权方面的十几个同盟的行政执行机构,它将工业产权和版权各同盟的行政工作集中于日内瓦国际局(世界知识产权组织的秘书处),实行集中管理,以利于各联盟之间的相互协调。根据《成立世界知识产权组织公约》,世界知识产权组织内部共设有以下四个机构:

(1) 大会

大会由各同盟成员国组成,是世界知识产权组织的最高权力机构。每年召开一次届会,应协调委员会或四分之一以上成员国的请求,可召开特别会议。大会的主要职责是任命总干事;审核并批准总干事与协调委员会的工作报告;通过各同盟共同的三年开支预算;通过本组织的财务条例等。

(2) 成员国会议

成员国会议由全体成员国组成,不论其是否为任何同盟的成员国。会议的主要职责是:讨论知识产权方面普遍感兴趣的事项;通过成员国会议的三年预算;在预算限度内制订三年法律、技术援助计划等。

(3) 协调委员会

协调委员会是大会和成员国会议的咨询机构及执行机构,为协调各同盟成员国之间的合作而设立的机构,由担任巴黎同盟执行委员会委员或伯尔尼同盟执行委员会委员或兼任该两委员会委员的参加国组成。协调委员会每年召开一次例会,应总干事或委员会主席或四分之一以上成员国的请求,可召开特别会议。其主要职责是就行政、财务等有关事项提出意见,拟订大会的议程草案。

(4) 国际局

国际局是世界知识产权组织以及受其管理的各种机构与各同盟的秘书处,即日常行政办事机构,是常设办事机构,受大会和成员国会议管理,由以总干事为首的来自各成员国的常任职员组成。其主要职责是提供报告与工作文件,为这些机构的会议做准备。它组织各种会议,并在会议以后,保证使会议决定传达到各有关方面,并将与国际局有关的各项决定付诸实施。

国际局设总干事一人和两人以上的副总干事。总干事为本组织的行政首脑,由大会根据协调委员会提名任命,任期不得少于六年,可连选连任。总干事应向大会提出关于本组织内外事务的报告,遵从大会的指示。国际局下设有关工业产权法律、版权法律、情报、公约保存以及专利、商标、外观设计和原产地名称注册等业务机构。

(二) 世界贸易组织

1. WTO概述

世界贸易组织(World Trade Organization,简称WTO)是世界上唯一处理国与国之间贸易规则的国际组织,是一个独立于联合国的永久性国际组织,其前身为1947年成立的关税与贸易总协定(GATT,简称"关贸总协定")。世界贸易组织于1995年1月1日正式开始运作,负责管理世界经济和贸易秩序,总部设在瑞士日内瓦。中国于2001年12月11日正式加入世界贸易组织。

第二次世界大战后,调整国际经济贸易和金融关系的关贸总协定、世界银行、国际货币基金组织一起,并称为世界经济体制的"三大支柱",为战后的经济恢复和发展起到了重要的作用。关贸总协定一直作为一个非正式的"事实上"的国际贸易组织,发动和主持了多轮关税和贸易领域的多边谈判,为多边贸易制定规则。

1986年,关贸总协定决定发起第八轮多边贸易谈判,即"乌拉圭回合"多边谈判。在"乌拉圭回合"多边谈判之前,知识产权保护体系在各国国内以及国际上已普遍建立起来。但从总体上看,知识产权保护还存在着很大不足:许多国家(尤其是发展中国家)的知识产权制度不健全,保护水平较低;现存的国际条约缔约国太少,各条约缺少强有力的机构来保证其实施,各公约缺少相互协调机制等。因此,在1986年"乌拉圭回合"多边谈判启动后,发达国家极力主张在"乌拉圭回合"中就知识产权问题进行谈判,以期将知识产权问题纳入关贸总协定多边法律框架当中。欧洲共同体和加拿大于1990年分别正式提出成立世贸组织的议案,1994年4月在摩洛哥马拉喀什举行的关贸总协定部长级会议上正式决定成立世界贸易组织,世界贸易组织于1995年1月1日正式开始运作,1996年1月1日,它正式取代关贸总协定临时机构。

世界贸易组织被认为是多边贸易体制的代表,其核心是各项协议,这些协议是世界上绝大多数贸易国家和地区通过谈判签署的,其本质是契约,已经各成员国立法机构的批准。这些协定为国际商业贸易活动提供了基本的法律规则,一方面保证各成员国的重要贸易权利,另一方面约束各国政府将其贸易政策限制在各方议定且符合各方利益的范围限度内。虽然这些协议是由政府通过谈判签署的,但其目的是帮助产品制造者、服务提供者和进出口商进行商业活动,并便利进出口业务的开展。

2. WTO的宗旨、基本原则和目标

(1)宗旨

①提高生活水平,保证充分就业,大幅度稳步地提高实际收入和有效需求。

②扩大货物、服务的生产和贸易。

③坚持走可持续发展之路,各成员应促进对世界资源的最优利用、保护和维护环境,并以符合不同经济发展水平下各成员需要的方式,加强采取各种相应的措施。

④积极努力以确保发展中国家,尤其是最不发达国家,在国际贸易增长中获得与其经济发展水平相应的份额和利益。

(2)基本原则

WTO的基本原则是通过实施非歧视贸易、关税减让以及透明公平的贸易政策,来达到推动世界贸易自由化的目标,主要包括:最惠国待遇和国民待遇原则;世贸组织成员间互惠互利进行贸易的原则;通过谈判逐步实现更大程度的贸易自由化,不断扩大市场准入程度;促进公平竞争与贸易;鼓励发展和经济改革;建立开放、公平、无扭曲竞争的"自由贸易"政策法规,增强其透明度。

(3)目标

WTO的目标是建立一个完整的包括货物、服务、与贸易有关的投资及知识产权等更具有活力的和永久性的多边贸易体系。与关贸总协定相比,世贸组织及其协议管辖的范围除传统的和乌拉圭回合确定的商品货物贸易外,还涵盖了长期游离于关贸总协定外的与贸易有关的知识产权、投资措施和非货物贸易(服务贸易)等领域。世界贸易组织具有法人地位,它在调解成员争端方面具有更高的权威性和有效性,在促进贸易自由化和经济全球化方面起着巨大作用。

3.WTO的基本职能和组织机构

(1)基本职能

①管理和执行共同构成世界贸易组织的各项多边及诸边贸易协定、协议,积极采取各种措施努力实现各项协定、协议的目标,并对所辖的不属于"一揽子"协议下的诸边贸易协议(如《政府采购协议》《民用航空器贸易协议》等)的执行管理和运作提供组织保障。

②作为多边贸易谈判的讲坛,为成员国提供处理各协定、协议有关事务的谈判场所,并为世贸组织多边贸易谈判提供场所、谈判准备和框架草案。

③解决各成员国之间发生的贸易争端,管理世贸组织争端解决协议。

④监督各成员国的贸易政策,对各成员国的贸易政策、法规进行定期审评。

⑤协调与国际货币基金组织和世界银行等国际经济组织的关系,以保障全球经济决策的凝聚力和一致性,避免政策冲突。

(2)组织机构

世界贸易组织由部长级会议、总理事会、专门委员会和秘书处等机构组成。

(1)部长级会议

部长级会议是世界贸易组织的最高权力机构,它由所有成员国主管外经贸的部长、副部长级官员或全权代表组成。部长级会议至少每两年举行一次,讨论和决定涉及世界贸易组织职能的所有重要问题,并采取行动,具有广泛的权力,其中包括立法权和准司法权。

(2)总理事会

部长级会议休会期间,其职能由总理事会代行部长级会议的职能。总理事会可视情况需要随时开会,自行拟定议事规则及议程。同时,总理事会还必须履行其解决贸易争端和审议各成员国贸易政策的职责。

总理事会下设:①货物贸易理事会,负责货物贸易协议的相关事宜;②服务贸易理事会,监督执行服务贸易总协定及分部门协议的有关事宜;③知识产权理事会,监督执行与贸易有关的知识产权协定。这些理事会可视情况自行拟定议事规则,经总理事会批准后执行。所有成员国均可参加各理事会。

(3)专门委员会

部长级会议下设专门委员会,以处理特定的贸易及其他有关事宜。已设立的专门委员会有:贸易与发展委员会,国际收支限制委员会,预算、财务与行政委员会,贸易与环境委员会等。

(4)秘书处

由一位总干事领导世界贸易组织的秘书处。总干事由部长会议选举确定。秘书处设在瑞士日内瓦。由于世界贸易组织的决议是由成员国自己作出的,因此秘书处是办事机构,没有作出决议的权力。

第六章　与贸易有关的知识产权法

4.《与贸易有关的知识产权协定》

关于知识产权问题的谈判最终达成协议,形成了《与贸易有关的知识产权协定》,简称《知识产权协定》(Agreement on Trade-Related Aspects of Intellectual Property Rights,缩写为 TRIPs)。TRIPs 是世界贸易组织框架下的一项多边贸易协定,凡世界贸易组织成员必须加入。需强调的是,这里所指的"贸易"主要指有形货物的贸易。TRIPs 并不涉及服务贸易,服务贸易另有服务贸易总协定对其加以规范。与在世界知识产权组织管辖下的《巴黎公约》和《伯尔尼公约》等保护知识产权的国际条约相比较,TRIPs 第一次以协定的形式将知识产权的国际保护在 WTO 的文件中作出正式规定,第一次把商标、专利和版权的各种知识产权的保护合并为一体,第一次与国际贸易相联系,从而第一次把世界贸易组织成员应尽的义务扩大到国际知识产权保护的适用领域。

(1)TRIPs 的宗旨

TRIPs 的宗旨是促进对知识产权在国际贸易范围内更充分、有效的保护,以使权利人能够从其创造发明中获益,受到激励,继续在创造发明方面努力。减少知识产权保护对国际贸易的扭曲与阻碍,确保知识产权协定的实施及程序不对合法贸易构成壁垒。

(2)TRIPs 的主要内容

TRIPs 共分为七个部分,共七十三条。TRIPs 的主要内容包括:提出和重申了保护知识产权的基本原则,确立了知识产权协定与其他知识产权国际公约的基本关系。其主要条款有:一般规定和基本原则,关于知识产权的效力、范围及使用标准,知识产权的执法,知识产权的获得、维护及相关程序,争端的防止和解决,过渡安排,机构安排,最后条款等。

(3)TRIPs 的基本原则

国民待遇原则和最惠国待遇原则一起构成世界贸易体系下的非歧视原则,其实质是要求各成员国"一视同仁"地对待本国生产的产品和进口的相同产品。

①国民待遇原则。在国民待遇原则方面,TRIPs 第三条第一款的规定是关贸总协定(GATT)第三条第一款的延伸,所不同的是,其同等对待的对象是国民及其享有的知识产权,而不是产品。这里所谓的"国民",是指在世界贸易组织中独立关境成员中的人,包括自然人和法人。他们在此独立关境中有居住所,或有实际的、有效的工商营业所。

在知识产权保护方面,各成员国应给予其他成员国国民不低于本国国民的待遇,除非在《巴黎公约》《伯尔尼公约》《罗马公约》或《集成电路知识产权保护条约》中已经规定的例外。对表演者、录音制品制作者与广播组织而言,该义务仅限于本协议规定的权利。

②最惠国待遇原则。在知识产权保护方面,某成员给予任何其他成员国国民的任何利益、优待、特权或豁免,都将立即无条件地给予其他成员国国民。某成员给予任何这种利益、优惠、特权或豁免的义务之例外是:a.基于有关司法协助的国际协定或一般性质的法律实施,并且不是特定限于知识产权保护;b.根据《伯尔尼公约》或《罗马条约》有关规定允许给予的待遇,不属于国民待遇,而属于在其他国家获得的对等待遇;c.有关本协定未规定的表演者、录音制品制作者和广播组织权利;d.在 WTO 生效以前,根据国际协定规定的知识产权保护措施,如果已将这种协定通知与贸易有关的知识产权理事会,并且不构成对其他成员的专横和不公正的歧视。

(4) TRIPs对知识产权的保护范围

协定中所包含的知识产权的范围包括以下八个方面：

①版权与邻接权

TRIPs的版权条款是第九至十三条，沿袭了《伯尔尼公约》规定的版权保护标准（作者的精神权利除外），以及版权保护的是作品而非观念这种传统理论，同时又着重规定了与信息技术产品、影视产品相关的知识产权保护标准。TRIPs还明确地将计算机程序与数据汇编（数据库）作为版权保护的客体，还规定了保护"完全意义上的数据库"。协定还规定，计算机程序与影视作品的作者及其继承者，可以授权或禁止他人向公众商业性出租其原始的或复制的版权作品。

TRIPs第十四条规定了若干邻接权的保护标准，其中包括在录制表演者表演的音像作品方面，未经表演者授权不得录制或复制，或通过无线电通信向公众传播；音像作品制作者可以授权或禁止他人直接或间接地复制其作品；音像制作者享有出租权；表演者与音像作品制作者的相邻权保护期至少为首次表演或录制之日起的50年；广播组织的相邻权保护期为首次广播之日起二十年。

②商标权

TRIPs的商标条款是第十五至二十条，在与已有的商标保护国际条约相协调的基础上作了进一步的规定。

商标保护的对象包括任何能够区分特定商品或服务，构成某种商标的标志或组合。如果某种标志难以起到区别的作用，则成员可以根据使用情况，决定是否给予商标注册。成员可以将使用作为商标注册的依据，但是商标的实际使用不能作为申请商标注册的条件。未经商标所有人的同意，任何人均不得在商业中使用与该注册货物或服务商标相同或相似的商标。但是，这种注册商标专用权不能妨碍先有商标的使用权，或影响成员规定以实际使用为基础的商标权。注册商标的保护期为初始注册之日起的七年。该保护期可以无限地每七年续展一次。

TRIPs确立了由商标注册国或使用国主管机构认定驰名商标，并在第十六条第二款着重规定了驰名商标的认定原则：

第一，服务商标应适用驰名商标的有关规定。协定规定，《巴黎公约》第六条第二款关于驰名商标的规定原则上应适用于服务商标。

第二，确定驰名商标应考虑的因素。协定规定，在确定一个商标是否成为驰名商标时，成员应考虑到该商标在相关领域公众中的知名度，包括在成员内由于商标宣传而获得的知名度。

第三，驰名商标的效力。协定规定，《巴黎公约》第六条第二款原则上应适用于与商标注册使用的商品或服务不相类似的商品或服务，如果在有关商品或服务上使用该商标将使人认为有关商品或服务与注册商标所有人存在关联，而且注册商标所有人的利益由于此种使用而可能受到损害。

③地理标志权

TRIPs第二十二条规定，地理标志是指确认原产于成员领域内的商品，说明该商品由于地理上的原产地而特有的质量、声誉或其他特点。各成员应采取一定的法律手段，保护原产地标志所有人的利益,以防止任何假冒原产地标志或《巴黎公约》第十条第二款规定的不正当竞争。与《巴黎公约》相比较,TRIPs更强调对地理标志权的保护,特别是酒类地理标志的附加保护。对于葡萄酒或烈性酒产品,TRIPs第二十三条规定了有关原产地标志的附加保护。

④工业品外观设计权

根据TRIPs第二十五条与第二十六条的规定,各成员应对具有独创性与新颖性的外观设计提供保护。对于那些不具有独创性与新颖性,但是足以区别于其他已知设计特点的外观设计,由各成员自行决定是否给予保护。各成员可以通过外观设计法或版权法,保护纺织品外观设计。设计的所有人享有权利,任何第三人未经其同意不得为了商业目的而制造、销售或进口包含复制该外观设计的产品。外观设计保护期至少为十年。

⑤专利权

TRIPs对专利保护范围、保护期限、授予的权利与方法、专利的举证责任等实质问题作出了规定,这是对以往知识产权国际公约的突破。

专利的授予及其权利的行使不应由于发明的地点、技术领域或产品是否是本地生产而受到歧视待遇,即在符合上述TRIPs规定的专利主题、可取得专利的条件与申请条件的前提下,各成员不应歧视对待在域外的发明或在域外生产的专利产品。

协定规定,在下述两种情况下,如无相反证据,应推定被控侵权产品是使用该专利方法而获得:第一,如果使用该专利方法获得的产品是新产品;第二,如果相同产品极可能使用该方法制造,而专利所有人虽经合理努力也未能确定实际使用的方法。TRIPs的专利条款主要是尽可能扩大专利保护的适用范围,加强对专利权人的保护。显然,这符合美国等发达国家通过提高专利保护水平,拓展海外市场,尤其是发展中国家市场的目标。

⑥集成电路布图(拓扑图)设计权

TRIPs第三十五至三十八条遵循了尚未生效的《集成电路图知识产权条约》的有关规定:一是确定保护范围为以商业为目的而进口、销售或发行受保护的拓扑图、与受保护的拓扑图结合在一起的集成电路或其集成电路产品;二是任何人未经权利人授权,不得进口、销售或为了商业目的而提供应受保护的拓扑图或包含拓扑图的产品;三是"无意侵权人"在收到权利人通知后,如果继续侵权,就应负责任;四是受保护期为自注册之日起,或首次商业性应用之日起十年,或拓扑图创造完成之日起十五年。

⑦未披露过的信息专有权(商业秘密权)

协定规定了未披露信息受保护的三个条件:第一,未披露信息是秘密的,即该信息作为一个整体或作为其各个构成部分的精确构造或集合未被通常从事该信息所属领域的工作的人普遍了解或轻易接触;第二,由于其属于保密状态而具有商业价值;第三,合法控制信息的人根据有关情况采取了合理措施以保持其秘密状态。

对于符合上述三个条件的未披露信息,协定规定,合法控制该信息的自然人与法人均应享有防止他人以违背诚实信用的商业习惯的方式在未经其同意的情况下披露、获得或使用有关信息的可能性。这里所谓的"以违背诚实信用的商业习惯的方式",至少应包括如违约、违反信任,以及诱导他人违约或违反信任等方式,也包括第三方在已经知道或应当知道但由于重大过失而未能知道其所取得的未披露信息是他人以上述方式获得的。

⑧许可协议中对反竞争惯例的控制

协定在第四十条承认,成员在遵守协定有关规定的情况下,可以对在许可协议中滥用知识产权的行为采取适当措施进行控制。至于如何控制,协定则未做具体规定,由各成员自行处理。协定只要求成员在处理有关问题时进行协商与合作。

(5)民事与行政程序及补救

知识产权的权利人可以通过各成员国内法规定的民事司法程序,实施本协定范围内的知识产权;被告有权及时获得详细的说明原告请求的书面通知;当事人有权聘请独立的法律顾问;当事人均有权提出要求或证据;在必要时,这种程序应保障当事人所要求的秘密。

协定就证据规则作出了专门规定。TRIPs第四十四至四十六条规定了补救措施,包括以下三点:①禁令,即司法当局有权命令当事人停止侵权、禁止侵权产品进口;②损害赔偿,即司法当局有权命令侵权人向知识产权人支付足以补偿其损失的损害赔偿金;③销毁侵权产品,即司法当局有权销毁有关侵权产品以免其进入商业渠道对知识产权人造成进一步损害。TRIPs第四十九条规定上述司法程序的基本原则均应适用于行政程序。

(6)有关边境措施的特别要求

TRIPs在上述国内法民事与行政程序的基础上,为有效地制止进入国际贸易领域的侵犯知识产权行为,在第五十一至六十条着重规定了有关边境措施,其中包括以下四个方面的内容:

①海关中止放行。各成员应采取必要的程序使知识产权人在有充分的理由对假冒商标或盗版物进口时可以向有关行政当局提出书面请求。各成员也可以将这种程序扩大到对侵犯其他知识产权的进口产品的中止放行。

②申请的要求。任何要求海关对侵权产品中止放行的权利人,都应根据有关成员国内法提供侵权的表面证据,详细说明侵权产品,以便海关能够识别,海关当局应在合理的期限内通知权利人,告知是否同意其申请。

③担保或同等保证。各成员有关当局应有权要求申请人提供一定的担保或同等保证,以充分保护被告的利益;当申请释放已被海关中止放行的产品涉及外观设计、专利、拓扑图或未被披露的信息时,申请释放人应提供一定的担保或同等保证,以保护权利人的利益。

④中止放行的期限。在申请中止放行之日起十日内,海关当局没有采取申请人所要求的行动,或者有关当局已经采取了暂行措施,被中止放行的产品应予以释放。

(7)刑事措施

TRIPs第六十一条规定:成员应对在商业规模上故意假冒商标或盗版行为实施刑事程序,补救措施包括监禁和/或罚金、占有、没收及销毁侵权物品或原材料。成员可以对在商业规模上其他故意侵犯知识产权行为使用刑事程序及补救措施。由于刑事程序及刑事处罚通常涉及国家的主权,协定只提出了很笼统的要求而没有作出具体的规定。

三、保护知识产权的国际公约

(一)《保护工业产权巴黎公约》

《保护工业产权巴黎公约》(以下简称《巴黎公约》)于1883年3月20日,由比利时、瑞士等十一个国家为解决工业产权保护的地域性问题而发起,共同在法国巴黎缔结,1884年正式生效。此后的100多年里,先后进行过七次修改,目前各国遵循的《巴黎公约》是指1967年7月14日在斯德哥尔摩修订的版本,1980年2月在日内瓦作了个别修订。

我国于1984年12月19日向世界知识产权组织总干事提交了加入书,于1985年3月19日正式加入该公约,同时声明对该公约中的第二十八条第一款(把有关争议提交国际法院解决)予以保留。从1997年7月1日起,该公约在中华人民共和国香港特别行政区开始生效。

该公约不仅是世界上第一部保护知识产权的多边国际公约,而且也是成员国最广泛、对其他世界性和地区性工业产权公约影响最大的公约,其调整的范围为工业产权,具体包括:专利、实用新型、工业品外观设计、商标、服务标记、厂商名称、货源标记、原产地名称以及制止不正当竞争。

(二)《保护文学艺术作品伯尔尼公约》

《保护文学艺术作品伯尔尼公约》(以下简称《伯尔尼公约》)是著作权保护领域的重要公约,于1886年9月9日由英国、法国、德国、意大利、西班牙等十个国家在瑞士伯尔尼缔结,1887年12月5日正式生效。该公约签订后,先后经过了七次修订和补充,现在一般所指的是1971年在巴黎修订的文本,因为根据巴黎修订文本的规定,现在任何一个希望参加《伯尔尼公约》的国家,只能参加1971年在巴黎修订的公约。该公约于1979年又进行过个别修正。我国于1992年加入该公约,适用1971年巴黎文本。该公约的管理机构是联合国世界知识产权组织。

《伯尔尼公约》是一个开放性的国际公约,是世界上第一个保护文学、艺术和科学作品的国际公约,为著作权的国际保护奠定了基础。根据《伯尔尼公约》的规定,该公约保护的作品是科学和文化艺术领域的一切作品,不论其表现方式或形式如何。该公约除了对保护的对象予以规定外,还对作者的专有权利、保护期限、对版权的限制以及对发展中国家实行强制许可证等,都进行了比较详细的规定。

(三)《专利合作条约》

《专利合作条约》于1970年6月19日在华盛顿缔结,1978年6月1日正式生效。1979年及1984年又进行了个别修正。我国于1994年1月1日成为该条约成员国。

《专利合作条约》的主旨是统一各缔约国的专利国际申请的手续和审批程序,促成各成员国就批准专利以前的专利文献的检索工作和批准专利权的初步审查工作等方面进行合作,实行国际新颖性调查与国际事先审查制,以使一项发明通过一次国际申请便可同时在申请人选定的几个或全部成员国获得批准,从而避免各国分头审查时在检索专利文献工作中的重复劳动。《专利合作条约》完全是程序方面的规定,即专利申请的受理与审查程序方面的统一性规定,不涉及专利批准问题。

(四)《商标国际注册马德里协定》

《商标国际注册马德里协定》(以下简称《马德里协定》)是1891年4月14日在马德里缔结的一项关于商标国际注册的国际公约,是为简化国际注册商标手续,对《保护工业产权巴黎公约》关于商标注册部分的一个补充,因此,该协定成员国须是《保护工业产权巴黎公约》成员国。该公约先后做过六次修订,但是只有1957年和1967年两次的修订生效。1967年在斯德哥尔摩修订,1979年又进行了个别修正,1989年增订了议定书。我国于1989年10月4日起成为该协定的成员国。

(五)《世界版权公约》

《世界版权公约》是在联合国教科文组织的主持下,于1952年9月6日在日内瓦召开的政府间代表会议上签订的一个世界性的版权国际条约。美国、英国、法国等五十个国家和地区的代表参加了大会,其中四十个国家和地区的代表在公约上签了字,并成立了政府间的著作权委员会。该公约已于1955年9月16日开始生效。1971年,《世界版权公约》与《伯尔尼公约》同时在巴黎进行了修订,修订后的《世界版权公约》于1974年7月10日生效,任何新的参加国,只能参加这个在巴黎修订的公约。中国于1992年10月30日加入了该公约,成为成员国。

《世界版权公约》是一个开放性的国际公约,与《伯尔尼公约》互相独立,但是原来已参加《伯尔尼公约》的,不能退出原公约而参加《世界版权公约》。《世界版权公约》是作为《伯尔尼公约》与《泛美版权公约》调和折中的产物而制定的。第二次世界大战后,美国的大出版商与大书商为了使日益增多的作品在国外得到充分的保护,并扩大与控制世界图书市场,迫切希望缔结一个对它有利的新的国际版权公约,但是又不愿意参加由欧洲国家控制的伯尔尼同盟。另一方面,伯尔尼同盟国家为了使自己的作品打进美国与美洲其他国家的市场,并得到充分的保护,也急于要把美国拉进国际版权组织。在这样的历史背景下,双方都希望建立一个国际版权组织协调它们之间的关系。于是,《世界版权公约》在美国的推动下和联合国教科文组织的主持下制定出来了。

《世界版权公约》的条文很短,不到《伯尔尼公约》的三分之一,各种规定也都是原则性的。这是因为,《世界版权公约》的特殊背景令它必须强调将不触及各缔约国之间以前已经达成的行之有效的双边或多边著作权协定的效力。由于欧洲与美洲国家的法律制度差别太大,令《世界版权公约》的缔结无法真正取代《伯尔尼公约》以及美洲国家间地区性的版权公约,只能达成部分统一。但它的制定将美洲国家纳入世界版权保护的阵营,从而大大减少了两种版权制度之间的冲突。

(六)《保护表演者、录音制品制作者和广播组织罗马公约》

《保护表演者、录音制品制作者和广播组织罗马公约》(以下简称《罗马公约》)于1961年10月26日在罗马缔结,1964年5月18日生效。

《罗马公约》的行政管理由联合国世界知识产权组织、联合国教科文组织与国际劳工组织共同承担。这是世界上第一个保护邻接权的国际公约。邻接权和著作权紧密相连，同属于知识产权的范畴，它是为了保护作品传播者的权利而设立的一种权利，主要包括表演者的权利、广播电视组织的权利、录音录像制作者的权利。这三种主要的权利是世界上建立著作权制度国家中的大多数都承认的，但邻接权在各国的法律保护的内涵和外延不尽相同。邻接权和著作权之间有着密切的联系：二者都是法律规定的专有权利，都具有严格的时间性和地域性。但邻接权和著作权又都是独立的权利，二者之间也有显著的区别：在权利主体方面，著作权保护的主体是作品的创作者，而邻接权保护的主体是作品的传播者；在权利客体方面，著作权的客体是具有独创性的作品，而邻接权的客体是为了传播作品而赋予作品的传播形式。由于《罗马公约》保护的对象是表演者的专有权利、录制者的专有权利与广播组织的专有权利，所以该公约要求一个国家必须是参加了两项主要的版权公约(《伯尔尼公约》与《世界版权公约》)中的任何一个之后，才有资格参加该公约。

练习与实践

一、名词解释

知识产权 专利权 商标权 著作权 商业秘密 专有技术

二、思考题

1. 知识产权有哪些法律特征？
2. 专利权的客体有哪些？取得专利权须具备哪些条件？
3. 简述发明专利申请的审批程序。
4. 商标权的权利内容是什么？
5. 著作权的保护期限是如何计算的？
6. 简述商业秘密的构成条件。
7. 《巴黎公约》有哪些基本原则？

三、选择题

(一)单选题

1. 知识产权具有时间性的特点，但下列各项知识产权中(　　)没有法定的时间限制。

   A. 著作权　　　B. 商标权　　　C. 专利权　　　D. 商业秘密权

2. 在下列各项中，不属于工业产权保护范围的是(　　)。

   A. 《日出日落》电影文学剧本　　B. 可口可乐商标
   C. 断路器生产工艺专利　　　　　D. 内联升厂商名称

3. 著作权保护的是作品的(　　)。

   A. 思想内容　　B. 创作构思　　C. 创作题材　　D. 表达形式

4.著作权与商标权的主要区别是（　　）。
A.前者只是财产权,而后者同时包括财产权和人身权
B.前者的客体是无形物,后者的客体是有形物
C.前者同时包括财产权和人身权,而后者只是财产权
D.前者有时间限制,而后者没有时间限制

5.甲公司职工乙退休一年后做出了一项与其在原单位承担的本职工作有关的发明,你认为乙的发明应属于（　　）。
A.职务发明　　　　B.非职务发明　　　　C.协作发明　　　　D.委托发明

6.下列不构成专利侵权的是（　　）。
A.销售不知道是未经专利权人许可而制造并出售的外观设计专利产品
B.进口外观设计专利侵权产品
C.在专利授权公告日前,已经做出制造的必要准备,并且仅在原有范围内继续制造专利产品的
D.许诺销售外观设计专利侵权产品

7.目前,在我国一些商品上使用的"纯羊毛标志""绿色食品标志"等都是一种（　　）。
A.防御商标　　　　B.联合商标　　　　C.证明商标　　　　D.集体商标

(二)多选题

1.著作权法规定了署名权等四项著作人身权,在理解著作人身权中的署名权时,正确的观点是（　　）。
A.署名权只能由作者享有
B.作者决定在作品上不署名的,即视为作者对署名权的放弃
C.在夫妻关系存续期间,非作者一方也无权在对方的作品上署名
D.作者死亡后,署名权仍然受著作权法的保护
E.职务作品的署名权一定归创作作品的公民享有

2.知识产权具有（　　）等特征。
A.国家授予性　　　B.财产性　　　　C.地域性　　　　D.时间性
E.专有性

3.依据《中华人民共和国专利法》的规定,不能授予专利权的有（　　）。
A.一种水稻的种植方法　　　　　　B.遗传基因的揭示
C.美容的仪器　　　　　　　　　　D.数据分析方法
E.一种新型杂交水稻品种

4.下列选项中,不能作为商标被核准注册的有（　　）。
A.名扬天下　　　　　　　　　　　B.红新月
C.官方认证标志　　　　　　　　　D.由商品自身的性质产生的形状
E.商品的特有名称

5.依据我国专利法的规定,在申请日以前6个月内,不丧失新颖性的有(　　)。

A.在天津市政府主办的国际展览会上首次提出的

B.在中国政府主办的国际展览会上首次展出的

C.在规定的技术会议上首次发表的

D.申请人自己在学术期刊上首次发表的

E.他人未经申请人同意而泄露其内容的

四、案例分析题

1.2016年6月份,A影视股份有限公司(以下简称A公司)向北京知识产权法院提交起诉状,以上海B文化传播有限公司(以下简称B公司)和C国际文化传媒有限公司(以下简称C公司)侵犯其商标权和不正当竞争为由,请求法院判令两被告立即停止使用包含"中国好声音""The Voice of China"等商标标识,赔偿5.1亿元。B公司于2012年至2015年期间在荷兰Talpa公司的授权下,制作播出第1—4季"中国好声音"。据Talpa公司的授权,自2016年1月28日起至2020年1月28日,A公司取得独占且唯一的授权在中国大陆使用、分销、市场推广、投放广告、宣传及以其他形式的开发"中国好声音"节目的相关知识产权。A公司诉称,B公司和C公司在没有授权的情况下,擅自宣传、推广和制作第五季《中国好声音》(后改名为《2016年中国好声音》及《2016好声音》)节目。B公司还在微信公众号上以"中国好声音"宣传和推广,并使用包含"中国好声音"字样的侵权标识。

问题:

你认为A公司是否能够胜诉,分析原因。

2.2016年英国知识产权办公室在经过4月的听证会后,正式通过瑞士手表制造商Swatch(斯沃琪)提交的上诉材料,阻止苹果在英国注册"iWatch"商标。

作为瑞士知名的手表制造商,Swatch早在2014年就提出"iWatch"与其"iSwatch"和"Swatch"商标过于相似,容易造成混淆,向英国提出反对苹果注册"iWatch"商标的请求。同时Swatch向苹果已注册"iWatch"的所有国家商标局接洽,表示抗议。综合考虑后,去年苹果推出首款智能手表时,为其取名"Apple Watch"。

问题:

1.如何评价此纠纷的处理方式?

2.在中国对知识产权的保护和处理方面有何借鉴。

第七章
票据法

学习目标

通过本章的学习,学生可熟悉票据的概念和特征、票据的作用与功能以及票据法的基本宗旨与功能;掌握票据的关系、票据的基础关系、票据权利、票据行为的概念及特征,了解票据立法和票据法的三大法系概况;掌握汇付、托收、信用证的概念、特点、当事人的关系以及国际商会的《托收统一规则》和《跟单信用证统一惯例》的具体应用。

案例导入

某年10月间,广州某(中外合资)鞋业有限公司(下称鞋业公司)与英国某公司(下称Y公司,该公司为鞋业公司的外国合营者)签订了补偿贸易合同,合同约定:鞋业公司向Y公司进口价值50万美元的意大利产鞋面真皮革,用于生产Y公司定做的某名牌皮鞋,成品全部返销。进口意大利鞋面真皮革的交易则先行通过托收方式结算,具体托收方式为D/A(承兑交单)。鞋业公司的中方上级主管公司某石化公司(下称石化公司)按要求在上述皮革的进出口合同上签署了保证,承诺鞋业公司若不能依约支付进口货款时,将承担付款保证责任。各方同时签订了适用于整个补偿贸易合同(包括进出口合同)的仲裁条款。同年11月18日,Y公司通过香港汇丰银行,向鞋业公司的开户行中行某市分行传递了托收凭证。其中,托收凭证项下的承兑汇票的出票人及收款人均记载为Y公司,付款人记载为鞋业公司,到期日为第二年的2月28日。经中行某分行传递和提示汇票后,鞋业公司承兑了汇票,并取得了有关装运提单。其后,因所进口真皮革的质量问题,双方发生纠纷而诉诸仲裁。仲裁期间,Y公司将前述已承兑汇票背书转让给了其子公司香港某商行。因汇票到期不获付款,香港某商行依据提供给它的进出口合同、托收凭证副本及前述汇票等,向内地中级人民法院起诉鞋业公司和石化公司,诉求前者支付票款,后者承担汇票的连带付款责任。被告方则立即以仲裁条款为依据,对法院提起管辖异议。

分析：

1. 本案诉讼属于国内票据纠纷还是涉外票据纠纷？
2. 鞋业公司提起管辖异议的理由是否成立？
3. 石化公司是否应当成为本案诉讼的当事人？
4. 假设票据纠纷的诉讼能够继续进行,而诉讼期间,题述仲裁案的仲裁机构作出所进口意大利真皮革具有严重质量问题,Y公司应承担解除合同责任和赔偿鞋业公司所有损失的裁决。那么,香港某商行在诉讼中的胜诉机会如何？

第一节 票据概述

一、票据概述

1. 票据的定义

广义的票据泛指所有商业上的凭证,如股票、债券、发票、保单等;狭义的票据是指由出票人签发的委托他人或由自己于指定日期或于见票时无条件支付一定金额给持票人的有价证券。票据法所称的票据是狭义的票据。

票据由出票人在票面上签名,约定自己或他人为付款人,按照票据上所记载的条件于见票时或指定的日期,无条件支付给收款人或持票人一定金额的有价证券。它包括约定自己作为一定金额的支付者的本票和委托他人无条件支付一定金额的汇票与支票。

2. 票据的法律特征

(1)票据是完全的有价证券。表示一定财产权利的证券为有价证券,证券和权利不可分割的为完全的有价证券。票据的权利与票据本身不可分离,离开了票据不能主张权利。

(2)票据为设权证券。证券分为证权证券和设权证券。权利产生于证券做成之前,证券的作用在于证明其权利的是证权证券,如提单、仓单等。权利、义务产生于证券做成之后,即证券上的权利必须做成证券才能发生的为设权证券。票据上的权利,完全是由票据行为所创设,并非证明已经存在其权利,所以是设权证券。

(3)票据是要式证券。票据的做成必须符合法定的形式要件,否则不产生票据的效力。票据的格式和记载事项,都由法律严格加以规定,当事人必须遵守,否则会影响票据的效力,以致票据无效。此外,票据的签发、转让、承兑、付款、追索等行为,也必须严格按照票据法规定的程序和方式进行方为有效,因此,票据为要式证券。

(4) 票据是文义证券。票据上的权利和义务必须而且只能根据票据上所记载的文义来确定其效力。票据权利和义务的内容完全依票据上的记载而定,即使票据上的记载与实际情况不符,也应依票据所载文义为准,不得对其进行任意解释或者根据票据以外的任何证据确定。

(5) 票据是无因证券。证券权利的行使只以持有证券为必要,持券人无须证明其取得证券的原因。票据只要符合法定条件,权利即告成立。票据行为如何发生,持票人是如何取得票据的,则不必过问。

(6) 票据是流通证券。票据可以通过交付或背书的方式转让其权利。

(7) 票据是债权证券。因票据所主张的权利仅限于对一定数量的金钱的请求权,不能是劳务或者实物请求权,所以,票据只能是金钱债权证券。票据所创设的债权,为一定种类和数量的金钱支付。

二、票据的作用

票据之所以能够被广泛地使用,是因为它在经济上有独特的作用,能为当事人提供一定的方便或好处。票据的经济作用主要有以下五个方面:

1. 汇兑作用

在商业交易中,交易双方往往分处两地或远居异国,一旦成交,就要向外地或外国输送款项供清偿之用。票据的这种作用,在国际贸易中显得更为突出。因为国际贸易的双方当事人往往分处两国,交易金额亦较大,假如不使用票据,每笔交易都是输送大量现金进行结算,其困难是可想而知的。

2. 支付和结算作用

票据的支付作用是票据最原始、最简单的作用。汇票、本票作为汇兑工具的作用逐渐形成后,在交易中以票据支付代替现金支付的方式逐渐流行起来。在经济生活中,人们都普遍使用票据特别是支票作为支付工具。正是由于票据的支付功能,才使得现代商品交易,尤其是大宗的或国际上的交易变得迅速、准确、安全。

3. 充当信用工具的作用

票据的信用作用是票据的核心作用。在现代商品交易活动中,信用交易不仅大量存在,而且起着举足轻重的作用,现金交易则退居次要地位。票据作为信用工具,在现代社会中的作用日益重要,它既可以作为商业信贷的重要手段,又可以作为延期付款的凭证,还可以作为债务的担保。总之,票据当事人可以凭借某人的信用,将未来可取得的金钱作为现在的金钱来使用。同时,票据的背书制度也客观上加强了票据的信用作用。汇票和本票具有信用工具的作用,支票限于见票即付,一般用作支付工具,而不用作信用工具。

4. 流通作用

背书制度产生之后,票据就具有流通作用,可以通过背书的方式进行转让。依照背书制度,背书人对票据付款负有担保责任,即在持票人的付款请求权不能实现或者无法实现时,持票人可以向背书人追索,背书人应当付款。因此,票据背书转让的次数越多,票据债务人也就越多,票据债权实现的可能性也就越高。

5.融资作用

融资作用是票据的最新作用。由于汇票和本票的付款都是在将来的一定日期,而在其到期前,持票人可能发生资金周转困难的情况而调度资金,持票人可以将其持有的未到期票据以买卖方式转让于他人。这种未到期票据的买卖就是票据贴现。票据贴现是利用票据融通资金的一种有效方式。现在多由专业银行经营此项业务,中央银行经营再贴现业务。银行经营贴现业务,实际上就是向需用资金的企业提供资金。随着票据贴现制度的出现,票据的融资作用日益突出。

三、票据立法及票据法系

(一)票据立法

1.票据法的概念

票据法是规定票据的发生、转让及其行使关系的法律规范的总和。它有广义和狭义之分。

广义的票据法,是指一切关于票据适用的法规的总称,包括票据公法和票据私法。票据公法是指关于票据在公法上的规定。例如,刑法中关于伪造有价证券罪的规定;民事诉讼法中关于票据诉讼程序的规定;破产法中关于票据出票人或背书人受破产宣告的规定等。所谓票据私法,是指关于票据在私法上的规定。例如,民法中或商法中关于票据的各项规定。

狭义的票据法,是指以票据的发生、转让及其行使的关系为对象而规定的特别的法律规范。本章论述的票据法是狭义的票据法,包括对汇票、本票和支票这三种有价证券在发生、转让和行使过程中的有关法律规范。

2.票据法的特征

票据法既要保障票据流通的方便、快捷,又要确保票据流通的安全,以保障票据权利人的利益。与民法相比,票据法具有以下一些特征:

(1)票据法具有强制性。票据关系的设定、变更或消灭,均以法律规定为行为准则。票据的内容由法律直接规定,不依当事人的意愿变更。如票据的种类、格式,票据行为,票据当事人的权利、义务等内容,大多是强制性规范,少有任意性规范,使当事人难以有任意而为的机会。

(2)票据法具有技术性。票据法的规定多数是出自商业交易活动的需要,为保证票据使用的方便与安全可靠,根据票据本身的特点和内在本质规律,专门设计出来并加以规定的。因此,票据法与交通法规有相似之处,技术性较强,都属于技术性的规定。

(3)票据法具有国际统一性。票据法是为商品经济和国际贸易服务的,随着商品经济和国际贸易的发展,不同地区、不同国家的票据法日趋统一。如《日内瓦统一汇票本票法》和《日内瓦统一支票法》,就是适应国际贸易的要求,而为许多国家所接受。它体现了票据法的国际统一性趋势。现行的德国票据法和支票法同日本的票据法和支票法几乎逐条相同,因为这些都是以日内瓦统一票据法为蓝本的。票据法已成为国际上统一程度最高的一种法律。

(二)票据法三大法系

西方各国票据法在本质上是相同的,但在某些具体法律制度方面存在着不少的分歧和差异,在关于统一票据法的"日内瓦公约"制定以前,大致可以分为以下三个法系。

1. 法国法系(又称拉丁法系)

法国的票据法历史最为悠久,早在1673年《法国商事条例》中就有关于票据的规定,后来经过修订编入1807年《法国商法典》内,作为该法典的一章。法国票据法的主要特点有两个:

(1)认为票据是代替现金输送的工具,对票据的这一作用规定得十分详尽,而对票据作为信用工具和流通手段的作用则考虑较少,规定也很简略。

(2)认为票据关系与基础关系(包括对价关系与资金关系)不能截然分离。因为法国票据法制定较早,当时票据在经济生活中主要是作为代替现金输送的工具,因此,作为上层建筑的票据法,也只能反映当时社会经济生活的客观需要。

法国的票据法对欧洲大陆各国的票据法一度产生过重大的影响。欧洲各国的票据法许多都是仿效法国的票据法来制定的。但随着时间的推移,商业的发达使法国票据法的某些原则已不能适应近代经济发展的要求。因此,某些原来仿效法国票据法的国家后来已舍弃法国的旧制度而采取德国的法例。

2. 德国法系(又称日耳曼法系)

《德国票据法》于1871年4月16日公布施行,其内容包括汇票法与本票法两种。《德国支票法》则于1908年另行制定。《德国票据法》注重票据的信用功能与流通功能,其主要特点是:

(1)强调票据关系与基础关系相分离,使票据成为不要式的证券。

(2)采取严格的形式主义,德国法认为票据乃是一种不要式的有价证券。

属于德国法系的国家主要有瑞士、瑞典、奥地利、荷兰、丹麦、挪威以及日本等。

3. 英国法系

英国法系包括英国、美国以及受英国普通法传统影响的国家。《英国票据法》颁布于1882年。由于《英国票据法》制定的年代较晚,票据作为流通手段和信用工具的作用已十分明显,因此,《英国票据法》的立法宗旨与法国的票据法有明显的差别,而与《德国票据法》则比较接近。但对票据的形式要求,英国法有一定的灵活性,不像德国法那样严格。《英国票据法》的主要特点是强调票据的流通作用和信用功能,保护正当的执票人的利益,这对于票据的流通、加速社会资金周转有利。

(三)关于票据的统一法公约

1. "日内瓦公约"

由于资本主义各国票据法的体例不同,不仅存在着上述法国、德国和英国三个不同的法系,而且在同一法系的各个国家之间,其关于票据的某些具体规定也有差异,这种状况的存在对于票据在国际上的流通使用和国际贸易的发展都是不利的。第一次世界大战后,在国际联盟的主持下,先后于1930年和1931年在日内瓦举行了两次关于统一票据法的国际会议,通过了四项关于统一票据法的"日内瓦公约"。具体包括:《统一汇票本票法公约》《解决汇票和本票的若干法律冲突的公约》《统一支票法的公约》《解决支票的若干法律冲突的公约》。

现在,大多数欧洲国家和日本以及某些拉丁美洲国家已经采用了上述各项"日内瓦公约"。此后,大陆法系各国的票据法将逐步趋于统一。但是,英美等国则从一开始就拒绝参加"日内瓦公约",他们认为,"日内瓦公约"主要是按照大陆法的传统制定的,与英美法的传统和实践有矛盾,如果参加"日内瓦公约",将会影响英美法系各国之间已经实现的统一局面。由于这个缘故,历史上存在的票据法的三大法系,现在已演进为日内瓦统一法系与英美法并存的局面。为了解决日内瓦法系和英美票据法的分歧,联合国国际贸易法委员会主持制定了《联合国国际汇票和国际本票公约》。

2.《联合国国际汇票和国际本票公约》

由于日内瓦统一票据法并没有达到统一各国票据法的目的,英美法系各国的票据法同日内瓦公约在许多问题上一直存在着重大的分歧。这种状况的存在,对汇票在国际上的流通使用是十分不利的。为了解决这个问题,1956年,国际商会草拟了《商业票据代收统一规划》,方便了国际票据的使用和流通,促进了国际贸易的发展,对各国立法产生了影响。为了促进各国票据法的协调和统一,联合国国际贸易法委员会从20世纪70年代起就着手起草一项适用于国际汇票的统一法公约,并于1973年提出了《统一国际汇票法(草案)》。这个草案是日内瓦公约体系与英美法体系相互调和、折中的产物。但由于各国在许多问题上的分歧一时难以解决,该草案迟迟未能获得通过。1979年又将其改名为《联合国国际汇票和国际本票公约(草案)》,以后又进行了多次修改,直到1988年12月9日才正式获得通过。《联合国国际汇票和国际本票公约》的适用范围仅限于国际票据,即出票地、付款地和受款人所在地中至少有两地不在一个国家的票据,不适用于缔约国国内的票据使用。因此,该公约还不能认为是完全的国际统一票据法。从这个意义上讲,日内瓦统一票据法则可称为完全的国际统一票据法,因为它既是适用于国际的票据法规范,又是适用于国内的票据法规范。《联合国国际汇票和国际本票公约》虽尽可能地融合了两大票据法系的不同规定,但却难以从根本上消除两大法系的对立,无论是英美法系国家,还是日内瓦统一法系国家对此都有意见,致使该公约至今仍未生效。

(四)中国的票据立法

中国的票据立法可以追溯到清朝时期,1907年(光绪三十三年)清政府根据《海牙统一票据规则(草案)》,并参照德国、日本的票据法于1912年制定了商事法规,但未公布。北洋政府也先后五次起草《票据法》,但也未公布。直到1929年9月,南京政府立法院通过了《票据法》,1930年10月30日公布施行。这是我国历史上颁布的第一部《票据法》。

中华人民共和国成立伊始,因为实行计划经济,所以票据的使用受到严格的限制。本票被完全取消,汇票仅限于国际贸易中使用,支票仅限单位使用,且以转账支票为主。1981年我国开始试办票据承兑、贴现业务。1984年中国人民银行发布《商业汇票承兑、贴现暂行办法》。1988年9月国务院发布《现金管理暂行条例》,允许银行发行本票和汇票。1988年12月,中国人民银行发布《银行结算办法》,规定全面推行银行汇票、商业汇票、银行本票和支票结算制度。1993年5月,中国人民银行发布《商业汇票办法》。为适应市场经济的发展和金融体制改革深化的要求,1995年5月10日第八届全国人民代表大会常务委员会第十三次会议通过了《中华人民共和国票据法》,该法共 7 章 111 条,自 1996 年 1 月 1 日起施行。此后,中国人民银行先后发布了《商业汇票承兑、贴现与再贴现管理暂行办法》(1997 年 5 月 22 日发布,自同日起施行)、《票据管理实施办法》(1997 年 8 月 21 日发布,自 1997 年 10 月 1 日起施行)、《支付结算办法》(1997 年 9 月 19 日发布,自 1997 年 12 月 1 日起施行)。2004 年 8 月 25 日,第十届全国人民代表大会常务委员会第十一次会议修订了《中华人民共和国票据法》,进一步完善了我国的票据法律制度。

第二节 票据法律关系、票据行为与票据权利

一、票据法律关系

票据法律关系由出票人依法发出票据、收款人取得票据而形成,相对于票据的基础关系(实质关系)而言,它是一种形式关系。根据票据法律关系的形成是否依据票据本身而产生,票据法律关系可分为票据关系和非票据关系。

(一)票据关系

1. 票据关系的概念

票据关系是基于票据当事人的票据行为而发生的票据上的权利义务关系。由于票据行为有出票、背书、承兑、保证、付款等多种票据行为,票据关系也就有发票关系、背书关系、承兑关系、保证关系、付款关系等多种票据关系,从而在票据当事人之间产生了票据上的权利义务关系。

2. 票据关系的当事人

票据关系的当事人,是指享有票据权利,承担票据义务的法律关系主体。票据当事人是指在票据上签章并承担责任的人和享有票据权利的人,包括出票人、收款人、持票人、承兑人、背书人、保证人、付款人及其代理付款人等。在这些票据法律关系的主体中,他们既可以是个人,也可以是法人,还可以是国家。

票据当事人可分为基本当事人和非基本当事人。基本当事人是随发票行为而出现的当事人。如汇票与支票的基本当事人有出票人、付款人与收款人,本票基本当事人有出票人与收款人。基本当事人是构成票据关系的必要主体,这种主体不存在或不完全,票据上的法律关系就不能成立,票据也就无效。非基本当事人是在票据签发之后通过其他票据行为而参加到票据关系中的当事人。如承兑人、保证人、背书人等。

(二)非票据关系

1. 非票据关系的概念

非票据关系是相对于票据关系而言的一种法律关系,这种关系与票据有联系,但非票据行为本身所产生的,而是因法律规定所发生的法律关系,人们通常称为非票据关系。例如,因票据时效期满或手续欠缺而丧失票据上权利的持票人,对于出票人或承兑人有利益

偿还请求权。这一权利与票据有联系,但并非票据行为所产生,而是基于法律的规定产生的。票据法之所以要设立这样一种关系,目的是保护票据债权人的利益,当债权人在某种原因下丧失票据上的权利时,法律作出一些规定对债权人的权利予以补救。

2. 非票据关系的分类

根据产生的法律基础不同,非票据关系又分为票据法上的非票据关系与民法上的非票据关系。

(1)票据法上的非票据关系

票据法上的非票据关系是由票据法直接规定的,与票据行为相联系,但又不是由票据行为本身所发生的权利义务关系。

票据法上的非票据关系与票据关系的主要区别有两点:一是前者直接由法律规定而发生,后者由当事人的票据行为所引起;二是前者权利的行使不以持有票据为必要,而后者则以持有票据为前提。

票据法上的非票据关系主要包括:

①对于因恶意或重大过失而取得票据的持票人,真正权利人向其行使票据返还请求权的关系。

②因时效或手续的欠缺,丧失票据权利的持票人,对发票人或承兑人在其所受利益限度内行使利益返还请求权的关系。

③付款人付款后,对持票人行使交出票据请求权而发生的关系。

④汇票的持票人向发票人行使给予复本请求权而发生的关系等。

(2)民法上的非票据关系

票据法律关系是一种形式关系,即仅由出票人依法发出票据、收款人取得票据而成。但是,票据的做成是有很多原因和条件的,如买卖、赠予、继承、存款、欠债等,这就形成了许多与票据有密切联系的法律关系。这类作为票据法律关系的事实和前提条件而存在的法律关系,则称为票据的基础关系或实质关系。它是基于产生和接受票据的原因或实质而形成的关系,不属于票据关系的范围,也不属于票据法规范的对象。这类关系是由民法来调整的,因而也称为民法上的非票据关系。

3. 票据基础关系

(1)原因性票据基础关系

它是指票据当事人之间由接受某种票据的原因所产生的基础关系。也就是说,某种关系之所以出现,在经济上和法律上必定有着客观的原因。例如,票据当事人间存在一种购销合同关系,那么购货人收到货物后,应依合同付款给供货人,如果他们的结算采取票据方式,这种购销关系必定产生票据关系。购销关系是票据关系产生的原因。我们称这类购销关系为原因性票据基础关系。

(2)资金性票据基础关系

它是指汇票或支票的出票人与付款人之间的基础关系。例如,付款人(银行)处存有出票人(存款人)的资金时,出票人因某项支出开出一张支票,这样就会在付款人与存款人之间产生票据关系。可见,因资金的存贷关系也能产生票据关系,我们称这种资金的存贷关系是一种资金性票据基础关系。

(3)票据预约

票据当事人间虽然有原因关系存在,但是在为票据行为之前,通常要对票据行为的内容有所约定,如在发出票据之前,出票人与收款人之间就票据的种类、金额、到期日、付款地等事项达成协议,这种协议就是一种票据预约,它本身不是票据关系。在票据当事人间,首先有原因关系,其次有票据预约,尔后才有根据预约发出票据之后所产生的票据关系。票据预约是居于票据原因与票据行为之间的中间行为,是票据原因的结果、票据行为的基础,它使当事人一方负有为票据行为的义务,如出票。票据行为是票据预约的实现,但票据预约与票据行为是分离的。当事人间若不履行票据预约是民法上的违约问题,与票据的效力无关。

(三)票据关系与票据基础关系

票据关系与票据基础关系存在着既相互分离又相互联系的双重关系。

(1)票据关系与票据基础关系相分离,即票据关系一经成立,便与票据基础关系相脱离,不受票据基础关系的影响。无论票据基础关系是否成立,都不影响票据权利的行使,这是作为无因证券的票据流通所必需的,否则票据难以广泛流通。

(2)票据关系与票据基础关系仍有相联系的地方,这主要表现在票据的原因关系中。一种情况是,当原因关系与票据关系存在于同一当事人之间时,债务人可用原因关系对抗票据关系。如甲因向乙购货而交付汇票于乙,之后,甲、乙间的买卖合同解除,乙持票向甲请求付款时,甲可以主张原因关系不存在而拒绝付款。但是,这种以原因关系对抗票据关系的情形只能发生在直接当事人之间,对第三人不产生效力。如在上例中,乙已将汇票背书于丙,则甲不能以原因关系不存在而对抗丙的票据权利。另一种情况是,当持票人取得票据无对价或无相当对价时,不能享有优于其前手的权利。如甲签发票据给乙,丙窃得后将票据以低于票据面额的价格转让给丁。丙为丁的前手,丙不能取得票据权利,丁也就不能取得票据权利。

二、票据行为

(一)票据行为的概念

票据行为有广义和狭义之分。广义的票据行为是指以产生、变更和消灭票据上权利义务关系为目的的法律行为。狭义的票据行为仅指承担票据债务的要式法律行为。票据行为包括出票、背书、承兑、保证、付款。其中,出票是基本票据行为,其余均为附属票据行为。

根据票据行为的性质划分,票据行为分为基本票据行为和附属票据行为,或称主票据行为和从票据行为。基本票据行为是能够引起票据法律关系的行为,如出票;附属票据行为是指出票行为以外的其他票据行为,如背书、保证、承兑、付款等。

(二)票据行为的特征

票据行为与一般的法律行为相比,具有以下特点:

1.要式性

要式性是指票据行为是一种严格的书面行为,应当依据票据法的规定,在票据上记载法定事项,票据行为人必须在票据上签章,其票据行为才能产生法律效力。票据行为的要式性有利于票据的安全流通。

2. 文义性

文义性是指票据行为的内容均依票据上所载的文义而定。这是票据要式性的具体表现。票据文义直接决定票据权利和票据义务的范围和最高限度。

3. 无因性

无因性是指票据行为只要具备法定形式要件,便产生法律效力,即使其基础关系(又称实质关系)因有缺陷而无效,票据行为的效力仍不受影响。如甲签发汇票给乙,签发票据的原因是甲购买了乙的商品。之后,甲发现乙提供的商品有质量问题,但这并不能免除甲对乙的票据责任,至于甲、乙间的商品质量纠纷只能另行解决。

4. 独立性

独立性是指在同一票据上所做的各种票据行为互不影响,各自独立发生其法律效力。如无行为能力人的出票行为无效,但有行为能力人已在票据上背书、承兑,则背书、承兑有效;被保证的债务无效,保证人的保证行为只要要式具备便有效;票据本身或票据上的签字是被伪造的,但真正在票据上签名而完成的票据行为有效。许多国家的票据法都确立了票据行为的独立原则,目的是保证票据的流通和社会交易的安全。

5. 连带性

连带性是指同一票据上的各种票据行为人均对持票人承担连带责任。由于票据行为具有独立性和无因性,这就使持票人的权利实现受到影响,因此票据法规定了连带原则,以保护持票人的票据债权。《中华人民共和国票据法》第六十八条规定,汇票的出票人、背书人、承兑人和保证人对持票人承担连带责任。

(三)票据行为要件

票据行为必须具备法定要件才能成立和有效。票据行为要件分为实质要件和形式要件两类。票据行为的实质要件,适用民法上关于民事行为成立要件的规定。它包括行为人的票据行为能力和票据意思表示两个方面。形式要件是票据行为要式性的具体表现,包括书面、记载事项、签名和交付四项。

1. 书面

出票、背书、承兑、保证等各种票据行为均须以书面为之。

2. 记载事项

根据记载事项的效力不同,可分为应记载事项、可记载事项、不得记载事项和不产生票据法效力的记载事项。

(1)应记载事项。应记载事项又称必要记载事项,是指依票据法规定必须记载的事项。根据记载后的效力,应记载事项又分为绝对应记载事项和相对应记载事项。绝对应记载事项是指依票据法规定必须记载,如不记载,票据即归无效的事项。综合各国票据法的规定,这类事项主要包括四项:表明票据种类的文句、确定的金额、无条件付款的委托文句或无条件支付的承诺文句、出票日期。我国票据法将汇票的绝对应记载事项规定为七项,除前述四项外,还有收款人名称、付款人名称和出票人签章。本票和支票则规定为六项,除前述四项外,本票还有收款人名称和出票人签章,支票有付款人名称和出票人签章。

相对应记载事项是指票据法规定必须记载,如未记载,则以票据法的规定为准的事项。根据《中华人民共和国票据法》第二十三条的规定,汇票的付款日期、付款地、出票地为相对应记载事项。汇票上未记载付款日期的,为见票即付。汇票上未记载付款地和出票地的,以付款人和出票人的营业场所、住所或居住地为付款地和出票地。

(2)可记载事项。可记载事项又称任意记载事项,是指记载与否由票据当事人决定,若不记载,票据仍然有效,若记载,也发生票据法上的效力。从立法体例来看,各国票据法一般是将这类事项规定在汇票、本票及支票分则中,如汇票发票人可以记载预备付款人、禁止背书等。《中华人民共和国票据法》第二十七条第二款规定:出票人在汇票上记载"不得转让"字样的,汇票不得转让。

(3)不得记载事项。不得记载事项又称禁止记载事项,即记载于票据上,使记载本身或票据归于无效的事项。依记载后果不同,分无益记载事项和有害记载事项。无益记载事项不产生票据法上的效力,也不产生其他法律上的效力,如附条件背书。《中华人民共和国票据法》第三十三条规定:背书不得附有条件。背书时附有条件的,所附条件不具有汇票上的效力。有害记载事项是指行为人一经记载就使整个票据归于无效的事项,如汇票出票人记载"货到验收合格后付款"或"见我电报付款"。此类附条件事项,不仅使记载本身无效,也使整个票据归于无效。

(4)不产生票据法效力的记载事项。不产生票据法效力的记载事项是指当事人可以自由选择记载,但记载后不产生票据法效力的事项,如汇票出票人记载"除给付票据金额外另付股票若干",即属此类记载事项。

3. 签名

签名是票据应记载的事项之一,也是票据行为人承担票据责任的必要表示方法。各国票据法都规定,任何一种票据行为均应由行为人在票据上签名。签名分为自然人签名和法人签名两种。

4. 交付

交付是指票据行为人将票据交给相对人持有。票据是提示证券、占有证券和返还证券,无论是出票还是背书、承兑、保证、付款等,均须以交付到相对人手中,才能算完成票据行为,相对人才能据以持票行使票据权利或承担票据义务。

三、票据权利

(一)票据权利的概念和分类

票据权利是指持票人向票据债务人请求支付票据金额的权利。票据权利是一种金钱债权,包括两种权利:付款请求权和追索权。

(1)付款请求权。付款请求权是指票据的债权人依法要求票据的主债务人或其他付款人按票据上所记载的金额付款的权利。付款请求权的成立要件包括:票据权利曾有效存在;票据权利因时效届满或手续欠缺而消灭;出票人或承兑人因票据权利的消灭而受有额外利益。承兑人未收到资金或出票人为赠予,则无额外利益。

(2)追索权。追索权是指持票人行使付款请求权遭到拒绝或有其他法定原因时,持票人在履行一定的保全手续后,可以要求付款人或承兑人的前手偿还票据金额和其他费用的一种票据权利。

知识拓展

追索权本质上是一种票据权利。追索权作为最后持票人享有的第二次请求权,它是一种期待权,是为补充付款请求权而设立的。追索权作为一种票据权利,其行使必须采取一定的保全手续,否则,持票人就会丧失对其前手的追索权。追索权具有代位性,追索权的代位性又称作转移性,即追索权并不因一次得到满足而消失,最后持票人向其前手行使追索权,在得到清偿后,追索权并没有消失,而是转移到其他票据债务人。追索权具有选择性和变更性,追索权的选择性是指持票人可以不按顺序选择偿还对象;追索权的变更性是指持票人在时间上可先后变更追索对象。

付款请求权又称第一次请求权,而追索权一般是在行使付款请求权后才使用的权利,故称第二次请求权。票据法上的其他权利,如付款人的交出票据请求权、利益返还请求权、汇票持票人的发行复本请求权、票据抗辩权等,由于它们不是票据所固有的权利,而只是为维护票据的信用和实现票据权利而发生的,因此是一种辅助性的权利,它们本身不是票据权利,故称为票据法上的权利。

(二)票据权利的取得、行使和保全

1. 票据权利的取得

票据权利的取得是指根据什么方式,依据何种法律事实而取得票据权利。

(1)从票据权利的取得方式看,分为原始取得和继受取得。原始取得是指发票人制成票据并交付给收款人后,收款人即从发票人处得到票据权利,这种取得票据的方式为原始取得。继受取得是指持票人从有正当处分权的人那里依背书转让或者交付程序而取得票据,如因背书而取得,因税收、继承、赠予而取得,因公司合并而取得等。

(2)从票据取得的主观状态看,分为善意取得和恶意取得。持票人在善意和无重大过失的情况下,依照票据法规定方式,支付对价后取得的票据,为善意取得。持票人善意取得的票据,应当享有票据权利。持票人明知转让票据者无处分或交付票据的权利,或者虽然不是明知但应当或者可能知道让与人无处分权而由于过错或疏忽大意未能得知而取得票据,为恶意取得。持票人恶意取得票据的,不得享有票据权利。票据权利取得的限制,根据《中华人民共和国票据法》的规定有两项:第一,以欺诈、偷盗或者胁迫等手段取得票据的,或者明知有前列情形,出于恶意取得票据的,或者有重大过失取得票据的,不得享有票据权利;第二,以无偿或者不以相当对价取得票据的,不得享有优于其前手的票据权利。

2. 票据权利的行使和保全

票据权利的行使,是指票据债权人请求票据债务人履行其票据债务行为。票据权利的行使,应当在票据债务人的营业场所和营业时间内进行。票据债务人无营业场所的,应当在其住所进行。票据权利的保全,是指票据债权人为防止其票据权利的丧失,依票据法规定而采取的行为。例如,为防止追索权的丧失,采取作出拒绝证书的方式。

四、票据的伪造和变造

票据上的记载事项应当真实,不得伪造、变造。伪造、变造票据上的签章和其他记载事项的,应当承担法律责任。所谓票据伪造,是指行为人假冒他人的名义在票据上为一定的票据行为,包括票据本身的伪造和票据上签名的伪造。票据上签名的伪造是对已经存在的票据实施伪造签名的行为,其票据仍然是真正的票据。如果是票据本身的伪造(出票的伪造),则这种票据是无效的票据。所谓变造是指无权而擅自变更票据文义的行为,即改变签名以外的票据上的其他记载事项的行为。票据变造的前提是该票据在变造前须为形式上有效的票据,而在变造后仍须为形式上有效的票据。依照票据行为的独立性原则,一行为无效,不影响其他行为的效力。所以,《中华人民共和国票据法》规定,票据上有伪造、变造的签章的,不影响票据上其他真实签章的效力。同时还明确规定了责任问题:票据上其他记载事项被变造的,在变造之前签章的人,对原记载事项负责;在变造之后签章的人,对变造之后的记载事项负责;不能辨别是在票据被变造之前或者之后签章的,视同在变造之前签章。

第三节　汇票、本票和支票

票据主要有汇票、本票和支票三种。

一、汇票

(一)汇票概述

1. 汇票的定义

汇票是出票人签名出具的,要求受票人于见票时、规定的日期或于将来可以确定的时间内,向特定人、凭特定人的指示或持票人,无条件支付一定金额的书面支付命令。

2. 汇票的特征

汇票的特征包括:

(1)汇票是票据的一种。

(2)汇票是委托他人支付确定金额的票据。

(3)汇票是无条件支付一定金额给收款人或持票人的书面票据。

(4)汇票的金额必须确定。

(5)汇票须于见票时或规定的到期日付款。

3. 汇票原始当事人之间的法律关系

汇票的出票人对付款人来说是债权人,而对收款人来说则是债务人。但是,只有付款人在汇票上签名,承担了付款义务之后,他才成为该汇票的主债务人,而出票人则居于次要地位,成为从债务人。

(二)汇票的票据行为

1. 出票

出票人签发票据并将其交付给收款人的票据行为,称为出票行为。出票由做成票据和交付票据两项行为构成。做成票据指出票人依照票据法的规定,在票据上记载法定内容并签名或盖章的行为。交付票据是指出票人依据自己的本意将做成的票据实际交给他人占有的行为。欠缺这两项中的任何一项,出票行为都不成立。出票的目的在于创设票据权利,并使票据进入流通领域。因此,出票行为完成后,即可发生票据法上的效力。基于出票行为,出票人产生票据债务,收款人或持票人取得票据权利。

汇票的法定记载事项包括:

(1)标明"汇票"字样。德国法系各国及"日内瓦公约"都要求在汇票上必须标明"汇票"字样,但英美法系各国则不要求必须注明"汇票"字样。

(2)汇票必须是无条件的。

(3)汇票上所载明金额须是确定的。

(4)必须载明付款人的姓名。

(5)汇票的收款人。英美法认为,汇票上可以指定收款人,也可以不指定收款人,而仅填写"付给持有人"(to Bearer)字样,谁持有汇票,谁就有权要求付款人支付票据上所记载的金额。但"日内瓦公约"原则上不承认无记名式的汇票。按照《英国票据法》,汇票上收款人可以有以下三种写法:

①限制性抬头。例如,汇票上载明"仅付给 A 公司"(Pay A Co. only)或"付给 A 公司,不准转让"。这种汇票只能按一般民法上债权让与的方式转让。

②指示式抬头。例如,汇票上载明"付给 A 公司或其指定的人"(Pay to A Co. or order;Pay to the order of A Co.),这种汇票可以经过背书转让。

③来人式抬头。汇票上不载明收款人的姓名,而只写明"付给持票人"(Payable to bearer)字样。这种汇票在转让时无须由持票人背书,仅凭交付即可转让。

(6)汇票的出票日期及地点。"日内瓦公约"规定,汇票应当记载出票日期及地点,否则不得认为有效,但有一个例外,如果汇票上没有载明出票地点,则以出票人姓名旁的地点为出票地点。英美法系各国则认为,出票日期和地点并不是汇票必须记载的事项。如果汇票上没有填写出票日期,汇票仍然有效,持票人可以将其认为正确的日期补填在汇票上。如果汇票上没有载明出票的地点,则可以以出票人的营业所、住所或居住地为出票地点。出票的时间和地点在法律上具有重大意义。按照一些国家的票据法的规定,付款提示和承兑提示都有一定的期限,这个期限是从出票之日起开始计算的。出票的地点对国际汇票法有重要意义,它关系到汇票的法律适用问题。按照《1930 年关于解决汇票与本票的若干法律冲突的公约》和许多国家的法律冲突规则,汇票所适用的法律在许多方面都采用行为地法的原则。

(7)汇票的到期日。汇票的到期日就是汇票所载金额的支付日期。如未载明付款时间,可视为见票即付。汇票的到期日有以下四种规定方式:①定日付款(Fixed Date);②见票即付(Sight Bill),即要求付款人在持票人向其提示汇票时付款;③出票日后定期付款(After Date),即从出票日起算,于出票日后的一定时期内(如 1 个月)付款;④见票后定期付款(After Sight),即从持票人提示汇票后起算,于见票后的一定期间内(如三个月)付款。按照《英国票据法》的规定,汇票的到期日可以是确定的期限或日期,也可以把将来肯定会发生的但不能预先确定其发生的确切日期的事件作为这类汇票的到期日。但"日内瓦公约"则只允许采取上述①至④种办法来规定汇票的到期日,否则汇票无效。

(8)汇票的付款地点。《英国票据法》规定,票据上不一定要载明付款地点,不管付款人在什么地方,只要持票人能找到他,就可以向他提示汇票要求付款。"日内瓦公约"则要求在汇票上应载明付款地点,但是,如果没有记载付款地点,则以付款人姓名旁的地点视为付款地,亦即视为付款人的所在地。

(9)必须由付款人在汇票上签名。按照票据法的原则,只有在汇票上签名的人,才对票据承担责任。因此,各国票据法都规定,汇票上必须要有出票人的签名才能生效,欠缺出票人签名的汇票在法律上是无效的。

出票人的责任有两项:(1)担保其汇票将获得承兑;(2)担保其汇票将获得付款。关于出票人可否在汇票上列入"免予追索"(Without Recourse)的文句,各国法律有不同规定。按照"日内瓦公约"的规定,出票人可以在汇票上列入免责文句以免除担保承兑的责任,但不得免除担保付款的责任。而《英国票据法》和《美国统一商法典》则规定,出票人可以在汇票上列入免责文句,免除或限制其对持票人的偿还义务。

2. 背书

背书是指持票人在票据背面或者粘单上记载有关事项并签章后将票据交付受让人,从而使票据上的权利发生转移的票据行为。票据作为流通证券,票据流通主要是通过背书行为实现的,出票之后,票据上的权利依背书方式可以在社会上流通。

(1)票据背书的效力

①权利转移的效力。被背书人依背书而受让票据后,就同时取得票据的所有权利,如包括对付款人的付款请求权、对前手的追索权、对票据保证人的权利等。

②担保付款的效力。背书人对于其后手有担保承兑及付款的责任,背书人之间承担连带责任。如承兑人拒绝承兑、承兑人破产或不付款时,持票人有权向背书人中的任何一人、数人或全体进行追索,请求偿还票据上的金额。背书人对票据债权人所负的责任与出票人相同。因此,票据的背书人越多,就意味着有更多的人担保票据承兑和付款,则担保的效力就越大,持票人的利益就越有保障。

③权利证明的效力。它是指持票人应以背书的连续,证明其取得的票据权利是正当的。如所持票据上的背书为连续时,应推定持票人为真正的票据权利人,而不必另行举证,即可行使票据权利。

(2)背书的方式

①记名背书(Special Endorsement),又称为完全背书或特别背书。持票人在背书时,在汇票背面写上被背书人的姓名、商号名称,并签上自己的名字,然后将汇票交付给被背书人,汇票的转让即告完成。

②空白背书(Blank Endorsement),又称无记名背书或略式背书。背书人在汇票背面签上自己的名字,不必填写被背书人的姓名或商号名称。经空白背书后的汇票可仅凭交付而转让,其结果同来人式汇票相同。

空白背书可以转变为记名背书，记名背书也可以转变为空白背书。

(3)背书的种类

依背书人背书时的意图，背书主要可以分为以下几种：

①转让背书，是以转让汇票上的权利为目的所做的背书，其受让人(受背书人)可取得该汇票的所有权利，持票人在背书时另有记载的除外。通常的背书多属于此类。按照各国票据法的规定，持票人在背书转让票据时，须把汇票上的全部金额同时转让给同一个人，这就是所谓的"背书的不可分割性"。

②有特殊记载的背书，是指持票人背书时，除签名外，还附加了某种特殊文句，借以限制自身的责任，限制汇票的再度转让或附加其他条件等。主要有以下几种情形：

a.限制转让的背书(Restrictive Endorsement)。背书人在背书时加注限制的文句，如注明"不得转让"(No Negotiable)等。按照英国的法律，该汇票的受背书人无权将该汇票再次转让，除非另有授权。按照某些大陆法国家的法律，则该汇票就只能以一般债权让与的方式转让；但是，如果是由背书人注明不得转让，而该汇票仍然可以以背书方式转让的，则背书人仅对其直接的受背书人负责；倘若该汇票仍然可以以背书方式转让给其他人，则背书人对于在其注明禁止背书之后，再依背书取得该汇票的其他人，可不负责，即可拒绝其他人的追索。但是，按照《美国统一商法典》的规定，限制转让背书一般不能限制该票据的转让流通。

b.限制背书人责任的背书(Qualified Endorsement)。背书人为了限制自己的责任，往往在背书时加"免予追索"(Without Recourse/Sans Recourse)的文句。这种文句可以起到使背书人免除其由于在汇票上签名背书而产生的责任的作用。如日后该汇票遭到拒付，持票人在向前手追索时，只能越过背书人而向其他背书人或出票人追索。但是，按照《英国票据法》的规定，加注"免予追索"字样的背书人的地位，同仅凭交付票据而转让的无记名汇票的出让人的地位是相类似的，即他们虽然对间接的受让人可以免受追索，但如有下列情况则仍须对支付了对价的受让人(Immediate Transferee for Value)负责：第一，汇票曾被伪造；第二，背书人在转让汇票时已经知道汇票将遭到拒付；第三，出让人的权利有瑕疵(如无权出让汇票)。

c.附有条件的背书(Conditional Endorsement)。背书应当是无条件的，如背书人在背书时附加某种条件，则这种附加条件的记载是无效的。

③非转让背书，是指背书人进行背书不是为了转让票据上的权利，而是另有用意。常见的非转让背书有以下两种：

a.委托取款背书(Endorsement for Collection)。背书人在背书时注明其背书的目的只是委托被背书人取款，而不是转让汇票的所有权。这种背书通常都注明"委托取款"(for Collection)或"委托代收"(by Procuration)等字样。按照"日内瓦公约"的规定，委托取款背书的受背书人享有以下两项权利：第一，行使汇票上的一切权利；第二，以代理人的资格，为了取款的目的，将汇票再度背书给第三人，从而将其代理权移转于第三人，让后者代为取款，但不得进行其他背书(如转让背书)。同时，在委托取款背书的条件下，由于该汇票的权利并未转让给受背书人，而仍为背书人所拥有，因此，在受背书人行使汇票上的权利时，该汇票债务人所提出的抗辩，可用于对抗受背书人。

b. 设质背书(Endorsement of Pledge)。设质背书亦称质权背书,是指以设定质权为目的所做的背书。此种背书的受背书人,得以质权人的资格行使汇票上的权利。质权背书通常都注有"基于担保"(Value in Security)或"出质"(Value in Pledge)字样。按照"日内瓦公约"的规定,汇票的债务人不得以自己对设质背书人的抗辩来对抗设质背书的受背书人(质权人),但如果后者为在接受汇票时明知损害债务人而接受者则不在此限。

3. 提示

提示(Presentment)是指持票人向付款人出示汇票,请求其承兑或付款的行为。这是持票人为行使和保全其权利所必须做的一种行为。提示可以分为承兑提示和付款提示两种。承兑提示是指持票人向付款人出示汇票,并要求付款人承诺付款的行为。付款提示是指持票人现实地向付款人或承兑人出示汇票而请求其付款的票据行为。

付款人只有在其承兑汇票之后,才成为该汇票的主债务人,承担到期付款的责任。但是,即期汇票(Bills Payable on Demand,at Sight)则只需做付款提示,而无须做承兑提示。无论是承兑提示还是付款提示,都必须在法定期限内进行或按票据上的记载办理。对于提示的期限,各国法律有不同的规定。"日内瓦公约"规定,见票后定期付款的汇票,应在出票日起一年内为承兑提示;见票即付的汇票,应于出票后一年内为付款提示。英美法则没有规定具体的提示期限,而只要求在"合理时间"(Reasonable Time)提示。如果持票人不在规定期间内作出承兑提示或付款提示,那么他将丧失对前手背书人和出票人的追索权。因此,及时作出相应的提示是持票人保全其权利的一种必要的程序。但是,汇票承兑人不得以持票人未按时为付款提示而解除其对汇票的责任,因为他是汇票的主债务人,负有绝对的付款义务。如果承兑人拒付,持票人可向他起诉,但此项诉讼必须在法定期限内提出。关于诉讼时效,各国法律有不同的规定,"日内瓦公约"规定为三年,《英国票据法》规定为六年。一旦上述时效已过,持票人就将丧失汇票上的一切权利。

4. 承兑

汇票的付款人接受出票人的付款委托,同意承担支付汇票金额的义务,并以签名形式将此项意思表示于汇票上的行为是承兑行为。

承兑的作用在于确定付款人对汇票金额的付款义务。因为开立汇票是出票人单方面的行为,付款人是否接受给票据付款是不确定的,所以,持票人为了确定付款人的责任,就须向付款人提示承兑,只有付款人在汇票上签名承兑之后,才对汇票的付款承担责任,并由此成为汇票的主债务人,出票人和其他背书人则居于从债务人的地位。但如承兑人在汇票到期时不付款,持票人仍有权向任何前手背书人或出票人进行追索。如付款人拒绝承兑,持票人就只能对汇票的背书人和出票人进行追索。但是承兑行为仅发生于汇票关系中,本票和支票关系中无承兑行为。

参加承兑是指当汇票不能获得承兑,或付款人、承兑人死亡、逃避、破产以及其他原因,无法向其做承兑提示时,第三人为阻止持票人在汇票到期日前进行追索而加入票据关系所做的票据行为。参加承兑的目的,在于防止持票人在汇票到期日前,因不能获得承兑而行使追索权,以维护出票人和背书人的信誉。参加承兑人代被参加承兑人偿还了债务后,汇票的权利并不消灭,汇票亦不因之而失效,参加承兑人对被参加承兑人及其前手仍具有持票人的权利。

5. 保证

汇票的保证是指票据债务人以外的第三人，在票据或其粘单上所为的，以担保特定票据债务人履行票据债务为内容的票据行为。汇票保证有如下特点：

(1) 汇票保证是一种要式行为。汇票保证在汇票上或粘单上作出，注明"保证"或类似字句，并由保证人签名。

(2) 汇票保证具有独立性。这是汇票保证与民法上的保证的一个重要区别。具体来说，在汇票保证的场合下，即使被保证的主债务因任何原因无效，除因款式欠缺而无效外，保证人仍应承担义务；但民法上的保证则不然。

(3) 汇票保证人不得享有先诉抗辩权。这也是汇票保证与民法上的保证的一个重要区别。汇票保证具有独立性，所以汇票的持票人（债权人）可以不先向被保证人请求付款或追索，而直接向保证人提出付款请求或追索。

保证人在清偿汇票债务后，有权行使持票人对承兑人、被担保人以及对于被保证人应负汇票上责任者的追索权。保证人的义务主要有：

(1) 保证人与被保证人负同一种责任。最主要的是担保付款的义务。

(2) 当由一个以上的保证人为同一汇票债务提供保证时，各保证人均应负连带责任。

(3) 保证人当其担保的汇票债务因某种理由无效时，仍应承担责任，但因款式欠缺无效者除外。

(4) 保证人可以就汇票的全部金额提供担保，也可以仅对部分金额提供担保，在后一种情况下，保证人仅对他所保证的部分金额承担支付义务。

6. 付款

汇票的付款（Payment）是指汇票的付款人在汇票的到期日向持票人支付汇票金额，以消灭票据关系的行为。提示是付款的必要程序。付款提示的效力主要表现在以下两个方面：一是作为保全偿还请求权的要件；二是作为汇票主债务人承担延期付款责任的条件。持票人在汇票到期日向付款人提示，付款人是否必须于当天付款、有无一定的宽限期，各国法律有不同的规定。按照《英国票据法》的规定，对远期付款的承兑，可以有 3 天的优惠日（Three Day of Grace）。"日内瓦公约"则没有优惠日的规定。但是，按照各国的法律或习惯，如果汇票的到期日是星期日和其他公休假日，则付款的日期可顺延至下一个营业日。

汇票一旦由付款人按票面金额全部付清后，汇票上的债权债务关系即告消灭。付款人在付款时得要求持票人在汇票上签名，注明"收讫"字样，并把汇票交给付款人。如果在汇票上出现伪造背书，付款人即使向支付了对价而取得该汇票的持票人支付了汇票规定的金额，也不能解除其责任，并且在这种情况下，付款人还应向汇票的真正所有人再次付款。但按照"日内瓦公约"的规定，付款人只负责证明汇票背书的连续性，而没有义务证明签名的真实性，因此，善意的付款人经核对背书的连续性认为合格而向持票人付款之后，即可合法地解除其对汇票的责任。

参加付款是指当付款人或承兑人不向持票人付款时，由付款人以外的人代为付款的行为。英国法称之为"荣誉付款"（Payment for Honor）。在参加付款的情况下，付款人付款后，由参加付款人取得了持票人的权利，他可以向被参加付款人及其前手要求偿还，但不得将该汇票再行背书转让。而且,汇票一旦由参加付款人付款后,被参加付款人的后手背书人,即因之而解除责任。"日内瓦公约"和《英国票据法》都规定,如持票人拒绝参加付款,他就将对由于此种付款而得以解除责任的任何当事人丧失其追索权。换言之,即丧失对被参加人及其后手背书人的追索权。

7. 拒付

汇票的拒付(Dishonor of Bill)包括拒绝承兑和拒绝付款两种情况。当持票人把远期汇票向付款人提示承兑时,如果付款人拒绝承兑,持票人即可行使追索权。拒付不仅是指付款人明白地表示拒绝承兑或拒绝付款,而且包括付款人逃避、死亡或宣告破产等情形。

8. 追索

当汇票遭到拒付时,为了保护持票人利益,各国法律都认为持票人有权向前手背书人以及汇票的出票人请求偿还汇票上的金额,这项权利在法律上称为追索权(Right of Recourse)。按照各国票据法的规定,持票人在行使追索权时必须具备以下条件:

(1)汇票遭到拒绝承兑或拒绝付款。

(2)汇票已在法定期限内向付款人做承兑提示或付款提示。(如由于付款人或承兑人死亡、逃避或其他原因无法向其提示,或付款人、承兑人宣告破产,则无须做上述承兑提示或付款提示。)

(3)必须在汇票遭到拒付后的法定期间内做成拒绝证书。所谓拒绝证书,是一种由付款地的公证人(Notary Public)或其他依法有权做出这种证书的机构,如法院、银行、公会等,所做成的证明付款人拒付的书面文件。按照大多数国家的法律,除出票人已在汇票上注明不必做成拒绝证书外,一切汇票在遭到拒付时都必须做成拒绝证书,如持票人未按法定时间做成拒绝证书,则丧失对其前手背书人和出票人的追索权。按照"日内瓦公约"的规定,拒绝证书应于提示期内做成,如提示日为提示期限的最后之日,则得于其后的第一个营业日做成。但按照《英国票据法》的规定,国内汇票(Inland Bill)在遭到拒付时,不一定要做成拒绝证书,只有国外汇票(Foreign Bill)才必须在拒绝之日或翌日做成拒绝证书,否则出票人和背书人即可解除对该汇票的责任。至于汇票的承兑人,则仍应对汇票负责。

(4)必须在汇票遭到拒付后的法定期间内将拒付事实通知其前手。按照《英国票据法》的规定,持票人必须将拒付事实通知其直接背书人以及任何他拟对之追索的前手。此项拒付通知必须在合理时间内作出,否则,持票人就将丧失其对前手背书人和出票人的追索权。所谓合理时间,包括以下两种情形:①如果当事人居住在同一地区,则拒付的通知应于拒付的翌日作出,或于拒付后及时发出通知使对方能翌日收到;②如果当事人居住在不同的地方,则拒付通知应于拒付的翌日发出,如翌日无邮班,则应于下一个邮班发出。在这个问题上,"日内瓦公约"的规定没有像英国法那样严格。按照"日内瓦公约"的规定,持票人应于拒绝承兑或拒绝付款证书做成之日后4个营业日内通知其背书人与出票人;第一背书人应于收到此项通知之日后2个营业日通知其背书人与出票人;每一个背书人应于收到此通知之日后2个营业日内通知其前手背书人,依次推及出票人。不在上述期限内发出通知的,并不因此而丧失其权利。如由于急于通知而使汇票的债务人发生损失时,急于通知的一方应承担赔偿责任,但赔偿额不得超过汇票金额。

9. 伪造

汇票上的伪造签名(Forged Signature)是指假冒他人的名义或未经授权而用他人的名义在汇票上签名的行为。伪造签名主要有以下几种情形。

(1)伪造出票人的签名。如果假冒签名的汇票已被付款人承兑，承兑人就不得否认出票人的存在及其签名的真实性，必须对最后"持票人"承担付款义务。该汇票的背书人亦须对其后的持票人负责，因为背书人依法须对持票人保证出票人以及一切前手背书人的签名是真实的。

(2)伪造承兑人签名。如果有人假冒承兑人的名义在汇票上承兑，该汇票应视为未经承兑。被假冒签名的承兑人不承担责任。

(3)伪造背书。伪造背书(Forged Endorsement)是指假冒背书人的名义在汇票上签名。按照英国法，伪造背书的后果是：

第一，伪造背书视同没有背书一样，该汇票仍应是向原正当持票人付款的汇票。

第二，伪造背书的善意受让人所得到的是一张未经背书的汇票，他不能因此而取得对该汇票的任何权利，因此，他亦无转让该汇票的权利。这样一来，其后手也同样不能取得对该汇票的任何权利，正当持票人有权要求返还汇票。

第三，即使付款人已经承兑了汇票，成为该汇票的承兑人，但如果发现有伪造背书的事实，最后的"持票人"也无权对其要求强制执行付款义务，因为根据英国法，承兑人只对出票人的签名的真实性负责，但对背书人的签名的真实性则不负责任。

第四，即使付款人(承兑人)已向"持票人"付了款，也不能解除其付款义务，该汇票的真正所有人仍有权要求付款人再次向其付款。但有一个例外，如果作为付款人的银行，对见票即付的汇票付了款，只要银行的付款是出于善意，付款银行即可解除其付款义务。英国法是保护汇票的真正所有人，让从伪造者手中取得汇票的人承担损失。

"日内瓦公约"规定：汇票上的伪造签名对被伪造者和伪造者都没有约束力，但在汇票上履行了真实签名的人的义务并不因之减少其效力。无论由于任何方式而失去汇票的人，都不能要求以一系列背书方式取得票据权利的持票人交还汇票，除非持票人在取得汇票时有恶意或重大过失。凡在到期日付了款的付款人即可解除对汇票的责任，除非他有诈欺行为或有重大过失。付款人只需证明背书的连续性，但对背书签名的真实性不负责任。由此可见，"日内瓦公约"保护的是善意的持票人，而让失去汇票的真正所有人蒙受伪造签名所引起的损失。

可见，英国法主张保护汇票的真正所有人，而"日内瓦公约"则主张保护善意的持票人，二者对伪造签名使用截然不同的处理方法。

二、本票

本票(Promissory Note)又称期票，是出票人约定于见票时或于一定日期，向受款人或其指定人支付一定金额的无条件的书面允诺(Promise in Writing)。本票与汇票有许多共同之处，因此，世界上绝大多数国家在票据法中均以汇票为中心，对汇票作相当详细的规定，而对本票则只有几条特别规定，其余事项均可适用汇票的有关规定。

本票与汇票的区别如下：

(1) 汇票有三个当事人,即出票人、付款人与受款人,本票则只有两个当事人:出票人与受款人。

(2) 汇票必须经过承兑之后,才能确定付款人对汇票的责任,使承兑人处于主债务人的地位,而出票人则居于从债务人的地位;本票的出票人是本票的当然主债务人,无须办理承兑手续。

三、支票

(一) 支票的定义

支票是以银行为付款人的即期支付一定金额的支付证券。支票和汇票一样,有三个当事人:出票人、付款人与受款人。

(二) 支票和汇票的区别

(1) 支票的付款人限于银行,而汇票的付款人则不限于银行。

(2) 支票均为见票即付,而汇票则可以是即期的,也可以是远期的。但近代商业中出现了一种提前开出的支票,即在支票表面记载的日期以前开出的支票。这种支票实际上等于是一种"延期支票",它不仅是支付工具,而且能起到信用工具的作用。

(三) 支票项下银行和客户的关系

英国法认为,银行与客户的关系基本上是债务人与债权人的关系。客户把钱存入银行或委任银行代为收款,是把金钱借给银行,而银行则凭客户对银行开出的支票予以付款。法国法则认为,出票人与银行的关系是资金关系,银行之所以对出票人开立的支票付款,是因为出票人在银行存有资金,或者银行同意对出票人给予透支。各国法律都对开立空头支票的恶意出票人规定了处罚方法,有的课以罚金,情节严重者还要负刑事责任。但是,银行也有义务了解客户的资信情况,并随时核对客户的账目。按照英国的法律,如果银行由于疏忽对客户开立的支票付了款,而事后发现客户的存款或财产不足以抵偿这一金额,则银行不能向受款人要求偿还这笔款项,只能向其客户要求赔偿。

(四) 支票的停付和确认

有些国家的法律允许支票的出票人在出票后、付款前将其支票撤回,通知付款银行停付(Stop Payment)。支票的持票人不能起诉付款银行,而只能要求出票人按其开出的支票付款或向前手追索。为了防止这种情况的出现,支票受款人可以要求付款银行对支票予以确认。一旦付款银行在支票上签字、盖章并予以确认之后,付款银行对该支票就承担了绝对的付款义务,成为该支票的唯一债务人。

(五) 横线支票

横线支票又称划线支票(Crossed Check),是指由出票人、背书人或持票人在支票正面画两道平行线,或在两道平行线中间载明银行名称的支票。横线支票的特点是只能对银行付款,即受款人必须是银行。横线支票主要有两种:

(1) 普通横线支票(General Check),即在支票上只有两道横线,或加上"公司"字样,但不注明银行和公司名称的支票。

(2)记名横线支票(Special Check),即除了在支票上有两道横线外,还在两横线中间指定收款银行的名称的支票。

付款银行对普通横线支票只能付给银行,而对记名横线支票则只能付给横线上指定的银行。横线支票制度最早起源于英国,后来欧美各国亦相继采用。横线支票的作用在于降低支票遗失、被窃的风险,防止他人冒领票款,保护支票所有人的利益。

第四节　国际支付方式

一、汇付

汇付(Remittance),也叫汇款,是指进口方将货款通过银行寄交出口方的结算方式。汇付一般涉及四个当事人,即汇款人、汇出行、收款人和汇入行。接受汇款人委托办理汇款业务的银行称为汇出行(Remitting Bank),接受汇出行委托向收款人解付款项的银行称为汇入行或解付行(Paying Bank)。

根据汇款的方式,可以将汇付分为信汇、电汇和票汇三种。

(1)信汇(Mail Transfer,M/T),是指汇出行应汇款人的要求,将支付授权书通过邮寄方式寄给汇入行,由汇入行向指定收款人解付一定金额的汇付方式。信汇结算费用低、速度慢。

(2)电汇(Telegraphic Transfer,T/T),基本与信汇相同,只是汇出行通过加押电传方式或 SWIFT(环球银行金融电讯协会,一个国际银行间合作组织)将支付授权书通知汇入行。

(3)票汇(Bank's Demand Draft,D/D),指应汇款人要求,汇出行开立以其国外代理行或其联行为付款人的即期汇票,由汇款人将汇票寄交收款人,收款人凭此汇票向付款人(汇入行)收款。与信汇、电汇不同,在票汇中,汇款人将汇款凭证交收款人,汇出行与汇入行间的指示是通过汇票作出的。该汇票为银行汇票。使用这种方式结算的好处是可以转让汇票。

在信汇和电汇两种方式下,汇付使用的凭证是支付授权书或支付指示(Payment Order,P.O.)。汇款人与汇出行是委托代理关系,汇出行和汇入行是委托代理关系。汇出行或汇入行与收款人没有直接的法律关系,是上述代理关系的第三人。在票汇方式下,汇付使用的是汇票。汇出行、汇入行与收款人是票据关系,分别是出票人、付款人和受款人。汇付属于商业信用,是否付款取决于进口商,付款没有保证。汇付从时间上可以分为预付货款和货到付款。但无论是哪一种,对买卖合同的当事人来讲都有风险。买方不愿先付款,卖方不愿先交货。因而,除非买卖双方有某种关系(如跨国公司的关联公司)或小数额的支付(如样品费、展品费、尾款),否则一般很少使用汇付。

二、托收

(一) 托收的概念和种类

托收(Collections),指债权人(出口商)委托银行凭票据向债务人(进口商)收取货款的一种结算方式。托收一般涉及四方当事人,即委托人、托收行、代收行和付款人。有时卖方会在买方所在地委托一个代理人(需要时的代理人)在买方拒收货物时代理处理货物。委托人(Principal)即开出汇票委托银行向国外付款人收款的人(出票人,Drawer),通常是国际货物买卖合同中的卖方。接受出口商委托的银行叫托收行(Remitting Bank),通常在卖方所在地。接受托收行委托的银行叫代收行或提示行(Collecting Bank),通常在买方所在地。付款人(Payer)即汇票中的受票人,通常为买卖合同中的买方。国际商会《托收统一规则》从银行的角度将托收定义为:托收指银行据其收到的托收指示(Collection Instruction)处理单据,以取得付款或承兑,或凭付款或承兑交单,或按其他条款及条件交单。有关单据指金融单据、商业单据。

根据托收是否附有商业单据,可分为光票托收(Clean Collection)和跟单托收(Documentary Collection)。贸易中的托收一般都是跟单托收。按交单条件和方式,跟单托收可分为付款交单和承兑交单。付款交单(Documents against Payment,D/P),指买方付款时向其交付商业单据。经代收行向付款人提示后,付款人检查单据后决定是否接受。根据使用的汇票是即期汇票还是远期汇票,付款交单可分为即期付款交单和远期付款交单。远期付款交单,付款人即使承兑汇票,也不能取得单据,只有到期付款时才能取得有关单据。承兑交单(Documents against Acceptance,D/A),指代收行向付款人提示远期汇票,付款人验单后承兑汇票,代收行即向其交付单据。在付款日期到来时,付款人向代收行支付货款。

托收是一种商业信用。银行所起的作用仅是一种代理收款作用。银行对付款人是否付款不承担责任。同时,无论是承兑交单还是付款交单,对卖方都存在很大的风险。托收时,卖方已经发运货物或货物已经到达买方所在地,这时如果买方拒付,卖方会遭受很大损失。卖方面临转运、转售的问题,而且买方拒付时货物行情下跌,卖方还要承担价差上的损失。

银行在办理托收时,可以利用托收票据向出口商或进口商提供资金融通。托收行买入出口商开立的以进口商为付款人的跟单汇票及随附商业单据,扣除利息和费用后将剩余货款付给出口商,托收行通过其联行或代理行向付款人收款。一般是出口商向托收行保证,在进口商拒付时,托收行享有对出口商的追索权。该业务称为出口托收押汇(Collection Bill Purchased)。代收行也可以利用托收票据向进口商提供资金融通。代收行在付款人付款之前,凭付款人向其出具的信托收据(Trust Receipt,T/R),借出有关单据,供其报关、提货、出售,付款人用所得货款付款,赎回信托收据。该做法是代收行向进口商提供的信用,除非原来的托收指示中指示这样做,进口商不付款的风险由代收行承担。

(二) 托收统一规则

国际上规范托收的规则主要是国际商会的《托收统一规则》。该规则自1958年制定,经1967年、1978年和1995年修订,现行文本为1995年通过、1996年施行的《托收统一规则》(Uniform Rules of Collection,国际商会第522号出版物,URC522)。该规则仅适用于银行托收。该规则属国际惯例,仅适用于托收指示中注明该规则的托收。当事人可以作出不同的约定,该种约定优先于规则。在规则与一国的强制性法律规定相抵触时,法律规定优先。

托收是一种委托,委托人与托收行、托收行与代收行的关系是委托关系。一切托收单据必须附有托收指示书。在接受托收后,银行严格按托收指示办理托收。除托收指示外,银行不从审核单据中获取指示。银行办理业务时遵循诚信及合理谨慎原则,只负责确定收到的单据和托收指示所列是否一致。对单据的有效性,寄送途中的延误、丢失及翻译的错误,不承担责任。银行对于所转递的指示未被执行不承担责任。一般情况下,银行与买卖合同的执行没有关系。除非银行事先同意,货物不应直接发至银行,或以银行或银行的指定人为收货人。即使银行为收货人,银行也没有提货的义务,货物的风险及责任由发货人承担。如果银行采取措施保护货物,对货物的状况、受托保护货物的第三人的行为或不行为,不负责任,但必须毫不迟延地通知发出托收指示的银行。

三、信用证

(一)信用证的定义与当事人

1.信用证的定义

据国际商会《跟单信用证统一惯例》(UCP600)的规定,跟单信用证(Documentary Credit)是一项约定,即一家银行(开证行)应客户(申请人)的要求和指示,或以其自身的名义,在符合信用证条款的情况下,凭规定的单据,向第三人(受益人)或其指定人付款、承兑并支付受益人出具的汇票,或授权另一家银行付款、承兑并支付受益人出具的汇票,或授权另一家银行议付。简言之,信用证是银行有条件的付款承诺,只要受益人提交的单据符合信用证的要求,银行即应付款。

受益人收到了开证行开出的信用证,即得到了付款的保障,可以说信用证是开证行与受益人之间的付款协议。

2.信用证的当事人

信用证的基本当事人有四个,即开证申请人、开证行、通知行和受益人。此外,还有信用证中的指定行。不同当事人之间的权利和义务关系受不同的协议调整。

(1)开证申请人(Applicant)。开证申请人指向银行申请开立信用证的人,通常是国际货物买卖合同中的买方。在实际业务中,也有买方之外的第三人替买方开立信用证的情形。这时申请人是该第三人,而非买方,买方不是信用证的关系人,买方与申请人之间的关系不适用信用证。申请人申请开证时,一般需向开证行提供押金或其他担保。

(2)开证行(Issuing Bank)。开证行指应申请人申请,开立信用证的银行。开证行是向受益人付款的银行。一般是申请人所在地的银行或其开户行。开证行与申请人之间的关系受开证申请书的调整,该关系不应影响开证行与受益人之间的关系。

(3)通知行(Advising Bank)。通知行指接受开证行委托,向受益人通知信用证的银行。通常是受益人所在地的银行。开证行与通知行之间是委托代理关系。通知行与受益人、申请人之间没有直接的法律关系。通知行可以不接受开证行的委托。通知行只承担确定信用证表面真实性的责任。如不能证实,必须立即通知对其指示的银行;如仍决定通知受益人,必须将其不能确定信用证真实性的情况告诉受益人。

(4)受益人(Beneficiary)。受益人指信用证中指定的有权享用信用证金额的人。一般是买卖合同中的卖方。在可转让信用证的情况下,除直接卖方外,还包括货物的实际供应商(第二受益人)。受益人与开证行之间的关系受信用证的调整,是信用证的直接关系人。

(5)指定行(Nominated Bank)。除非信用证规定只能由开证行办理,否则一切信用证均须指定某家银行,由该银行向受益人付款、承担延期付款、承兑汇票或议付。自由议付的信用证,任何银行均为指定行。指定行一般为出口商所在地的银行,可以是通知行,也可以是通知行外的另一家银行。

(二)处理信用证关系的一般原则

1. 信用证独立(Autonomy of Credit)

信用证交易的当事人之间主要存在这样几类关系:银行与银行之间的关系,开证行与申请人之间的关系,开证行与受益人之间的关系,申请人与受益人之间的关系。每项关系都是独立的。

在受益人交付的单据符合信用证的规定时,银行必须履行其付款义务,无论作为基础合同的买卖双方之间产生争议与否。这一程序保护信用证交易(支付)的安全性与稳定性。这也是信用证产生的目的——只要符合要件,银行就要付款,银行信用代替买方的商业信用。这是跟单信用证的根本原则和特征。在卖方失去对货物的控制前,享有保障受偿的权利,不允许银行以卖方与买方之间的有关基础合同履行的争议作为不付款、减少付款或延期付款的理由,也不允许买方以其与卖方之间的合同履行方面的争议为理由限制银行向受益人付款。英国判例法指出,信用证如同汇票和现金,不允许以其他原因减损其效力。就其性质而言,信用证与可能作为其依据的销售合同或其他合同,是相互独立的交易。即使信用证中有对该合同的任何援引,银行也与该合同完全无关,且不受其约束。因此,一家银行作出付款、承兑并支付汇票或议付、履行信用证项下的其他义务的承诺,不受制于申请人与开证行或与受益人之间在已有关系下产生的索偿或抗辩。受益人在任何情况下,不得利用银行之间或申请人与开证行之间的契约关系。

开证行开立以卖方为受益人的信用证,承诺在受益人交付的单据符合信用证条款规定时付款,是基于申请人的申请,而申请人申请开立信用证,是因为国际货物买卖合同中规定货款的支付采用信用证支付方式。申请人申请开立信用证是为了履行买卖合同,开证行开立信用证是为履行其与申请人就开立信用证达成的安排,受益人在满足信用证的要求的同时也在履行其与买方之间的货物买卖合同。不同的当事人之间存在不同的法律关系,受不同安排的制约。因此,传统的契约概念不能解释信用证的安排,如双方当事人的要约、承诺,合同之外的第三人不承担合同义务、享有合同权利,以及普通法要求的对价。UCP600的上述规定也表明,信用证交易是一种特殊的契约性安排,每一安排的双方与其他安排的当事人是独立的,某一安排的当事人不能利用另外安排的当事人的行为或不行为作为自己不履约的借口或抗辩。

在信用证条款与买卖合同条款的关系上,一般来说,信用证应按照合同中的规定开立,如果信用证条款与合同规定条款不符,则视为买方履行义务不合格,卖方有权拒绝接受,或者要求买方、开证行修改信用证,直至符合买卖合同规定为止。另外,卖方(受益人)也可以放弃合同中的要求,而按信用证中的规定履行合同,这时视为买卖双方就合同中的有关规定进行了修改。

2. 严格一致(Strict Compliance)

在信用证业务中,各有关当事人处理的只是单据,而不是单据所涉及的货物、服务及其他行为。如果信用证含有某些条件而未列明需提交的相符的单据,银行将认为没列该条件。银行不审核信用证没有规定的单据。银行付款只要求受益人交付的单据与信用证规定一致(单证一致)、单据与单据之间一致(单单一致)。银行根据严格一致原则付款既是其义务,又是其权利。根据这一原则,如果单据与信用证的指示不符,银行可以、应该拒付,否则将自担风险。信用证不能要求受益人不能取得的单据,不能要求遵守不能从单据表面确定的条件,不能要求包括开证行不知的单据。

关于审核单据的标准,UCP600规定,银行合理小心地审核信用证规定的一切单据,确定是否表面与信用证条款相符合。该一致限于表面一致。单据之间表面互不一致,即视为表面与信用证条款不符。银行对于任何单据的形式、完整性、准确性、真伪性或法律效力,或对于单据上规定的或附加的一般性、特殊性条件,概不负责;对于任何单据中有关货物描述、数量、重量、品质、状况、包装、交货、价值或存在,对于货物的发货人、承运人、运输行、收货人、保险人或其他任何人的诚信、行为、疏忽、清偿能力、履约能力或资信概不负责。严格一致是形式要求而非实质或法律效果要求。银行接受伪造单据,可能不负风险,而某方面细小的不符,如没有申请人的授权,都可能导致银行的责任。英国判例法指出,在严格一致方面,不允许存在几乎一致或基本一致。即使同一货物,但名称不同,银行也可拒付。

开证行向受益人的付款从根本上说是开证行替申请人(买方)垫款。严格一致也是申请人对开证行的要求,是开证行对申请人的义务。申请人有权预期银行不接受不符单据。有时申请人可以在某种程度上放弃这种要求,在单据不符时,授权开证行对外付款,银行也可从申请人处取得对有关不符的放弃。一旦申请人放弃不符或授权付款,申请人即不得以单据不符为由拒绝向开证行偿付。在开证行、保兑行或指定行决定拒绝接受单据时,应毫不延误地通知寄单行或直接交单的受益人。该通知应说明银行据以拒绝接受单据的所有不符点,并说明单据已代为保管或已退交单人。开证行、保兑行有权向交单行索回已经给予该行的任何偿付款项及利息。开证行、保兑行如不按此处理,即失去宣称单据与信用证条款不符的权利。

对于单据中的不符点,如果指定行(寄单行)在付款的时候作出保留,或凭受益人提供的赔偿担保付款,指定行的义务并不因此而解除。该类保留或赔偿担保仅涉及寄单行与为之保留、提供或代为提供赔偿担保一方之间的关系。

3. 信用证的欺诈例外

信用证是银行有条件的付款承诺,在单证一致时银行应履行付款义务,银行只处理单据,不处理货物。信用证独立于所依据的合同。但在证明卖方欺诈时存在例外。一般情况下,开证行的付款义务不能因为买方与卖方之间的履行合同纠纷而影响。实践中,尤其是在延期付款和承兑信用证的情况下,买方已提取货物,而付款日期未到,常出现买方以货物与合同不符为由要求开证行拒绝付款的情况,这是允许的。但由于信用证业务只处理单据,不处理货物,因此银行对单据的有效性不承担责任,同时也存在卖方欺诈的可能性,以垃圾货或根本不交货或以伪造单据骗取货款。在有证据证明存在这种情况时,银行应拒绝付款。这一问题是国内法适用的问题。各国规定不完全一致,但总的原则是保证信用证交易的独立性的同时,也对卖方的欺诈进行惩处。这方面美国的规定最具代表性。最早确定卖方欺诈例外的判例是美国1941年的一个判例。该判例指出,以垃圾货交付,不是一个质量不合格的问题,而是欺诈问题,银行在付款前知道了这一欺诈,信用证下的银行责任的独立原则不应延及保护不道德的卖方。另外,即使单据是伪造的或欺诈性的,在得知卖方的欺诈前银行在合理谨慎的情况下支付了货款,银行亦应受到保护。此后各国进一步发展了有关信用证欺诈的处理规则。

信用证欺诈例外的中心问题是在什么条件下银行可以拒付。一般认为只有卖方(受益人)亲自参与的欺诈才可使银行免除付款义务,卖方(受益人)不知的第三人欺诈,如承运人伪造提单,不能使受益人失去受偿的权利。同时银行在付款前必须有证据证明受益人欺诈,仅仅怀疑或申请人的没有证明的单方主张是不够的。英国有判例将信用证独立视为商业交易的生命线。1995年修订的《美国统一商法典》第5—109条规定,当单据表面上严格符合信用证条款,但其中的必要单据属于伪造或带有实质性欺诈,或者兑付此项提示将为受益人对开证行或申请人进行实质欺诈提供便利,如果提出兑付要求的是以下情况:已善意给付对价且未得到伪造或实质性欺诈通知的指定人;已善意履行保兑责任的保兑人;信用证项下开证行或指定人已承兑的汇票的正当持票人;开证行或指定人的延期付款义务的受让人(Assignee),只要受让人已给付对价且未得到伪造或实质性欺诈通知,而且受让人的行为在开证行或指定人承担延期付款义务之后发生,则开证行应予兑付。在其他情况下,开证行只要善意行事,即可兑付或拒付。法院发出禁止兑付令或采取类似措施,应满足下述条件:开证行承担的已承兑汇票或延期付款义务所适用的法律不禁止这种补救方法,因采取补救方法可给受到不利影响的受益人、开证行或指定人以充分保护,使其不致受到损失;已满足按照相关州的法律获得补救权的所有条件;申请人胜诉的可能性更大,且提出兑付的人不符合上述应兑付的人的资格。据美国法的上述规定,欺诈必须是在单据中发现的,或者欺诈系由受益人对开证行或申请人所为。欺诈必须是实质性的,单据中的欺诈因素对单据购买人而言是实质性的,或者欺诈行为对基础交易的参加人有重大影响。在受益人表面上没有期望兑付的权利,并且事实上也没有支持该兑付权的基础时,受益人的实质欺诈行为发生。除非申请人获得法院的禁止支付令,否则只要开证行善意行事,开证行可以不顾申请人的欺诈抗辩进行付款。

练习与实践

一、名词解释

票据　票据行为　票据权利　票据的抗辩　票据的丧失　汇票　背书　委托取款背书　设质背书　背书的连续性　提示　承兑

二、思考题

1. 票据的概念与特征有哪些？
2. 票据及票据法的作用与功能是什么？
3. 善意取得票据权利的条件有哪些？
4. 简述票据行为的概念及特征。
5. 简述票据伪造、变造的概念及构成要件。
6. 简述汇票的出票规则。
7. 支票的概念和特征是什么？
8. 简述信用证与买卖合同的关系。

三、判断题

1. 汇票是出票人签发的无条件支付命令。　　　　　　　　　　（　　）
2. 所有的汇票在使用过程中均需经过出票、提示、承兑、付款几个环节。（　　）
3. 本票是出票人签发的无条件支付承诺。　　　　　　　　　　（　　）
4. 国际贸易结算中使用的本票大多是商业本票。　　　　　　　（　　）
5. 由于本票是以银行为付款人的即期汇票，因此，本票也就等同于汇票。（　　）
6. 托收是一种收款人主动向付款人收取货款的方式。　　　　　（　　）
7. 在托收业务中，银行的一切行为是按照托收委托书来进行的。（　　）
8. 信用证结算方式只对卖方有利。　　　　　　　　　　　　　（　　）
9. 在开证行资信差或成交额较大时，一般采用保兑信用证。　　（　　）
10. 票据关系一经形成，就与基础关系相分离，基础关系是否存在、是否有效，对票据关系都不起影响作用。　　　　　　　　　　　　　　　　　　（　　）
11. 票据金额、日期、收款人名称不能更改，如需更改，必须签章。（　　）
12. 票据的伪造是指无权更改票据内容的人，对票据上签章以外的记载事项加以变更的行为。　　　　　　　　　　　　　　　　　　　　　　　　（　　）
13. 以背书转让的汇票背书应当连续，如果背书不连续，付款人可以拒绝向持票人付款。　　　　　　　　　　　　　　　　　　　　　　　　　（　　）
14. 本票的出票人必须具有支付本票金额的可靠资金来源，并保证支付。（　　）
15. 支票上的金额可以由出票人授权补记，未补记前的支票可有条件地使用。
　　　　　　　　　　　　　　　　　　　　　　　　　　　　（　　）

四、选择题

(一)单选题

1. 以下关于票据时效的表述中,不正确的是( )。
A. 票据时效是一种特别法规定的消灭时效
B. 票据时效是票据法上权利的消灭时效
C. 票据时效不适用于票据基础关系中的债权债务关系
D. 票据时效与民法时效的时效期间不一样

2. 出票人没有将绝对应记载事项记载完全而授权他人补充记载的票据称为( )。
A. 不完全票据　　B. 空白票据　　C. 不可转让票据　　D. 一般票据

3. 利益返还请求权是( )。
A. 一种票据权利
B. 持票人丧失了票据之后票据法赋予失票人的一种权利
C. 持票人因法定原因丧失了票据权利之后票据法赋予他的一种权利
D. 原持票人可以向票据上的所有债务人行使的权利

4. 汇票出票行为的绝对必要记载事项不包括( )。
A. 出票地　　B. 出票日期　　C. 收款人名称　　D. 付款人名称

5. 以出票人、背书人等票据债务人为被背书人的背书称为( )。
A. 期后背书　　B. 空白背书　　C. 回头背书　　D. 无担保背书

6. 取得票据但不享有票据权利的情形是( )。
A. 恶意取得票据　　　　　　B. 无偿取得票据
C. 因背书转让而取得票据　　D. 因单纯交付而取得票据

7. 以下关于票据变造的效力的表述中,不正确的是( )。
A. 票据上的任何变造都会使票据无效
B. 在变造之前签章的人,对原记载事项负责
C. 在变造之后签章的人,对变造后的记载事项负责
D. 不能辨别签章是在变造前还是变造后所为的,视为在变造前所为

8. 一切票据债务人可以主张的对物抗辩不包括( )。
A. 因出票人欠缺绝对应记载事项而使票据无效的抗辩
B. 因更改不可更改事项而使票据无效的抗辩
C. 票据权利已消灭的抗辩
D. 背书不连续的抗辩

9. 票据权利包括( )。
A. 支付请求权和追索权　　　B. 票据返还请求权和追索权
C. 抗辩权和背书权　　　　　D. 支付请求权和抗辩权

10.某银行签发一张汇票,以另一家银行为受票人,则这张汇票是(　　)。
A.商业汇票　　　B.银行汇票　　　C.商业承兑汇票　D.银行承兑汇票

11.在汇票的使用过程中,使汇票一切债务终止的环节是(　　)。
A.提示　　　　　B.承兑　　　　　C.背书　　　　　D.付款

12.信用证支付方式实际上把进口人履行的付款责任转移给了(　　)。
A.出口人　　　　B.银行　　　　　C.供货商　　　　D.最终用户

13.在国际贸易中,用以统一解释、调和信用证各有关当事人矛盾的国际惯例是(　　)。
A.《托收统一规则》　　　　　B.《国际商会600号出版物》
C.《合约保证书统一规则》　　D.以上答案都不对

14.持票人将汇票提交付款人的行为是(　　)。
A.提示　　　　　B.承兑　　　　　C.背书　　　　　D.退票

15.承兑交单方式下开立的汇票是(　　)。
A.即期汇票　　　B.远期汇票　　　C.银行汇票　　　D.银行承兑汇票

16.票据关系是指当事人之间基于(　　)而发生的债权债务关系。
A.票据行为　　　　　　　　　B.法律规定
C.真实的交易关系　　　　　　D.基础关系

17.票据行为是指票据关系的当事人以发生、变更或终止票据关系为目的而进行的(　　)。
A.意思表示　　　B.不法行为　　　C.违法行为　　　D.合法行为

18.以背书转让票据时,由(　　)签章。
A.出票人　　　　B.背书人　　　　C.持票人　　　　D.被背书人

19.票据权利是指(　　)向票据债务人请求支付票据金额的权利。
A.收款人　　　　B.债权人　　　　C.持票人　　　　D.保证人

20.再追索权是指(　　)。
A.持票人第一次追索被拒绝后向原来的被追索人又进行追索的权利
B.持票人向其中某一个被追索人行使权利后没有结果,又向另一个被追索人进行追索的权利
C.被追索人在履行了自己的追索义务后,向其前手进行追索的权利
D.被追索人在履行了自己的追索义务后,向其后手进行追索的权利

(二)多项选择题

1.汇票付款期限的规定方法是(　　)。
A.见票即付　　　　　　　　　B.见票后若干天付
C.出票后若干天付　　　　　　D.提单日后若干天付

2. 一张汇票,可以是一张( )。
A. 即期汇票 B. 跟单汇票
C. 商业汇票 D. 银行承兑汇票

3. 信用证支付方式的特点有( )。
A. 信用证是银行信用 B. 信用证是自足文件
C. 信用证是单据买卖 D. 银行处于第一付款地位

4.《中华人民共和国票据法》中所称的票据,是指( )。
A. 股票 B. 汇票 C. 本票 D. 支票

5. 票据法律关系可分为( )。
A. 票据关系 B. 票据基础关系
C. 票据法上的非票据关系 D. 非票据关系

6. 票据行为有( )的特征。
A. 是票据关系当事人之间进行的行为
B. 是以设立、变更或终止票据关系为目的
C. 是一种意思表示
D. 是一种合法行为

7. 票据记载事项一般分为( )。
A. 法定记载事项 B. 绝对记载事项
C. 相对记载事项 D. 任意记载事项

8. 票据权利包括( )。
A. 请求赔偿权 B. 请求返还原票据权
C. 付款请求权 D. 追索权

五、案例分析

1. 2019年1月11日,甲电器公司与乙商贸公司签订了一份价值25万元的微波炉购销合同。由于乙商贸公司一时资金周转困难,为付货款,遂向吴某借款,并从A银行领到一张以吴某为户名的20万元现金汇票交付给甲公司。甲公司持该汇票到B银行要求兑现,但B银行拒付票款,并出示了乙公司的电报。原来乙公司在销售时发现微波炉质量有问题,还发现吴某所汇款项是挪用的公款,遂电告B银行拒付票款,汇票作废,退回A银行。B银行以此为由,拒付款项。甲公司向法院起诉,要求B银行无条件支付票款。法院经审理认为,甲电器公司与乙商贸公司签订的微波炉购销合同合法有效。现金汇票的签发符合票据法规定的要件,是一张有效的票据,甲公司合法取得该票据,是正当持票人,依法享有要求银行解付的权利。银行对于有效的汇票,应无条件付款,不能以原经济合同产生纠纷为由拒付票款。故判决B银行支付甲电器公司人民币20万元。

问题:B银行应否承担付款责任?人民法院的判决是否正确?

2.2019年3月12日,纺织厂与煤矿签订了一份购销合同。该合同规定:由煤矿在15天内向纺织厂供应二级无烟煤1 000吨,每吨580元,共计58万元。3月22日,煤矿全部供应完约定的1 000吨煤后,纺织厂于同日签发了一张以纺织厂的开户银行为付款人、煤矿为收款人、票面金额为58万元、出票后3个月付款的汇票,经签章后交给了煤矿。4月18日,煤矿向机械厂购进价值58万元的机械设备。于是,煤矿便将由纺织厂签发的汇票依法背书转让给机械厂。4月28日,机械厂持该汇票向纺织厂的开户银行提示承兑,而该开户银行则以纺织厂账户存款不足为理由拒绝承兑该汇票,并向机械厂出具了拒绝承兑证明书。5月4日,机械厂持该汇票和拒绝承兑证明书向煤矿要求清偿票面金额58万元。5月6日,煤矿向机械厂支付了58万元,取得了该汇票和拒绝承兑证明书。5月9日,煤矿又持该汇票和拒绝承兑证明书向纺织厂要求付款。

问题: 煤矿有无权利向纺织厂要求付款,该权利属何种性质?纺织厂有无清偿责任?

3.2019年1月,A公司与B公司签订了名为联营实质上是借贷性质的《联营合同》,约定B公司向A公司借款人民币500万元,湖南交通银行衡阳某分行(以下简称交行)对该借款做担保并给A公司出具了担保书。之后,A公司签发了以浙江某服装厂为收款人,到期日为2019年8月底的500万元商业汇票一张,还同该厂签订了虚假的《购销合同》,将该汇票与合同一并提交给农业银行某县支行(以下简称为农行)请求承兑,双方签订了《委托承兑商业汇票协议》。A公司告知农行拟使用贴现的方式取得资金,并承诺把该汇票的贴现款项大部分汇回该行,由该行控制使用。其后,该农行承兑了此汇票。而后收款人浙江某服装厂持票到建设银行浙江某分行贴现,并将贴现所得现款以退货款形式退回给A公司,后者则按《联营协议》的约定,将此款项全部借给B公司。汇票到期后农行以受A公司等诈骗为理由拒绝付款给贴现行,而当A公司要求B公司及交行归还借款时,该行则以出借方签发汇票套取资金用于借贷不合法为由,拒绝承担保证人责任。

问题:

(1)此案中哪些属于票据关系?
(2)此案中有哪几种非票据关系?
(3)农行和交行的理由能否成立?为什么?

第八章
国际商事争议的解决

学习目标

本章主要讲述国际商事争议的解决方法,要求学生熟悉国际商事仲裁、国际商事诉讼的基本概念、法律特点及基本程序。重点掌握国际商事仲裁机构、仲裁协议、国际商事仲裁的基本程序以及仲裁裁决的执行。理解国际商事争议解决的主要方法,国际商事诉讼程序的基本规则。了解世界上主要的国际商事仲裁机构及仲裁规则。

案例导入

中国甲公司与美国乙公司签订服装买卖合同。合同规定:"如双方因本合同履行事项发生任何纠纷,应当协商解决。若协商不成,可将纠纷提交有管辖权的法院或仲裁机构解决。"合同订立后,在履行过程中,双方因货物质量问题发生纠纷。经协商,双方皆同意解除合同,解除合同时双方均未提出任何异议。但不久之后,乙公司向中国某仲裁委员会提出仲裁申请,甲公司接到仲裁庭审通知后参加了仲裁程序,该仲裁委员会对甲公司作出不利的裁决。事后,甲公司认为该纠纷案不应该通过仲裁解决,因为双方已经解除合同,合同中的仲裁条款也已经解除,而且双方也约定了可以选择法院解决纠纷。

问题:

1. 当合同已经解除后,合同中的仲裁条款是否有效?本案中的仲裁条款的效力如何?

2. 甲公司能否在仲裁裁决后就本案再提起诉讼?

第一节　国际商事争议

在国际经济贸易和商事交往中,由于交易的极端复杂性和交易各方的利益取向不同,加之各国文化传统、价值观念、政治经济的不同,发生争议或纠纷是在所难免的。尤其是随着世界经济一体化进程的加快,国际交流及经济活动日趋频繁,跨国商事纠纷逐渐增多。这些争议和纠纷的出现会极大地影响国际经济贸易活动顺利、有效开展。

为了促进国际经济贸易活动的开展,维护有关各方的合法权益,必须采取有效手段妥善解决各类国际商事争议。因此,如何采用适当方式,合理、公平地解决国际商事争议,以保证国际商事交往的顺利、正常开展,成为国际商法的一大重要课题。

一、国际商事争议的特点

国际商事争议是指不同国家的当事人在国际商事交易过程中发生的争议。国际商事争议具有以下特点:

(1)争议所涉及的法律关系具有涉外因素。这是其区别于国内商事争议的关键之处。所谓涉外因素,包含以下内容:

①争议主体位于不同国家。

②法律关系的标的物位于国外或合同规定的行为需要在国外或跨国完成。

③产生、变更或者消灭法律关系的法律事实发生在国外。

一般而言,只要具有其中任何一项内容就可以构成涉外争议,但通常同时含有2~3项内容。

需要明确的是,不同类型的国际商事活动,其"国际"的含义不尽相同,确定交易的国际性与否的标准不同。例如,《联合国国际货物销售合同公约》规定,国际货物销售合同是营业地位于不同国家的当事人之间订立的买卖合同,采用的是"营业地标准"。又如,《中华人民共和国海商法》规定,海上货物运输合同,是指承运人收取运费,负责将托运人托运的货物经海路由一港运至另一港的合同,采用的是"跨国界运输标准"。

(2)争议类型属于商事争议。这是区别于其他类型争议的特点,即发生在商事领域内的争议。

多数国家对"商事"是尽可能作广义解释的。联合国1985年通过的《国际商事仲裁示范法》对"商事"一词作了注释,即"商事这个术语应给予广泛的解释,它包括所有商事性质关系所发生的争议,不问其性质是否为契约。商事性质关系包括但不仅仅限于下述交易事项:任何提供或交换商品或服务的交易,销售协议,商业代理,租赁,建筑工程,咨询,许可、投资和金融,银行,保险,代理,勘探协议或特许,合资企业或其他形式的工业商业合作,空中、海上、铁路或公路的货运或客运。"中国于1986年12月2日加入《承认及执行外国仲裁裁决公约》时所做商事保留声明,中国只对根据中国法律认定为属于契约性和非契约性商事法律关系所引起的争议适用该公约。

(3)争议所涉及的主体包括自然人、法人、国家、国际经济组织。

二、国际商事争议的解决方法

国际商事关系中的各种争议,一般有以下四种解决方式。

(一)协商

协商是指在争议发生后,由争议的各方当事人在自愿互谅的基础上,通过自主磋商,自行达成解决纠纷的协议的活动。协商只能在各方当事人自愿的基础上进行,而且在整个协商过程中各方当事人处于平等的法律地位。任何一方当事人都有权要求在平等互利、协商一致的基础上达成协议,任何一方当事人都不得利用其具有的某种优势,采用胁迫、欺诈等手段使对方接受不合理的要求。

协商是解决国际商事争议最广泛和最基本的处理方式,它具有很多优势,如下:

(1)协商是以当事人各方平等自愿、协商一致为原则的,争议各方可在友好协商的气氛中解决争议,所以不会损害各方既有的商事关系,也有助于当事人之间达成和解。

(2)协商远没有仲裁或诉讼那么复杂的程序,不受固定的法定程序的约束,简便且易于操作,节省了当事人的时间和金钱。

(3)若各方当事人能通过协商方式圆满解决争议,有助于继续维持当事人之间已有的良好合作关系。

若各方当事人协商一致达成了争议解决的协议,各方当事人应自觉履行协议所规定的各方义务,从而可以彻底解决商事争议。但是,若各方当事人在达成解决争议的协议后又反悔,不愿履行解决争议的协议,或者各方当事人经过协商无法达成一致意见的,则各方当事人可以寻求其他解决争议的方法来解决争议。

(二)调解

调解是发生争议的当事人在第三方主持调解下,就商事权益争议促成当事人平等协商、达成协议,从而解决争议的活动。调解作为解决商事争议的一种重要方式,有法庭调解和民间调解两种类型:

(1)法庭调解。在有关法庭参与或主持下进行的调解活动称为法庭调解,是一种诉讼活动,具有诉讼的法律效力。

(2)民间调解。在有关民间调解机构参与或主持下进行的调解活动称为民间调解,是一种非诉讼活动,不具有诉讼的法律效力,所达成的协议只能依靠当事人的自觉履行,若当事人反悔,则可再向有管辖权的法院起诉或根据仲裁协议向有关仲裁机构申请仲裁,运用其他争议解决方式解决纠纷。本节所讲的调解是指这种不具有诉讼法律效力的民间调解。

调解有很多优点,如费用低廉、快捷灵活、保密性强。需特别强调的是,在调解程序中,不至于像在法院诉讼和仲裁程序中,双方容易形成对立状态,调解有利于争议双方日后继续保持良好的合作关系,增进双方沟通、理解。因此,商事调解以其独特的优势成为国际商务往来中的"清凉剂"和"润滑油"。在国际贸易中,对于案情简单、标的额较小且双方当事人资信良好的争议,双方当事人更希望能调和双方的矛盾,而不在意争议解决机构是否能公断。调解的职能和宗旨恰好符合当事人的这一愿望,通过调解来解决国际商事争议受到很多商事争议当事人的青睐。

知识拓展

调解与协商的区别

调解与协商都是解决国际商事纠纷的重要方式之一,二者在法律效果上没有实质性的差别,都以各方当事人自觉自愿、协商一致为原则,没有诉讼法律性质,都不具有强制执行力。二者的主要区别在于:调解是在第三方主持下进行的,而协商则不需要第三方参与,仅由各方当事人自行解决。对于调解所达成的协议,有关当事人应自觉履行,但也可以以有关当事人未充分参与调解程序、调解协议违反公平合理原则或其他原因为由拒绝履行。若一方当事人拒绝履行,可以视为其放弃调解程序,当事人可以寻求其他争议解决方法解决纠纷。

(三)仲裁

发生国际商事争议的当事人若不愿协商、调解,或协商、调解不成的,可以根据合同中订立的仲裁条款或在发生争议后达成的仲裁协议,将国际商事争议提交有关仲裁机关按照仲裁程序解决纠纷。

知识拓展

仲裁与调解的区别

仲裁与调解不同,调解完全遵循当事人自愿平等的原则,中间人不能对争议双方当事人施加压力,也不能形成有法律约束力的裁决,争议双方是否和解完全取决于双方的自愿。而仲裁则不取决于当事人的自愿,只要当事人同意进行仲裁,就必须受到仲裁裁决的约束。

仲裁通常为行业性的民间活动,是一种私人裁判行为,而非国家裁判行为。但仲裁依法受国家监督,国家通过法院对仲裁协议的效力、仲裁程序的制定及仲裁裁决的执行和遇有当事人不自愿执行的情况时,可按照审判地法律所规定的管辖范围进行干预。国际商事仲裁广泛的国际性是其有效解决国际商事纠纷的基础。由于已有100多个国家加入了1958年联合国主持制定的《承认与执行外国仲裁裁决公约》(简称《纽约公约》),该公约第二条规定,"各缔约国应承认仲裁裁决约束力并执行之",因此使仲裁裁决在国际范围内的承认与执行有了可靠的基础。有关国际商事仲裁的具体内容在本章第二节进行专门介绍。

(四) 诉讼

发生争议的当事人没有在合同中订立仲裁条款，发生争议后又没有达成仲裁协议，则任何一方当事人都可以向有管辖权的法院提起诉讼。

> **知识拓展** ZHISHI TUOZHAN
>
> **诉讼与仲裁的区别**
>
> 诉讼与仲裁也不同。仲裁是由仲裁机构主持进行的，仲裁机构是民间组织，它对争议的管辖权取决于当事人的仲裁协议，是协议管辖权。诉讼是由法院主持进行的，法院是国家司法机构，具有法定管辖权。

国际商事诉讼以各国的诉讼制度为基础，它的程序和做法为人所熟悉，因而在解决国际商事争议方面占据着重要地位。诉讼主要依赖于国家强制力予以执行，其正当性和权威性的主要资源都是合法性。但国际商事诉讼最大的不足是：因为各国法院的判决在其他国家不具有管辖权，所以在全球范围内的执行面临着很大的限制，这使得越来越多的当事人更倾向于选择在国际执行方面更加容易的国际商事仲裁方式。有关国际商事诉讼的具体内容在本章第三节进行专门介绍。

第二节 国际商事仲裁

一、国际商事仲裁概述

仲裁（Arbitration），也称为公断，是根据争议当事人事前或事后达成的仲裁协议，自愿将其争议提交仲裁机构，由其按照一定程序进行审理并作出裁决的制度。

国际商事仲裁（International Commercial Arbitration），是指在国际商事交往活动中，各方当事人在发生争议后，依据仲裁条款或仲裁协议，自愿将争议提交选定的某一临时仲裁机构或某一国际常设仲裁机构进行审理，由其按照一定程序规则，根据有关法律或公平、公正、合理原则作出具有约束力的仲裁裁决，并按照裁决履行相关义务，从而解决争议的一种法律制度。

在定义国际商事仲裁时，双方当事人的国籍和住所以及仲裁机构的所属国籍都具有决定性的意义。凡是具有涉外因素的国际商业交往而产生的商事争议，双方当事人将争议提交给某一第三方进行仲裁，就属于国际商事仲裁。也就是说，凡属本国当事人和外国当事人之间进行的仲裁，或不同国籍的当事人在任何国家境内进行的仲裁，或相同国籍的各方当事人在外国境内的仲裁机构为国际商事活动进行的仲裁都属于国际商事仲裁。

二、国际商事仲裁的特点

国际商事仲裁作为解决国际商事争议被广泛使用的方式,在处理国际商事争议方面具有十分重要的地位。

1. 国际商事仲裁具有国际性

综观国际条约及各国立法与实践,对仲裁国际性的认定,一般有以下几种做法:

(1)以单一的住所或惯常居所作为连结因素,当事人中至少一方的住所或惯常居所不在内国的,为国际仲裁。

(2)以国籍作为划分标准,当事人中至少一方国籍是非内国国籍的,则为国际仲裁。

(3)以国籍、住所、合同履行地、仲裁地点以及标的物所在地等多种连结因素作为界定标准,只要上述连结因素中的几个或一个不在内国的,都是国际仲裁。如1985年《联合国国际贸易法委员会国际商事仲裁示范法》就有这样的规定。法国可以说是采用多种连结因素界定仲裁国际性的典型国家。

中国关于仲裁国际性的界定有个变迁的过程,现今采取多种连结因素界定仲裁国际性的复合标准。连结因素包括当事人的国籍、住所、争议标的物和设立、变更或终止民(商)事法律关系的法律事实。另外,涉及港、澳、台的商事仲裁也归为"国际"商事仲裁的范畴。

2. 当事人意思自治

这是国际商事仲裁的最典型特点。当事人意思自治具体表现在以下两个方面:

(1)仲裁以当事人自愿达成的仲裁协议为基础。双方当事人在有关国家法律所允许的范围内,自主地决定通过仲裁条款或仲裁协议将他们之间可能或已经发生的国际商事争议提交仲裁机构解决。仲裁机构进行裁决的管辖权是由双方当事人的仲裁协议所授予的,而不是强制性的法定管辖。

(2)当事人对仲裁程序享有充分的选择权。在国际商事仲裁中,双方当事人可以自主选择仲裁事项、仲裁机构、仲裁地点等。仲裁庭可以基于当事人之间的仲裁协议,按双方当事人所期望的仲裁组织形式,由他们自主选定的仲裁员组成;可以按照双方当事人所约定的程序进行审理,并依照当事人双方合意选择适用的法律,甚至依据双方当事人的授权按照公平原则对当事人间的争议作出裁决。

3. 裁决具有终局性,程序灵活,简便迅速,收费较低

仲裁员一般都是在社会上具有较高声望,并具有法律、国际商事交易等方面专门知识的专家,从而有利于专业性、技术性强的国际商事争议案件能够得到迅速、及时的处理,也有助于当事人对仲裁裁决自觉执行。

由于仲裁案件实行一裁终局制度,所以按照仲裁程序作出的仲裁裁决是终局性的,从而简化了解决有关争议的程序,缩短了诉讼时间,加快了裁决速度,也相应地降低了有关争议解决所需的费用。

4. 仲裁裁决具有必要的强制性

仲裁裁决是终局的,它和法院的判决一样具有强制执行的效力,对双方当事人都有约

束力。如果一方不自动执行裁决,另一方有权向有管辖权的法院提出申请,请求法院承认裁决的效力并强制执行裁决。

世界各国的立法和司法实践都明确承认通过仲裁方式解决有关国际商事争议的合法性,承认有关仲裁机构依争议双方所签订的仲裁协议而作出的仲裁裁决的法律效力。世界各国普遍规定,如果一方当事人不按照事先的约定履行仲裁裁决所确定的义务,则另一方当事人可以按照执行地国家的法律规定申请强制执行,有关国家的法院可以且应该基于一定的条件采取必要的强制措施,以保证仲裁裁决在其所属国境内的适当执行。

> **阅读资料**
>
> 1958年《承认及执行外国仲裁裁决公约》(简称《纽约公约》)成为当前有关承认和执行外国仲裁裁决最有影响力的国际公约。仲裁机构所作出的仲裁裁决要到境外执行时,如果作出裁决的所在地国与执行所在地国均为《纽约公约》的成员国,当事人可以向执行地国的主管法院提出承认与执行的申请。若作出裁决的所在地国与执行所在地国有一国不是该公约成员国的,则需根据司法协助条约或互惠原则处理。中国已于1986年12月加入该公约。

5. 保密性强,有利于保持当事人之间的商事关系

仲裁庭审理案件一般不公开进行,包括案情不公开,裁决不公开,开庭时不允许旁听,审理中仲裁庭和仲裁机构不接受任何人采访,这些审理案件的方式都有利于保护当事人的商业秘密,也有利于保持当事人之间既有的商事关系。

三、国际商事仲裁机构

国际商事仲裁机构是由国际商事关系中的双方当事人自主选择出来,用以解决当事人之间可能发生或业已发生的国际商事争议的民间性仲裁机构,其审理案件的管辖权限完全取决于当事人的选择和授权,是国际商事仲裁的专门组织。

国际商事仲裁机构不是国家的司法部门,而是依据法律成立的民间机构,这种专门性的仲裁组织通常设立在一国的商会内部。国际商事仲裁机构本身的民间性及其管辖权的任意性使其明显不同于同样可以受理国际商事争议案件的法院;处理国际商事争议这一特征,又令其区别于国际社会以和平方式解决国际争端为目的的国际仲裁机构。

(一)国际商事仲裁机构的种类

在实践中,依据国际商事仲裁机构的组织形式的不同,可将其分为临时仲裁机构和常设仲裁机构两种。

1. 临时仲裁机构

临时仲裁,又称特别仲裁,是指根据双方当事人的仲裁协议,在争议发生后由双方当事人依法推荐的仲裁人临时组成仲裁庭,负责按照当事人约定的程序规则审理有关争议,并在审理终结作出裁决后即行解散的仲裁。

临时仲裁机构没有固定的组织、规则和仲裁员等,是一种临时性的机构。争议双方当事人在选择仲裁员、决定仲裁程序和适用法律等方面享有充分的自由权。临时仲裁机构与常设仲裁机构相比,有更大的自治性、灵活性及费用更低和速度更快等优点。

阅读资料

临时仲裁机构是仲裁历史上仲裁组织的最初表现形式。在19世纪中期常设仲裁机构出现之前,临时仲裁机构一直是唯一的国际商事仲裁机构。当今尽管常设仲裁机构已遍布全球,但通过临时仲裁机构解决争议的情况依然存在。在伦敦、美国、日本、中国香港地区等,这种临时仲裁机构还有相当的地位。我国仲裁法对临时仲裁没有规定,事实上是不允许临时仲裁的,这种做法与国际上一些国家和地区的做法不一致。

2. 常设仲裁机构

常设仲裁机构,是指依国际公约或一国国内法成立的,有固定的名称、地址、组织形式、组织章程、仲裁规则和仲裁员名单,并具有完整的办事机构和健全的行政管理制度,用以处理国际商事争议的专门性、永久性仲裁机构。国际常设商事仲裁机构在地域上已经遍及世界上所有国家,在业务上也涉及国际商事法律关系的各个领域。在国际经济贸易和海事领域内发生的争议一般都倾向于提交常设仲裁机构仲裁。因为它有固定的组织、规则和委员等,有较完备的行政管理机构,具有稳定性,可以有效地组织仲裁,为当事人提供许多便利条件。

(二) 国际上的主要常设商事仲裁机构

在国际上影响较大的主要常设商事仲裁机构有:

1. 国际商会仲裁院

国际商会仲裁院(The Court of Arbitration of International Chamber of Commerce,简称ICC),是国际商会附设的全球性国际商事仲裁机构,成立于1923年,总部设在法国巴黎。中国已于1996年参加国际商会。国际商会仲裁院理事会由40多个国家的成员组成,所有成员均具有法律专长或处理国际商事争端的经验。仲裁院设主席一名,副主席若干人,秘书处由几十个国家的人员组成,其工作由秘书长主持。

就案件的性质而言,国际商会仲裁院的受案范围极其广泛,包括对任何种类的契约和非契约性关系提交仲裁的争议,是目前世界上每年受理案件数量最多的一个常设仲裁机构。国际商会仲裁院本身并不审理争议案件,具体的仲裁案件由商会在各国聘任的仲裁员审理。国际商会仲裁院的职责主要包括:保证仲裁院所制定的仲裁规则和调解规则的适用;指定仲裁员或确认当事人所选定的仲裁员;决定对仲裁员的异议是否成立;批准仲裁裁决的形式等。

国际商会仲裁院在国际商会的主持下制定有一套完整的国际商事仲裁程序规则,该规则获得国际社会多数国家的信任,日益为世界各国所广泛采用。2017年修订的《国际商会仲裁院调解与仲裁规则》(简称《规则》)以 2012 年版《规则》为基础,自 2017 年 3 月 1 日起生效。新修订《规则》以增加透明度、提升公信力、提高仲裁效率为宗旨,对快速仲裁程序、审理范围书拟定时限等进行了修订,例如引入了快速程序,简化仲裁,缩减收费表,增加仲裁结果透明度等。2017 年 1 月 1 日起生效的《调解和仲裁费用表》是该《规则》的附件。

为了保证仲裁庭的中立性、公正性,《规则》规定"仲裁院本身并不解决争议。如当事人无另外约定时,仲裁院应按照本条规定任命仲裁员或批准仲裁员的指定,在作出任命或批准时,仲裁院应考虑被推荐的仲裁员的国籍、住地及其同当事人或其他仲裁员所属国家的其他关系。"根据《规则》,当事人提交给该仲裁院的仲裁案件,应视为事实上接受该规则。仲裁裁决实行终局裁决制。

国际商会国际仲裁院最新修订的《当事人与仲裁庭在国际商会仲裁规则下参与仲裁程序的指引》(简称《指引》)于 2019 年 1 月 1 日生效。该《指引》为当事人与仲裁庭提供了《规则》中有关仲裁行为规则的实务指导,并总结了国际商会仲裁院在这方面的实践经验。

2. 解决投资争端国际中心

解决投资争端国际中心(International Centre for Settlement of Investment Disputes,简称 ICSID)是隶属于世界银行集团的一个促进投资、解决国际投资争议的国际性专门机构,它是根据 1965 年签署的《关于解决各国和其他国家国民投资争端公约》(简称《华盛顿公约》)而设立的一个全球性的常设仲裁机构,成立于 1966 年 10 月,总部设在华盛顿。

解决投资争端国际中心的宗旨和任务是,制定调解或仲裁投资争端规则,受理调解或仲裁投资纠纷的请求,处理投资争端等问题,为解决会员国和外国投资者之间争端提供便利,促进投资者与东道国之间的互相信任,从而鼓励国际私人资本向发展中国家流动。该中心解决争端的程序分为调停和仲裁两种。中国已于 1993 年 2 月 6 日成为《华盛顿公约》和解决投资争端国际中心的成员国。

解决投资争端国际中心的组织机构有:理事会为最高权力机构,由各成员国派一名代表组成,每年举行一次会议,世界银行行长为理事会当然主席;秘书处由秘书长负责,处理日常事务。其成员包括世界银行成员国和其他被邀请国。

中心具有完全的国际法律人格。中心的法律能力包括:缔结契约的能力;取得和处理动产和不动产的能力;起诉的能力。为使中心能完成其任务,它在各缔约国领土内应享有豁免权和特权。中心享有豁免一切法律诉讼的权利,除非中心放弃此种豁免。

中心的管辖权只限于缔约国(或缔约国指派到中心的该国的任何组成部分或机构)和另一缔约国国民之间因直接投资而产生的法律争端,且该项争端经双方书面同意提交中心。当双方表示同意后,任何一方不得单方面撤销其同意。不同国家的个人或法人间、国家政府间、一个国家同本国国民间或不受外国控制的本国法人间发生的投资争议,均不属于中心的管辖范围。中心受理案件的依据是争议双方书面提交的仲裁协议。此外,公约还规定,缔约国的国民和另一缔约国根据本公约已同意交付或已交付仲裁的争端,缔约国不得给予外交保护或提出国际要求,除非该仲裁另一方当事国未能遵守和履行对本项争议所作出的裁决。

希望采取调解或仲裁程序的任何缔约国或缔约国的任何国民,应向中心秘书长提出书面请求,由秘书长决定是否予以登记。秘书长应登记此项请求,除非他根据请求中所包括的材料,发现此项争端显然在中心的管辖范围之外。秘书长应立即将登记或拒绝登记之事通知双方。只有经秘书长同意登记后的争端才可由该中心进行解决,而秘书长拒绝登记的决定为终局性。秘书长在将争端进行登记以后,应当组成调解委员会或仲裁庭。调解委员会或仲裁庭的人数必须是单数。在仲裁的情形下,大多数仲裁员不得为争端一方的缔约国国民,仲裁庭和每一成员经双方协议任命的情况除外。调解员与仲裁员由当事人双方协议任命,若无此种协议,则由双方各任命一名,再由双方协议共同任命第三人,共同组成调解委员会或仲裁庭;而在当事双方难以达成协议或一方拒绝任命时,经任何一方的请求,行政理事会主席应在尽可能同双方进行协商的基础上进行任命。被任命的调解员或仲裁员并非总是"中心"的调解员或仲裁员名册上的人员,但他们也应具备《华盛顿公约》规定的品质和资格。

在调解的情况下,调解员应该向双方提出有利于解决争端的建议,并促成双方达成一致意见,若调解失败,则应结束调解程序并做出有关报告。在仲裁的场合,仲裁庭应依据双方协议的法律规定处理争端,若无此种协议,则仲裁庭应适用作为争端当事国的缔约国法律(东道国的法律),包括该国的冲突规范,以及适用的国际法规范。在双方同意的情况下,仲裁庭还可以按照公平善意的原则对争端进行裁决。但无论如何,仲裁庭不得以法律无明文规定或规定含义不清为由而不进行裁决。公约规定,仲裁庭应以其仲裁员的多数票对问题作出裁决,未经双方的同意,中心不得公布裁决。每一个缔约国应承认依照公约作出的裁决具有约束力。

3. 瑞典斯德哥尔摩商事仲裁院

瑞典斯德哥尔摩商事仲裁院(The Arbitration Institute of the Stockholm Chamber of Commerce,简称SCC),是隶属于斯德哥尔摩商会的一个专门处理商事争议的全国性仲裁机构,主要解决工商和航运方面的争议,成立于1917年,位于瑞典首府斯德哥尔摩。虽然该仲裁院是从属于斯德哥尔摩商会的一个全国性仲裁机构,但它受理世界上任何国家当事人所提交的商事争议。

由于瑞典在政治上处于中立地位,且瑞典的仲裁制度历史悠久,有一整套完整的适用于国际范围的仲裁规则和一大批精通国际商事仲裁的专家,还愿意根据《联合国国际贸易法委员会仲裁规则》等其他仲裁规则来审理裁决有关当事人提交的任何商事争议,其仲裁的公平性、公正性在国际社会上享有很高的声誉,因此该仲裁院已成为当今东西方国家国际商事仲裁的中心。瑞典斯德哥尔摩商事仲裁院是建立在商会内的独立实体,下设一个由三人组成的理事会,理事会成员由商会执行委员会任命,任期三年。理事会的理事长由在处理商务方面有经验的法官担任。其余两名理事,一名由开业律师担任,另一名应是商界享有盛誉的人。仲裁院还设有秘书处,由商会雇员一人或若干人组成。秘书处的工作由秘书长主持,秘书长应是一名律师。

该仲裁院订有《斯德哥尔摩商会仲裁院仲裁规则》,现行的仲裁规则是2017年1月1日起生效实施的仲裁规则。仲裁院也可以根据案件的情况,采取已被仲裁院接受的联合国贸法委员会调解规则和仲裁规则。仲裁院设有统一的仲裁员名单,对聘任的仲裁员国籍没有限制。双方当事人在指定仲裁员时可以不受仲裁员名册的限制,也可以不受国籍的限制,即可以指定任何国家的公民为仲裁员。根据仲裁规则,双方当事人可以在仲裁协议中自行确定仲裁庭的仲裁员人数。如果没有约定,仲裁庭由三名仲裁员组成。双方当事人各自指定一名,第三名首席仲裁员或双方协议独任仲裁员须由仲裁院指定,其意义在于仲裁院直接控制首席仲裁员和独任仲裁员的权力,这也是该仲裁院的特点之一。仲裁庭依法进行审理并作出具有终局效力的仲裁裁决。

4. 伦敦国际仲裁院

英国仲裁历史悠久,但其仲裁制度 1697 年才正式被英国国会承认。1698 年英国国会制定第一部《仲裁法》。1892 年 11 月 23 日,伦敦仲裁院(London Chamber of Arbitration,简称 LCA)正式成立。该仲裁院从 1903 年开始改名为伦敦国际仲裁院(The London Court of International Arbitration,简称 LCIA),它是国际社会成立最早的常设仲裁机构之一。该仲裁院可以受理提交给它的任何性质的国际争议,在国际社会享有很高的声望,特别是在审理国际海事仲裁案件方面更负盛名,世界各国的大多数海事案件都提请该院仲裁。

伦敦国际仲裁院由伦敦城市府、伦敦商会和女王特许仲裁员协会共同组成联合管理委员会管理。日常工作由女王特许仲裁员协会负责,仲裁员协会会长兼伦敦国际仲裁院的执行主席。该仲裁院是目前英国最主要的国际商事仲裁机构。

为适应争议解决的最新发展和法律的变革,伦敦国际仲裁院对其规则进行过多次修订,最新版的调解及仲裁规则分别于 2012 年 7 月 1 日和 2014 年 10 月 1 日生效。该规则赋予了当事人较大的灵活性,除按照《伦敦国际仲裁院仲裁规则》进行仲裁程序外,当事人还可以选择《联合国国际贸易法委员会仲裁规则》规定的仲裁程序。该仲裁院备有仲裁员名册,其中列入了三十多个国家和地区的具有丰富经验的仲裁员,以供当事人选择。

争议提交到伦敦国际仲裁院仲裁以后,审理和裁决程序由双方当事人同意选择的仲裁员组成仲裁庭来主持进行。若双方当事人未就仲裁员的选择达成一致协议,则由仲裁院在其仲裁员名单中指定。伦敦国际仲裁院独享任命仲裁员的权力,如果仲裁院认为被提名的仲裁员候选人不适合,可以拒绝任命该仲裁员。在仲裁法的支持下,伦敦国际仲裁院对于仲裁员的国籍要求亦颇有特色:当仲裁当事方为不同国籍时,除非另有书面协议,否则独任仲裁员或首席仲裁员不应与任何一方当事人国籍相同。仲裁院的裁决是终局裁决。依据 2014 年修订的《伦敦国际仲裁院仲裁规则》,在使用该仲裁规则进行仲裁时,当事人不可撤回地放弃向任何国家的法院或其他司法机关提起任何形式的上诉权。

仲裁裁决虽然在 1979 年以后已不像先前可由最高法院撤销或发回重审,但英国法院仍然有权在一定条件下对仲裁裁决进行实质性的审查,当事人可以根据英国仲裁法的规定,请求法院对仲裁中的法律问题作出裁定。为此,当事人还可以通过排除协议的方式,排除法院对仲裁中法律问题的裁定或审查。

5. 美国仲裁协会

美国仲裁协会(American Arbitration Association,简称 AAA),成立于 1926 年,总部设在美国纽约,是美国主要的全国性国际常设仲裁机构。该协会分支机构遍布美国的各主要城市。它受理全美各地以及外国的各种当事人提交的除法律和公共政策禁止仲裁的事项外的任何法律争议。其受案范围十分广泛,包括商业争议案件,工业、电影业及劳资纠纷案件,以及有关人身及财产损害的请求案件。该协会受理的仲裁案件主要是货物买卖合同、代理合同、工业产权、公司的成立和解散以及投资等方面的争议。

该协会现行的《国际仲裁规则》于2000年9月1日修改并生效。根据该规则规定,仲裁协会受理有关案件后,由依仲裁规则组成的仲裁庭来负责主持具体的仲裁程序,并依双方当事人合意选择的法律对有关案件作出实质性裁决。仲裁庭应使用当事人选定的适用于争议的实体法或法律规范。如当事人未进行此项选定,仲裁庭应使用其认为适当的法律或法律规范。美国仲裁协会的惯例是,每当协会指定受理案件的地点时,有关的仲裁庭在当事人双方没有合意选择法律的情况下,几乎都是自动选择该地的法律作为仲裁所依据的法律。而且,如果双方当事人就仲裁地点的选择难以达成一致,通常都是在协会指定的纽约市进行仲裁,从而根据纽约市的现行法律对有关案件进行仲裁受理,并作出实质性裁决。

该协会受理的国际商事仲裁案件,在裁决上实行终局裁决制。根据美国联邦仲裁法的规定,法院对仲裁的干预较少,只有在仲裁员被指控有受贿、欺诈、明显偏袒一方的情况下,法院才可以撤销仲裁裁决。法院对仲裁员在仲裁中有关事实和法律适用上是否错误不予过问,体现很强的仲裁独立性。

6. 瑞士苏黎世商会仲裁院

瑞士苏黎世商会仲裁院(Court of Arbitration of Zurich Commerce Chamber)成立于1911年,是瑞士苏黎世商会下属的一个全国性常设仲裁机构。像瑞典斯德哥尔摩商事仲裁院一样,在当今各种关系日益复杂、矛盾重重的国际社会,由于瑞士的中立国地位,使得瑞士苏黎世商会仲裁院的公正裁决较容易为各国当事人所接受,从而使它逐渐成为处理国际商事纠纷的一个很重要的中心,在国际商事仲裁机构中具有相当高的地位。该仲裁院的管辖范围不受任何地域和国籍的限制,任何人都可以将其争议提交该院仲裁。

7. 新加坡国际仲裁中心

新加坡国际仲裁中心(Singapore International Arbitration Center,简称 SIAC)成立于1990年,设在新加坡。新加坡国际仲裁中心2016年颁布了最新的《仲裁规则》,该规则于2016年8月1日起正式施行。这次发布的新规则,是自新加坡国际仲裁中心成立以来的第六次修订。它适应了社会经济的发展和变化,符合追求快速、经济、高效解决纠纷的目标,也进一步加强了新加坡国际仲裁中心作为国际仲裁中心的国际化色彩。新规则不仅对原有的部分条文进行了调整和修订,更新增了"多份合同仲裁"、"追加当事人"以及"合并仲裁"等全新条款。新加坡国际仲裁中心主要以解决建筑工程、航运、银行和保险方面的争议见长。

(三)中国的国际商事仲裁机构

1. 中国国际经济贸易仲裁委员会

中国国际经济贸易仲裁委员会(China International Economic and Trade Arbitration Commission,简称 CIETAC)是以仲裁的方式,独立、公正地解决契约性或非契约性的经济贸易等争议的常设商事仲裁机构。该仲裁委员会是中国国际贸易促进委员会根据中华人民共和国中央人民政府政务院1954年5月6日第215次会议通过的《关于在中国国际贸易促进委员会内设立对外贸易仲裁委员会的决定》，于 1956 年 4 月设立的，当时名称为对外贸易仲裁委员会。中国国际贸易促进委员会还制定了仲裁委员会的仲裁程序暂行规则。中国实行对外开放政策以后，为了适应国际经济贸易关系不断发展的需要，根据国务院发布的《关于将对外贸易仲裁委员会改称为对外经济贸易仲裁委员会的通知》，对外贸易仲裁委员会于 1980 年改名为对外经济贸易仲裁委员会，又于 1988 年根据国务院《关于将对外经济贸易仲裁委员会改名为中国国际经济贸易仲裁委员会和修订仲裁规则的批复》，改名为中国国际经济贸易仲裁委员会，自 2000 年 10 月 1 日起同时启用"中国国际商会仲裁院"名称。

中国国际经济贸易仲裁委员会以其独立、公正、快速、高效的仲裁工作在国内外享有广泛的声誉，现已成为世界上重要的商事仲裁机构之一。该仲裁委员会的受案量近几年来已跃居世界第一位，案件当事人涉及除中国之外的 45 个国家和地区，仲裁裁决的公正性得到了国内外的一致确认，仲裁裁决可以在世界上 140 多个国家和地区得到承认和执行。

中国国际经济贸易仲裁委员会多次修订了它的仲裁规则，现行适用的《仲裁规则》于 2015 年 1 月 1 日起实施。根据实际情况的需要，中国国际商会（中国国际贸易促进委员会）还可以对仲裁委员会现行的《仲裁规则》进行修改和补充。

仲裁委员会设名誉主任一人、顾问若干人。仲裁委员会在组织机构上实行委员会制度，设主任一人，副主任若干人，委员若干人；主任履行《仲裁规则》赋予的职责，副主任受主任的委托可以履行主任的职责。仲裁委员会总会和分会（仲裁中心）设立秘书局与秘书处，各有秘书长一人，副秘书长若干人。总会秘书局和分会（仲裁中心）秘书处分别在总会秘书长和分会（仲裁中心）秘书长的领导下负责处理仲裁委员会总会和分会（仲裁中心）的日常事务。仲裁委员会还设有仲裁委员会委员会议、主任会议、秘书长会议和专家咨询委员会。

仲裁委员会总会设在北京。根据业务发展的需要，中国国际经济贸易仲裁委员会在国内的深圳、上海、天津、重庆、杭州、武汉、福州、西安、南京、成都、济南、香港分别设有华南分会、上海分会、天津国际经济金融仲裁中心（天津分会）、西南分会、浙江分会、湖北分会、福建分会、丝绸之路仲裁中心、江苏仲裁中心、四川分会、山东分会、香港仲裁中心，在加拿大温哥华设立北美仲裁中心，在奥地利维也纳设立欧洲仲裁中心。总会和分会（仲裁中心）使用相同的仲裁员名册和统一的仲裁规则，在整体上享有一个仲裁管辖权，它们所作出的裁决都具有终局性。仲裁委员会的分会（仲裁中心）是仲裁委员会的派出机构，根据仲裁委员会的授权，接受仲裁申请，管理仲裁案件。当事人可以约定将争议提交仲裁委员会或仲裁委员会分会（仲裁中心）进行仲裁；约定由仲裁委员会进行仲裁的，由仲裁委员会仲裁院接受仲裁申请并管理案件；约定由分会（仲裁中心）仲裁的，由所约定的分会（仲裁中心）仲裁院接受仲裁申请并管理案件。约定的分会（仲裁中心）不存在、被终止授权或约定不明的，由仲裁委员会仲裁院接受仲裁申请并管理案件。如有争议，由仲裁委员会作出决定。

自 1956 年成立以来，中国国际经济贸易仲裁委员会共受理了万余件国内外仲裁案件。中国国际经济贸易仲裁委员会既可受理涉外案件，也可受理国内案件；同时，其受理案件的范围也不受当事人行业和国籍的限制。近些年来,中国国际经济贸易仲裁委员会平均每年的受案数量近千件,始终位居世界知名仲裁机构前列。中国国际经济贸易仲裁委员会现行的《仲裁规则》与国际上主要仲裁机构的仲裁规则基本相同,在《中华人民共和国仲裁法》允许的范围内最大限度地尊重了当事人意思自治。此外,中国国际经济贸易仲裁委员会的《仲裁员名册》中有近千名仲裁员,均为国内外仲裁或其他行业的知名专家。其中,外籍仲裁员近 300 名,分别来自 30 多个国家或地区。中国国际经济贸易仲裁委员会在处理案件中,坚持以事实为依据,以法律为准绳,尊重当事人在合同中所作的规定,参考国际惯例,遵循公平合理原则,独立公正地处理当事人之间的争议。作为一个常设国际商事仲裁机构,其仲裁除具有一般的诸多优点外,还具有自己显著的特点,具体表现在:

(1)案件的监督性。仲裁委员会实行裁决书稿核阅制度,监督并管理仲裁程序,确保裁决公正。

(2)仲裁与调解相结合。结合仲裁的优势和调解的长处,在仲裁程序开始之前或之后,仲裁庭可以在当事人自愿的基础上,对受理的争议调解解决,如调解失败,或任何一方当事人认为调解没有必要或者不会成功,可以随时要求终止调解,恢复仲裁程序。仲裁庭将按照《仲裁规则》的规定继续进行仲裁,直到作出终局裁决。此外,当事人在中国国际经济贸易仲裁委员会之外通过调解达成和解协议的,可以凭当事人达成的由中国国际经济贸易仲裁委员会仲裁的仲裁协议和他们的和解协议,请求中国国际经济贸易仲裁委员会主任指定一名独任仲裁员,按照和解协议的内容作出仲裁裁决。此时,中国国际经济贸易仲裁委员会可以视工作量的大小和实际开支的多少,减少仲裁收费。其核心是在同一程序即仲裁程序中,仲裁员视必要可以履行调解员的职能。该做法将仲裁和调解各自的优点紧密结合起来,不仅有助于解决当事人之间的争议,而且有助于保持当事人的友好合作关系。

(3)仲裁费用相对低廉。仲裁委员会现行的《仲裁规则》规定的仲裁费收费标准与世界其他各主要国际商事仲裁机构相比是比较低廉的,与国内其他仲裁机构相比,同等条件下收费基本相同。与诉讼相比,由于仲裁具有一裁终局、程序快捷等特点,使得采用仲裁对当事人而言更为经济。仲裁委员会以较低的收费为当事人提供了更便捷、优质的服务。

2. 中国海事仲裁委员会

中国海事仲裁委员会(China Maritime Arbitration Commission,简称 CMAC),是根据中华人民共和国国务院 1958 年 11 月 21 日的决定,于 1959 年 1 月 22 日设立于中国国际贸易促进委员会内,专门受理国内外海事争议的常设仲裁机构。设立时名为中国国际贸易促进委员会海事仲裁委员会,1988 年改名为现在的"中国海事仲裁委员会",1988 年 9 月 12 日通过了《中国海事仲裁委员会仲裁规则》。现行《中国海事仲裁委员会仲裁规则》经 2018 年 8 月 22 日中国国际贸易促进委员会(中国国际商会)修订并通过,自 2018 年 10 月 1 日起施行。

中国海事仲裁委员会坚持以事实为根据、以法律为准绳、参考国际惯例、尊重合同约定、独立公正地解决海事争议的原则,以仲裁的方式,独立、公正地解决了大量的产生于远洋、沿海和与海相通的水域的运输、生产和航行过程中的契约性或非契约性的海事、海商、物流争议以及其他契约性或非契约性争议,有力地维护了中外当事人的正当权益,促进了国际和国内经济贸易和物流的发展。中国是1958年《承认及执行外国仲裁裁决公约》的缔约国。据此,中国海事仲裁委员会作出的涉外仲裁裁决可以在世界上一百多个上述公约的成员国得到承认和执行。

中国海事仲裁委员会由主任一人、副主任若干人和委员若干人组成。委员由中国国际贸易促进委员会(中国国际商会)聘请的中国立法、司法、航运、保险等有关部门的专家、学者和知名人士担任。中国海事仲裁委员会下设秘书处,在秘书长的领导下,按照仲裁规则和秘书处人员工作细则的规定,负责处理仲裁委员会的日常事务。中国海事仲裁委员会总部设在北京,并在上海、深圳、天津、重庆、福建、浙江设有分会,其他城市设有办事处,分会可以独立受理和审理案件,办事处在仲裁委员会的带领下,负责仲裁委员会在当地的联络与咨询业务,并协助仲裁委员会在当地安排开庭。2014年11月19日,中国海事仲裁委员会香港仲裁中心设立,提供国际海事仲裁服务,这是中国海事仲裁委员会首个内地以外的仲裁中心。2017年12月16日,中国海事仲裁委员会航空争议仲裁中心、航空争议调解中心在北京正式成立,将为我国民航争端解决提供更加专业、高效的解决途径。

中国海事仲裁委员会设立仲裁员名册,供当事人选择并指定仲裁员。仲裁员由中国国际贸易促进委员会(中国国际商会)从具有航运、保险、法律等方面专业知识和实践经验的中外知名人士中聘任。除了法律专业之外,仲裁员的专业范围涉及海上货物运输、海上保险、船舶租赁、船舶买卖、船舶修理、船舶建造、船舶检验、船舶代理、航海技术、轮机工程、港务监督、港口管理、引航技术、海洋环境保护、船舶碰撞、救助、打捞、拖带、海损理算等,为保证公正地审理各种类型的案件提供了坚实的基础。

一方当事人根据在争议发生之前或争议发生之后达成的仲裁协议和书面仲裁申请,将争议提交中国海事仲裁委员会仲裁,中国海事仲裁委员会根据仲裁协议赋予的管辖权以及仲裁规则受理海事争议案。任何一方当事人选定的仲裁员,或由仲裁委员会主任代为指定的仲裁员,以及双方当事人共同选定或由仲裁委员会主任指定的首席仲裁员均是中立的。中国海事仲裁委员会制定有《仲裁员守则》,根据该守则,与案件有利害关系的仲裁员必须向仲裁委员会请求回避,当事人也有权向海事仲裁委员会提出书面申请,要求他回避。

中国海事仲裁委员会受理下列海事争议:

(1)船舶救助、共同海损所发生的争议。

(2)船舶或其他海上移动式装置碰撞,或者船舶或其他海上移动式装置与海上、通海水域、港口建筑物和设施以及海底、水下设施触碰所发生的争议。

(3)提单、运单、航次租船合同和多式联运合同或者其他运输单证涉及的国际远洋、国际近洋、沿海和与海相通的可航水域的货物运输业务所发生的争议,以及上述水域的旅客运输所发生的争议。

(4)船舶或其他海上移动式装置或集装箱及其他装运器具的租用、租赁,或者船舶或其他海上移动式装置的经营、作业、代理、拖带、打捞和拆解业务所发生的争议。

(5)船舶或其他海上移动式装置的所有权、优先权所发生的争议。

(6)国际远洋、国际近洋、沿海和与海相通可航水域的船舶或其他海上移动式装置的保险、货物运输保险、旅客运输保险、海上开发资源保险及其再保险,以及船舶保赔业务等所发生的争议。

(7)船舶或其他海上移动式装置以及集装箱或其他装运器具的买卖、建造和修理业务所发生的争议。

(8)船舶或其他海上移动式装置的抵押贷款所发生的争议。

(9)货运代理、物流、船舶物料供应、船员劳务、渔业生产及捕捞合同等所发生的争议。

(10)海洋资源开发利用及海洋环境污染损害所发生的争议。

(11)海事担保所发生的争议。

(12)双方当事人协议仲裁的其他海事争议或与海事有关的争议。

3.香港国际仲裁中心

香港国际仲裁中心(Hong Kong International Arbitration Center,简称 HKIAC),1985年设立,机构设在我国香港。该中心虽成立较晚,但借助于香港地理优势很快发展成为亚洲领先的国际仲裁中心。

1990年修正后的《香港国际仲裁中心仲裁规则》(以下简称《仲裁规则》)规定了本地仲裁和国际仲裁两种不同的仲裁制度。2010年,香港修订了《仲裁规则》,对于本地仲裁,仲裁中心有仲裁规则和协助当事人和仲裁员的指南,而对于国际仲裁,仲裁中心推荐采用《联合国国际贸易法委员会仲裁规则》。2000年1月13日,香港特别行政区废除了《仲裁规则》中与《中华人民共和国香港特别行政区基本法》相抵触的规定,并增加了"内地""内地裁决"等相关内容,以保证香港回归后内地和香港仲裁裁决的相互承认和执行的问题。香港国际仲裁中心于2018年9月27日公布了修订的《仲裁规则》,该规则于2018年11月1日生效。

香港国际仲裁中心每年受理200余件商事仲裁案件。中心还设有调解机构,调解包括家庭纠纷在内的各种争议。

随着中国内地经济发展和加入世界贸易组织,香港国际仲裁中心开始致力于在中国内地推广其仲裁服务,争取更多的内地公司到香港国际仲裁中心仲裁案件。

四、仲裁协议

仲裁协议是争议双方当事人表示愿意把他们之间将来可能发生或已经发生的国际商事争议交付仲裁机构裁决,任何一方都不得向法院起诉的一种书面协议。仲裁协议必须是双方当事人共同的意思表示,必须真正建立在自愿、协商和平等互利的基础之上,不允许一方强加于另一方。若双方当事人已经同意仲裁,任何一方当事人都不得单方面撤回已表示同意的仲裁协议。可见,国际商事仲裁的管辖性质属于协议管辖。因此,仲裁协议是仲裁机构或仲裁员受理争议案件的依据。若不存在仲裁协议,任何仲裁机构都无权受理案件,仲裁就无法进行。

(一)仲裁协议的法律效力

根据有关国际条约和大多数国家的法律规定,一项有效的仲裁协议在国际商事仲裁中具有以下法律效力:

1.对当事人的法律效力

对双方当事人具有严格的约束力,不得再向法院提起诉讼。订立仲裁协议的当事人均须受到该协议的约束,若发生争议,应以仲裁的方式予以解决。若一方当事人就协议规定范围内的事项向法院起诉,另一方当事人则有权依据仲裁协议要求法院中止司法程序,把争议发还仲裁机构审理。

2. 对仲裁机构及仲裁员的法律效力

仲裁协议是仲裁机构或仲裁员受理争议案件的依据,任何仲裁机构都无权受理无书面仲裁协议的案件。

仲裁协议除了赋予仲裁机构或仲裁庭处理争议案件的管辖权外,还确定了仲裁事项的范围。当有关裁决所处理的争议不是交付仲裁的标的,或不在有关仲裁协议范围内,或裁决有关交付仲裁范围之外的事项时,法院可以基于一方当事人的申请拒绝承认和执行该项裁决,从而使仲裁员或仲裁机构的管辖权受到仲裁协议所确定的仲裁范围的严格限制。

3. 对法院的法律效力

仲裁协议对法院的法律效力主要表现在以下两个方面:

(1)有效的仲裁协议可以排除法院对争议案件的管辖权。凡订有仲裁协议的争议案件,法院不得强制管辖。各国法律一般都规定,一项有效的仲裁协议能排除法院的管辖权。法院不受理双方订有仲裁协议的争议案件,包括不受理当事人对仲裁裁决的上诉。

(2)有效的仲裁协议是裁决具有法律效力的依据以及得到法院的承认和执行的基础。若一方当事人拒不履行仲裁裁决,另一方当事人可以向有关国家法院提交有效的仲裁协议和仲裁裁决书,申请法院强制执行该裁决。反之,没有仲裁协议而作出的裁决,或对仲裁协议约定以外事项作出的裁决,都是无效的,无法得到承认和执行。

在上述的作用中,其最重要的作用就是排除法院对争议案件的管辖权,使得当事人只能将争议提交仲裁解决,从而使仲裁庭或仲裁员取得管辖权。因此,当事人如若想采用仲裁方式解决他们之间的争议,就必须订立仲裁协议。

(二)仲裁协议的形式

仲裁协议必须采用书面形式,书面形式的仲裁协议可分为以下三种形式:

1. 仲裁条款

仲裁条款(Arbitration Clause),是由双方当事人在签订有关条约或合同时,在该条约或合同中订立的约定将其可能发生的争议提交仲裁解决的条款。仲裁条款通常为合同中的一个条款,订立于争议发生之前,表示一旦发生争议即提交仲裁,以及提交仲裁的事项、仲裁地点、仲裁机构、仲裁庭的组成、仲裁程序、仲裁适用的法律以及裁决的效力等内容。

仲裁条款具有与其他条款不同的性质和效力,独立于主合同,可与主合同分离,具有可分割性,即使合同的其他条款无效,也不影响仲裁条款的效力。它的效力只能因主合同的完全履行而终止。它不仅不会因主合同的效力发生争议而失去作用,反而正因此而得以实施,发挥它作为救济手段的作用。仲裁条款的存在与有效与否只能以仲裁条款自身的情况作出判断。

2. 仲裁协议书

仲裁协议书(Arbitration Agreement),指由双方当事人在争议发生之前或发生之后经过平等协商订立的,共同签署同意把争议提交仲裁解决的协议。与仲裁条款不同的是,仲裁协议书并不作为有关合同的一部分,而是独立于有关合同之外的一个单独协议。

在国际商事交易中,一般情况是,如果合同没有规定仲裁条款,对于当事人在履行合同中发生的争议,经协商不能解决时,双方同意将争议提交某仲裁机构解决,即可订立一项专门的仲裁协议书。在另外一些情况下,如果当事人双方只是口头上达成将争议提交仲裁的协议,而依仲裁地法要求提供书面仲裁协议,或者合同中仲裁条款不符合仲裁地法,或者是不能履行的仲裁条款,双方当事人应当重新订立意向仲裁协议书,作为对合同仲裁条款的修改。

3. 其他有关书面文件中所包含的仲裁协议

其他有关书面文件中所包含的仲裁协议,指若当事人之间的合同无仲裁条款,在双方当事人之间往来的信函、电传、电报以及其他书面材料中共同约定,同意将当事人之间将来可能发生或已经发生的争议提交某仲裁机构解决的意思表示。这种类型的仲裁协议所包含的提交仲裁的意思表示并不是集中表现在某一合同的有关条款或某一单独的协议书中,而是分散在当事人相互往来的函件中。这种类型的仲裁协议在国际商事仲裁实践中,也是比较普遍的。

(三)仲裁协议的主要内容

仲裁协议的内容由双方当事人共同商定,但不得违反有关国家的强制性法律规定。仲裁协议的内容应尽可能明确、具体、完整。为了使仲裁程序得以顺利进行,并获得当事人所预期的效果,仲裁协议至少应当具备以下内容:

1. 仲裁意愿

仲裁意愿是当事人一致同意将争议交付仲裁的意思表示。

2. 仲裁事项

仲裁事项是指提交仲裁的争议范围。仲裁事项必须概括而且明确,不可遗漏,且需要具有可仲裁性。这是有关仲裁机构行使仲裁管辖权的重要依据之一,也是有关当事人申请有关国家的法院协助承认与执行仲裁裁决时必须具备的重要条件之一。

若仲裁事项有遗漏,日后发生争议超出了范围,或一方当事人申请仲裁的争议事项不属于仲裁协议约定的仲裁争议事项的范围,另一方当事人就有权利对仲裁机构的管辖权提出异议而拒绝参与仲裁,仲裁庭也无权审理。即使仲裁机构就此争议事项经过仲裁审理并作出了实质性裁决,但超出范围审理的部分所作出的裁决不具有法律效力,另一方当事人可以据此拒绝履行该裁决所规定的义务,且不能得到法院的承认和强制执行。

3. 仲裁地点

仲裁地点是仲裁协议中最关键的内容,因为仲裁地点的选择与仲裁适用的程序法和合同争议所适用的实体法密切相关。一方面,仲裁地点的选择直接决定着仲裁所适用的程序规则。若当事人在仲裁协议中没有明确规定仲裁地点,就要依仲裁地国与仲裁机构的程序规则进行仲裁。另一方面,仲裁地点的选择也直接影响着合同所适用的用以确定双方当事人权利、义务关系的实体法律的选择。若当事人未明确选择仲裁地点,仲裁员一般要按照仲裁地国家的法律冲突规则确定合同适用的准据法。而适用不同国家和地区的法律,可能对当事人的权利、义务作出不同的解释,得出不同的裁决结果。仲裁地点在很大程度上决定了仲裁裁决的国籍。

4. 仲裁机构

在仲裁协议中必须明确具体地写明仲裁机构的名称,切勿模棱两可,否则这样的仲裁协议很容易引起新的争议。另外,当事人也可能选择临时仲裁庭进行仲裁,这种情况应当写明组成仲裁庭的人数及如何指定,以及采取什么程序审理等内容。在我国法律中没有对临时仲裁庭作出规定,在国际商事合同中,一般规定在仲裁地点的常设仲裁机构仲裁。

5. 仲裁程序规则

仲裁程序规则是进行仲裁的准则。仲裁申请、指定仲裁员、组成仲裁庭以及审理、裁决和收取仲裁费等都在仲裁规则中作出具体的规定,供当事人和仲裁员遵照执行。各国的常设仲裁机构大部分都制定了自己的仲裁程序规则,一般来讲,在哪个仲裁机构仲裁,就适用该机构的仲裁规则。因此,在订立仲裁协议时就应写明按照哪一个国家或地区和哪一个仲裁机构的仲裁程序规则进行仲裁。但是,有些国家也允许当事人自由选择他们认为合适的仲裁规则,以不违反仲裁地国家仲裁法中的强制性规定为限。组成临时仲裁庭的程序规则完全由当事人约定。

6. 仲裁裁决的效力

仲裁裁决的效力主要是指裁决是否具有终局性,是否对双方均有约束力。该项内容非常重要,直接影响整个仲裁程序的效力,决定当事人双方的权利义务关系最终能否得以确定,以及其合法权益能否得到保护。特别是在当事人双方决定将其争议提交某临时仲裁机构仲裁和自行约定仲裁程序规则时,更应对裁决的效力作出明确的规定。

目前,绝大多数国家仲裁机构的仲裁规则均规定,仲裁裁决是终局的,对双方当事人均有约束力,任何一方当事人不得向法院或其他机构上诉或申请采取任何其他救济措施,以充分有效地发挥仲裁能简便、迅速、及时地解决争议的特点。

阅读资料

为了便于双方当事人在合同中订立合格的仲裁条款,许多常设仲裁机构或其他有关机构多拟定示范仲裁条款,以备当事人采用。仲裁条款的典型表达方式是:"由于本合同而发生的与本合同有关的任何争议或请求,如果通过协商不能解决,应提交在××(地点)的××(仲裁机构名称),依该会仲裁规则仲裁解决。仲裁裁决是终局的,对双方均有约束力。"

五、国际商事仲裁程序

仲裁机构从受理申诉人提出的仲裁申请书开始,直至仲裁庭作出仲裁裁决为止的整个过程是仲裁程序阶段。仲裁程序是指仲裁机构在进行仲裁审理过程中,仲裁机构、各方当事人以及其他参与人从事仲裁活动必须遵循的程序,主要内容包括如何申请、答辩、抗辩和反请求,仲裁员如何指定,审理如何进行,裁决如何作出,仲裁费用如何收取等。仲裁程序的根本作用就是规定当事人、仲裁员和有关机构、人员在仲裁中的权利和义务的行为和方向。

争议双方当事人对仲裁程序的选择方面充分体现了国际商事仲裁的自愿性。《联合国国际商事仲裁示范法》第十九条规定："根据本法规定,当事人可以自由地就仲裁庭进行仲裁所依循的程序达成协议。"各国仲裁机构的仲裁规则对仲裁程序都有明确规定。这里主要根据现行的《中国国际经济贸易仲裁委员会仲裁规则》(以下简称《仲裁规则》)介绍中国涉外商事仲裁程序。

(一)仲裁委员会的管辖范围

依据《仲裁规则》第二条的规定,中国国际经济贸易仲裁委员会管辖的范围为"契约性或非契约性的经济贸易等争议案件",具体包括:

(1)国际的或涉外的争议。

(2)涉及中国香港特别行政区、澳门特别行政区和台湾地区的争议。

(3)国内争议案件。

但是,仲裁委员会不受理下列争议:

(1)婚姻、收养、监护、扶养、继承争议。

(2)依法应当由行政机关处理的行政争议。

(3)劳动争议和农业集体经济组织内部的农业承包合同争议。

(二)仲裁的申请和受理

1. 仲裁的申请

仲裁的申请是指在发生国际商事争议后,仲裁协议的一方当事人作为申请人依据仲裁协议将有关争议提交给协议约定的仲裁机构,请求对争议进行仲裁审理的活动。仲裁申请是仲裁机构立案、受理案件的前提,是开始仲裁程序的一项必要的法律步骤,也是仲裁机构受理案件的直接依据。

向仲裁机构提出仲裁申请时应当提交仲裁协议和仲裁申请书,附交申请人请求所依据事实的有关证明文件,并预交仲裁费。如果委托代表或代理人办理仲裁事项或参与仲裁的,还应提交书面委托书。仲裁申请书的内容一般包括:申请人和被申请人的名称、地址、邮政编码、电话、传真及法人代表的姓名、电子邮箱或其他电子通信方式等身份信息;申请人所依据的仲裁协议;案情和争议要点;申请人的仲裁请求和所依据的案情事实、理由和相关证据。

2. 仲裁的受理

仲裁的受理是指仲裁机构收到申请人提交的仲裁申请书后,应当予以审查,其审查的焦点是申请人提供的仲裁协议。经过审查认为符合要求且手续完备,即应当受理仲裁申请,受理立案后应将仲裁通知、仲裁机构的仲裁规则和仲裁员名册各一份发送给双方当事人;申请人的仲裁和申请书及其附件也应同时发送给被申请人。申请人和被申请人应各自在收到仲裁通知之日起二十日内在仲裁委员会仲裁员名册中各自选定一名仲裁员,或者委托仲裁委员会主任指定。仲裁委员会仲裁院经审查认为申请仲裁的手续不完备的,可以要求申请人在一定的期限内予以完备。申请人未能在规定期限内完备申请仲裁手续的,视同申请人未提出仲裁申请;申请人的仲裁申请书及其附件,仲裁委员会仲裁院不予留存。

被申请人应在收到仲裁通知之日起四十五日内向仲裁委员会秘书局提交答辩书和有关证明文件。答辩书是被申请人为维护自己的权益,对申请人就仲裁申请书的要求及所依据的事实、证据和理由所做的答复以及对自己有利的辩解的仲裁文书。

反请求书是被申请人对申请人提出独立的反请求的仲裁文书。被申请人如有反请求,最迟应在收到仲裁通知之日起四十五日内以书面形式提交仲裁委员会。仲裁庭认为被申请人确有正当理由请求延长提交反请求期限的,由仲裁庭决定是否可以适当延长此期限。仲裁庭尚未组成的,由仲裁委员会仲裁院作出决定。被申请人提出反请求时,应在其反请求申请书中写明具体的反请求事项及其所依据的事实和理由,并附具有关的证明文件。被申请人提出反请求,应当按照仲裁委员会的仲裁费用表的规定预缴仲裁费。被申请人未提交书面答辩、申请人对被申请人的反请求未提出书面答辩的,不影响仲裁程序的进行。

另外,为了保护一方当事人的利益,仲裁机构可以根据案件当事人的申请和本国法律的规定,提请被申请人财产所在地或仲裁机构所在地的中级人民法院作出财产保全措施的裁定。在法院作出财产保全的裁定后,由该法院对其裁定予以执行。

(三)仲裁庭的组成

在国际商事仲裁中,当事人最重要的权利之一就是指定仲裁员审理案件。临时仲裁机构可直接作为仲裁庭,常设仲裁机构内部则设有仲裁庭组织。

仲裁庭可以是独任仲裁庭或三名以上的仲裁员组成合议庭。仲裁庭可由双方当事人合意选定仲裁员组成。当事人双方各自在收到仲裁通知后十五日内在仲裁机构所提供的仲裁员名册中指定或委托仲裁机构指定一名仲裁员,当事人未在上述期限内选定或委托仲裁委员会主任指定的,由仲裁委员会主任指定。双方可以再行协商一名首席仲裁员或由仲裁机构在仲裁员名册中指定第三名仲裁员作为首席仲裁员,共同组成仲裁庭审理案件。如果采用独任仲裁庭,可由双方当事人在仲裁员名册中共同指定或共同委托仲裁机构指定一名仲裁员,由其单独审理案件。

仲裁员均是从法律、经济贸易、科学技术等方面具有专门知识和实践经验的中外人士中聘任的。《中华人民共和国仲裁法》第十三条规定:"仲裁委员会应当从公道正派的人员中聘任仲裁员。仲裁员应当符合下列条件之一:(一)通过国家统一法律职业资格考试取得法律职业资格,从事仲裁工作满八年的;(二)从事律师工作满八年的;(三)曾任法官满八年的;(四)从事法律研究、教学工作并具有高级职称的;(五)具有法律知识、从事经济贸易等专业工作并具有高级职称或者具有同等专业水平的。"

被指定的仲裁员,如果与案件有利害关系,应自行向仲裁机构申请回避。当事人收到仲裁员的声明书及/或书面披露后,如果以披露的事实或情况为理由要求该仲裁员回避,则应于收到仲裁员的书面披露后十日内书面提出。逾期没有申请回避的,不得以仲裁员曾经披露的事项为由申请该仲裁员回避。当事人若对被选定或者被指定的仲裁员的公正性和独立性产生具有正当理由的怀疑时,可以书面向仲裁委员会提出要求该仲裁员回避的请求,但应说明提出回避请求所依据的具体事实和理由,并举证。如果一方当事人申请回避,另一方当事人同意回避申请,或者被申请回避的仲裁员主动提出不再担任该仲裁案件的仲裁员,则该仲裁员不再担任仲裁员审理案件,否则,仲裁员是否回避,由仲裁委员会主任作出终局决定并可以不说明理由。在仲裁委员会主任就仲裁员是否回避作出决定前,被请求回避的仲裁员应当继续履行职责。

(四)仲裁审理

仲裁庭仲裁审理案件有两种形式:一种是书面审理,也称不开庭审理,仲裁庭根据有关书面材料对案件进行审理并作出裁决。海事仲裁常采用书面仲裁形式。另一种是口头审理,又称开庭审理,这是普遍采用的一种方式。各国仲裁立法和仲裁规则一般都规定,当事人双方可自由选定口头审理或书面审理;在当事人没有作出约定时,则采用开庭审理的形式进行。

仲裁庭在审理案件的过程中,遵循当事人的意思自治原则。例如,根据《仲裁规则》的规定,仲裁庭应当开庭审理案件,但经双方当事人申请或者征得双方当事人同意,仲裁庭也认为不必开庭审理的,仲裁庭可以只依据书面文件进行审理。又如,当事人约定了开庭地点的,仲裁案件的开庭审理应当在约定的地点进行。

仲裁案件第一次开庭审理的日期,经仲裁庭商仲裁委员会秘书局决定后,由秘书局于开庭前二十日通知双方当事人。当事人有正当理由的,可以请求延期开庭,但必须在收到开庭通知后五日以书面形式向秘书局提出;是否延期,由仲裁庭决定。

《仲裁规则》还规定,仲裁庭开庭审理案件不公开进行,如果双方当事人要求公开审理,由仲裁庭作出是否公开审理的决定。不公开审理的案件,双方当事人及其仲裁代理人、证人、翻译、仲裁员、仲裁庭咨询的专家和指定的鉴定人以及其他有关人员,均不得对外界透露案件实体和程序进行的情况。

当事人应当对其申请、答辩和反请求所依据的事实提出证据加以证明,对其主张、辩论及抗辩要点提供依据。当事人申请证据保全的,仲裁委员会应当将当事人的申请转交证据所在地有管辖权的法院作出裁定。此外,仲裁庭认为必要时,可以自行调查事实,收集证据。仲裁庭自行调查事实,收集证据时,可以通知双方当事人到场的,一方或双方当事人不到场的,仲裁庭自行调查事实和收集证据的行动不受其影响。仲裁庭调查收集的证据,应转交当事人,给予当事人提出意见的机会。

仲裁庭还可以就案件中的专门问题向专家咨询或者指定鉴定人进行鉴定。专家和鉴定人可以是中国或外国的机构或自然人。仲裁庭有权要求当事人而且当事人也有义务向专家或鉴定人提供或出示任何有关资料、文件或财产、实物,以供专家或鉴定人审阅、检验、鉴定。专家报告和鉴定报告的副本应转交当事人,给予当事人提出意见的机会。一方当事人要求专家或鉴定人参加开庭的,经仲裁庭同意,专家或鉴定人应参加开庭,并在仲裁庭认为必要时就所做出的报告进行解释。

如果双方当事人有调解愿望,或一方当事人有调解愿望并经仲裁庭征得另一方当事人同意的,仲裁庭可以在仲裁程序进行过程中对其审理的案件进行调解。双方当事人也可以自行和解。仲裁庭在进行调解的过程中,任何一方当事人提出终止调解或仲裁庭认为已无调解成功的可能时,应停止调解。

经仲裁庭调解达成和解或自行和解的,双方当事人应签订书面和解协议;除非当事人另有约定,仲裁庭应当根据当事人书面和解协议的内容做出裁决书结案。如果调解不成功,任何一方当事人均不得在其后的仲裁程序、司法程序和其他任何程序中援引对方当事人或仲裁庭在调解过程中发表过的意见、提出过的观点、做出的陈述、表示认同或否定的建议或主张作为其请求、答辩或反请求的依据。

(五)仲裁裁决

仲裁裁决是仲裁庭依据案件事实和有关法律,对当事人申请仲裁有关实体权利的请示事项作出的有法律约束力的结论性的书面判定。它是仲裁庭对仲裁当事人提交的争议事项审理终结后作出的结论性意见。仲裁庭作出裁决后,仲裁程序即告终结。仲裁庭应当根据事实,依照法律和合同规定,参考国际惯例,并遵循公平合理原则,独立公正地作出裁决。

除作出最终裁决(终局裁决)外,根据需要仲裁庭还可以作出中间裁决或部分裁决。中间裁决,又称为部分裁决。仲裁庭认为有必要或当事人提出请求并经仲裁庭同意时,仲裁庭可以在作出最终裁决之前,就当事人的某些请求事项先行作出中间裁决。任何一方当事人不履行中间裁决,不影响仲裁程序的继续进行,也不影响仲裁庭作出最终裁决。中间裁决是终局的,一经作出,即具有法律约束力,当事人既不能向法院起诉,也不能请求其他机构变更仲裁裁决。已经在部分裁决中裁决的事项,在终局裁决中就不得再次进行裁决。

《仲裁规则》规定,仲裁庭应当在组庭之日起六个月内做出仲裁裁决书。在仲裁庭的要求下,仲裁委员会仲裁院院长认为确有正当理由和必要的,可以延长该期限。

裁决一般由独任仲裁员或依全体或多数票作出。由三名仲裁员组成的仲裁庭审理的案件,仲裁裁决依全体或多数仲裁员的意见决定,少数仲裁员的意见可以做成记录附卷,并可以附在裁决书后,该书面意见不构成裁决书的组成部分。仲裁庭不能形成多数意见时,仲裁裁决依首席仲裁员的意见作出。除非仲裁裁决依首席仲裁员意见或独任仲裁员意见作出,仲裁裁决应由多数仲裁员署名。持有不同意见的仲裁员可以在裁决书上署名,也可以不署名。仲裁员应在签署裁决前将裁决书草案提交仲裁委员会核阅。在不影响仲裁员独立裁决的情况下,仲裁委员会可以就裁决书的有关问题提请仲裁庭注意。裁决书应加盖仲裁委员会印章。作出仲裁裁决书的日期,即为仲裁裁决发生法律效力的日期。

仲裁庭在其作出的仲裁裁决中,应当写明仲裁请求、争议事实、裁决理由、裁决结果、仲裁费用的负担、裁决的日期和地点。当事人协议不愿写明争议事实和裁决理由的,以及按照双方当事人和解协议的内容作出裁决的,可以不写明争议事实和裁决理由。仲裁庭有权在裁决书中确定当事人履行裁决的具体期限及逾期履行所应承担的责任。

仲裁裁决是终局的,对双方当事人均有约束力。任何一方当事人均不得向法院起诉,也不得向其他任何机构提出变更仲裁裁决的请求。除非当事人双方一致同意,任何一方都无权不理会或否定该项裁决。一项终局裁决只要是合法有效的,即可构成定案。

如果仲裁裁决有漏裁事项,任何一方当事人均可以在收到裁决书之日起三十日内以书面形式请求仲裁庭就裁决中漏裁的仲裁事项作出补充裁决。如确有漏裁事项,仲裁庭应在收到上述书面申请之日起三十日内作出补充裁决。仲裁庭也可以在发出仲裁裁决书后的合理时间内自行作出补充裁决。该补充裁决构成原裁决书的一部分。

当事人应当依照仲裁裁决书写明的期限自动履行裁决,仲裁裁决书未写明期限的,应当立即履行。一方当事人不履行的,另一方当事人可以依法向有管辖权的法院申请执行。

(六) 简易程序

根据《仲裁规则》的规定,除非当事人另有约定,凡是争议金额不超过人民币 500 万元的,或争议金额超过人民币 500 万元,经一方当事人书面申请并征得另一方当事人书面同意的,或双方当事人约定适用简易程序的,适用简易程序。没有争议金额或争议金额不明确的,由仲裁委员会根据案件的复杂程度、涉及利益的大小以及其他有关因素综合考虑决定是否适用简易程序。

除非双方当事人已从仲裁委员会仲裁员名册中共同选定了一名独任仲裁员,双方当事人应在被申请人收到仲裁通知之日起十五日内在仲裁委员会仲裁员名册中共同选定或者共同委托仲裁委员会主任指定一名独任仲裁员。双方当事人逾期未能共同选定或者共同委托仲裁委员会主任指定的,仲裁委员会主任应立即指定一名独任仲裁员成立仲裁庭审理案件。

被申请人应在收到仲裁通知之日起二十日内向仲裁委员会提交答辩书、证据材料及有关证明文件。如有反请求,也应在此期限内提出反请求书、证据材料及有关证明文件。仲裁庭可以按照其认为适当的方式审理案件。可以决定只依据当事人提交的书面材料和证据进行书面审理,也可以决定开庭审理。对于开庭审理的案件,仲裁庭确定开庭的日期后,仲裁委员会秘书局应在开庭前十五日将开庭日期通知双方当事人。当事人有正当理由的,可以请求延期开庭,但应于收到开庭通知后三日内提出书面延期申请;是否延期,由仲裁庭决定。

仲裁庭应在组庭后三个月内做出仲裁裁决书。在仲裁庭的要求下,仲裁委员会仲裁院院长认为确有必要和正当理由的,可以对上述期限予以延长。

仲裁请求的变更或反请求的提出,不影响简易程序的继续进行。经变更的仲裁请求或反请求所涉争议金额分别超过人民币 500 万元的案件,除非当事人约定或仲裁庭认为有必要变更为普通程序,继续适用简易程序。

六、仲裁裁决的承认和执行

如果当事人拒不执行仲裁裁决,便发生仲裁执行的问题。在国际商事仲裁中,仲裁裁决的执行是一个比较复杂的问题。各国仲裁机构一般都没有强制当事人执行其裁决的权力,因此对仲裁裁决的执行首先取决于当事人的自愿,即仲裁裁决作出后,应由当事人自行执行。一方当事人如果逾期不予执行,另一方当事人则可向法院申请强制执行。

(一) 关于承认和执行外国仲裁裁决的国际公约

1. 立法概况

由于国际商事仲裁经常涉及外国的当事人或外国的财产,因此就包含两种情况:在本国境内进行仲裁裁决的承认和执行,以及在外国境内对仲裁裁决的承认和执行。

对本国仲裁机构作出的裁决,且被执行人在本国境内,但不主动执行裁决时,多数国家的法律都规定申请执行人可向本国有管辖权的法院申请强制执行，由本国法院进行形式审查后予以强制执行，这种情况下的执行手续简单，较容易解决。

但是，对于外国仲裁裁决的执行则较为复杂，因为这不仅涉及双方当事人的切身利益，而且涉及不同国家之间的利害关系，因此，很多国家在法律中对于执行外国的仲裁裁决，都规定了一些限制，即在外国的仲裁裁决不符合执行国法律要求时，执行国的法院可以拒绝予以执行。

阅读资料

为了解决是否承认和执行外国仲裁裁决的问题，国际上曾经先后缔结了三个有关承认和执行外国仲裁裁决的公约：第一个是十六个欧洲国家在国际联盟主持下于1923年9月24日在瑞士的日内瓦共同签订的《日内瓦仲裁条款议定书》；第二个是1927年9月26日在国际联盟主持下制定的《执行外国仲裁裁决的日内瓦公约》，这是对1923年《日内瓦仲裁条款议定书》的补充；第三个是1958年6月10日在联合国主持下订立的《承认和执行外国仲裁裁决公约》(简称《纽约公约》)。

第二次世界大战以后，世界经济贸易发展的势头更加迅猛，从而对国际商事仲裁方面的国际立法提出了更高的要求。前两个公约渐渐无法适应形势的需要，建立新的更为简便易行的国际法律制度势在必行。正是在这样的国际环境下，在1958年5月20日到6月10日，由来自世界五十四个国家的代表以及一个国际研究机构和常设仲裁机构的代表，在美国纽约召开的联合国国际商事仲裁会议上，讨论并通过了《纽约公约》。该公约吸取了前两个公约的基本内容，并有了实质性的重要发展，实际上已经取代了前两个公约，成为当今国际社会公认的关于承认和执行外国仲裁裁决的最全面、最主要的条约。中国于1986年12月2日正式加入这一公约，该公约于1987年4月22日起在中国生效。

2.《纽约公约》的重要内容

(1)缔约国承认仲裁协议的效力。如果缔约国的法院受理一个案件，而就该案件所涉及的事项，当事人已经达成公约所指的仲裁协议时，除非法院查明该项协议无效、未生效或不能实行，否则应依一方当事人的请求，令当事人将案件提交仲裁。

(2)缔约国应该相互承认仲裁裁决具有约束力，并依照执行地的程序规则予以执行。在承认或执行其他缔约国的仲裁裁决时，不应在实质上比承认或执行本国的仲裁裁决规定更烦琐的条件或更高昂的费用。

(3)申请承认和执行仲裁裁决的一方当事人，应该提供原裁决的正本或经过适当证明的副本，以及仲裁协议的正本或经过适当证明的副本，必要时应附具译本。

(4)凡外国仲裁裁决有下列情况之一者，被请求执行的国家的主管机关可依被执行人的请求，拒绝予以承认和执行：

①签订仲裁协议的当事人,根据对他们适用的法律,存在某种无行为能力的情况,或者根据仲裁协议所选定的准据法(或未选定准据法而依据裁决地法),证明该仲裁协议无效。

②被执行人未接到关于指派仲裁员或关于仲裁程序的适当通知,或者由于其他情况未能对案件进行申辩。

③裁决所处理的事项,非为交付仲裁事项,或者不包括在仲裁协议规定之内,或者超出仲裁协议范围以外。

④仲裁庭的组成或仲裁程序同当事人间的协议不符,或者当事人间没有这种协议时,同进行仲裁的国家的法律不符。

⑤裁决对当事人还没有拘束力,或者裁决已经由作出裁决的国家或据其法律作出裁决的国家的主管机关撤销或停止执行。

另一方面,如果被请求承认和执行仲裁裁决地所在国家的主管机关查明有下列情况之一者,也可以拒绝承认和执行:

①争执的事项,依照这个国家的法律,不可以仲裁方法解决者。

②承认和执行该项裁决将与这个国家的公共秩序抵触者。

《纽约公约》规定,执行仲裁裁决的程序规则依照被申请执行地国家的法律进行。

(5)公约的规定不影响缔约国参加的有关承认和执行仲裁裁决的多边或双边协定的效力,也不剥夺有关当事人在被请求承认或执行某一裁决的国家的法律或条约所许可的方式和范围内,可能具有的利用该仲裁裁决的任何权利。这就是所谓的更优惠条款。

(6)允许各缔约国在参加该公约时可以发表声明,提出若干保留条件,如声明在承认和执行外国仲裁裁决时,须以互惠为条件,即互惠保留,只承认和执行缔约国所作出的裁决,对非缔约国所作出的裁决可不按公约的规定办理;又如,可声明仅对根据本国法律属于商事关系所引起的争议适用该公约的规定,对于非商事争议的裁决则不在此限,即商事保留。

中国加入该公约时也作了这两项保留,即在互惠的基础上,对另一缔约国领土内作出的仲裁裁决适用于该公约,而对任何缔约国以外的其他国家作出的仲裁裁决,不能按公约的规定予以承认和执行;仅对按照中国法律属于契约性和非契约性商事法律关系所引起的争议适用该公约。

3.《纽约公约》的主要特点

(1)适用范围较宽。《纽约公约》适用于所有仲裁裁决,而不论其是否为商事裁决,但缔约国可做商事保留;适用于所有外国裁决或非内国裁决,而不论其为国际裁决或国内裁决;既适用于机构仲裁,又适用于临时仲裁。

(2)限制了传统仲裁法坚持的仲裁地法控制仲裁的观念。公约第一条关于"外国裁决"的定义,除承袭仲裁地标准外,还规定了准据法标准,即无论仲裁地,只要不被有关法院认为是内国裁决,则可视为是外国裁决。

同时,公约也以当事人意思自治来对抗仲裁地法的限制,如公约第5条第1款第4项规定,当事人关于仲裁庭的组成或仲裁程序所达成协议优先于仲裁地国的仲裁法。正因为如此,《纽约公约》之后的国际商事仲裁,渐渐名副其实。

(3)确立了倾向于执行仲裁裁决的国际政策。《纽约公约》的精髓在于支持执行仲裁裁决,极大地简化了执行的条件与理由。按照公约,没有提出拒绝申请或者不能证明存在拒绝执行的理由,裁决仍须得到执行;即使被执行人证明存在前述理由,法院还可行使自由裁量权决定执行裁决。

(4)确立了承认和执行外国裁决的最低国际标准。

(5)在缔约国之间确立了特殊的权利、义务平衡关系。《纽约公约》明文规定,缔约国只有适用本公约的义务,没有以本公约对抗其他缔约国的权利。

但是,因为受制于历史条件及国际条约本身的特点,《纽约公约》也存在显著的局限性。比如,《纽约公约》的条款十分简洁,但容易产生歧义。例如,第五条第一款第五项规定,裁决由"据其法律作出裁决的国家的管辖当局撤销或停止执行",此处的"法律"究竟是指仲裁程序法还是也指实体问题的准据法,实践中存在分歧。若采用后一观点,则可能危及仲裁裁决撤销制度的统一性,即一国仅因其实体法在仲裁中适用,就取得撤销裁决的管辖权,损害了一国不能撤销外国裁决的国际通行实践。

(二)中国有关承认和执行外国仲裁裁决的法律制度

中国有关承认和执行外国仲裁裁决的法律主要有《中华人民共和国民事诉讼法》和《中华人民共和国仲裁法》。此外,《纽约公约》已对中国生效。这样,以《纽约公约》为代表的国际法律规范和以《中华人民共和国民事诉讼法》和《中华人民共和国仲裁法》为代表的国内法律规范,构成了中国承认和执行国际商事仲裁裁决的法律制度。

1.中国涉外仲裁机构仲裁裁决在中国的执行

中国涉外仲裁机构作出的发生法律效力的仲裁裁决,如果败诉方当事人是中国公司或外国公司在中国境内有财产的,在其不能自动履行裁决确实的义务时,胜诉方当事人可以向被申请人住所地或财产所在地的中级人民法院申请强制执行。

《中华人民共和国仲裁法》第六十二条规定:"当事人应当履行裁决。一方当事人不履行的,另一方当事人可以依照民事诉讼法的有关规定向人民法院申请执行。受申请的人民法院应当执行。"这项规定既适用于国内仲裁,也适用于涉外仲裁。

另外,《中华人民共和国民事诉讼法》第二百七十三条规定:"经中华人民共和国涉外仲裁机构裁决的,当事人不得向人民法院起诉。一方当事人不履行仲裁裁决的,对方当事人可以向被申请人住所地或者财产所在地的中级人民法院申请执行。"

可见,上述规定的主要内容是:

(1)对于仲裁庭作出的裁决,当事人应当自动履行裁决。

(2)在一方当事人不愿自动履行裁决时,另一方当事人可以向有管辖权的法院申请强制执行仲裁裁决。强制执行仲裁裁决必须具备两个条件:一是败诉方当事人在规定的期限内未能履行裁决,二是必须由胜诉方当事人主动向有管辖权的法院提出强制执行申请。

法院通常不主动强制另一方当事人履行裁决。

(3)申请执行的当事人必须向有管辖权的法院申请。具体来说,有管辖权的法院是指被申请人住所地或财产所在地的中级人民法院。

中华人民共和国涉外仲裁机构作出的发生法律效力的仲裁裁决,当事人请求执行的,如果被执行人或者其财产不在中华人民共和国领域内的,应当由当事人直接向有管辖权的外国法院申请承认和执行。

2. 中国涉外仲裁机构仲裁裁决在中国不予执行的情形

《中华人民共和国民事诉讼法》第二百七十四条规定,对中华人民共和国涉外仲裁机构作出的裁决,被申请人提出证据证明仲裁裁决有下列情形之一的,经人民法院组成合议庭审查核实,裁定不予执行:

(1)当事人在合同中没有订有仲裁条款或者事后没有达成书面仲裁协议的;

(2)被申请人没有得到指定仲裁员或者进行仲裁程序的通知,或者由于其他不属于被申请人负责的原因未能陈述意见的;

(3)仲裁庭的组成或者仲裁的程序与仲裁规则不符的;

(4)裁决的事项不属于仲裁协议的范围或者仲裁机构无权仲裁的。

此外,人民法院认定执行该裁决违背社会公共利益的,裁定不予执行。裁定书应当送达双方当事人和仲裁机构。如果仲裁裁决被法院裁定不予执行的,当事人可以根据双方达成的书面仲裁协议重新申请仲裁,也可以向人民法院起诉。

3. 中国涉外仲裁机构仲裁裁决在外国的承认与执行

中国涉外仲裁机构作出的发生法律效力的仲裁裁决,如果败诉一方当事人是外国法人、其他组织或自然人,在境外有财产,而外方当事人又不予自动履行,胜诉方就需要到境外申请强制执行。这就涉及中国涉外仲裁机构仲裁裁决在外国的承认和执行的问题。作为中国处理涉外经贸争议的国际商事仲裁机构,中国国际经济贸易仲裁委员会已有多份裁决在美国、加拿大、日本、以色列、法国、新西兰、澳大利亚等国家和地区得到承认和执行。

若外国与中国都是《纽约公约》的缔约国,则外国承认和执行中国的涉外仲裁裁决应依据《纽约公约》规定的条件办理。在执行程序上各国依其国内法的规定不同而做法不一,但对裁决的审查都只限于《纽约公约》第五条规定的理由。

如果被申请执行人所属的国家不是《纽约公约》的成员国,且双方存在双边条约或协定,则根据双边条约或双边协定中订立的有关相互承认和执行仲裁裁决的内容进行。应当指出的是,如果中国与某一国家签订的双边贸易协定或者双边投资保护协议或者司法互助协定中有关裁决的承认和执行的条件比《纽约公约》规定的条件更为优惠,即使双方均是《纽约公约》的缔约国,裁决的承认和执行仍可以依据上述有关协定以更便利的方式执行。因为根据《纽约公约》第七条第一款的规定,该公约的规定并不影响缔约国间所订关于承认和执行裁决之多边或双边协定的效力,双边条约或协定具有优先适用的效力。

> **阅读资料**
>
> 中国已经同世界上 100 多个国家和地区订有双边贸易协定,在这些协定中,一般都含有关于通过仲裁方式解决贸易争议的规定,并且大多都约定缔约双方应设法保证由被申请执行仲裁裁决的国家主管当局根据适用的法律规定,承认并执行仲裁裁决。
>
> 在投资领域,中国也与 100 多个国家和地区订立了双边投资保护协定,在这些双边协定中,大多都规定了相互承认和执行仲裁裁决。因此,如果依据双边条约或协定,当事人之间指定了中国的涉外仲裁机构进行仲裁,那么该机构作出的裁决可以依条约和协定得到承认和执行。另外,中国还与许多国家签订了有关民商事司法互助的协定。在这些司法互助协定中也往往涉及相互承认和执行在对方境内作出的裁决问题。这些协定也可成为中国涉外仲裁裁决在有关国家得以承认和执行的依据。

对于在与中国没有条约关系的国家或地区申请承认和执行中国涉外仲裁机构作出的仲裁裁决,需要外国法院承认和执行的,按互惠原则办理。

还有一种情况,就是仲裁裁决要在与我国既无《纽约公约》成员国关系,又无司法协助,亦无互惠关系的国家内申请执行的,则应当通过外交途径,向对方国家的主管机关申请承认和执行。

4. 外国仲裁机构仲裁裁决在中国的承认与执行

承认和执行外国仲裁裁决的具体程序在不同国家有不同的做法,大体可分为三类:其一是将外国仲裁裁决作为外国法院判决对待,这是多数国家的做法;其二是将外国仲裁裁决作为合同之债对待,这是英美等国的做法;其三是将外国仲裁裁决作为内国仲裁裁决对待。

《中华人民共和国民事诉讼法》第二百八十三条规定,国外仲裁机构的裁决,需要中华人民共和国人民法院承认和执行的,应由当事人直接向被执行人住所地或者其财产所在地的中级人民法院申请,人民法院应当依照中华人民共和国缔结或者参加的国际条约,或者按照互惠原则办理。

这说明,外国与中国有条约关系的,仲裁裁决的相互承认与执行依条约进行。对于在与中国没有条约关系的国家的领土内作出的仲裁裁决,需要中国法院承认和执行的,按互惠原则办理。

依《纽约公约》申请中国法院承认及执行的外国仲裁机构仲裁裁决,仅限于《纽约公约》对中国生效后(自 1987 年 4 月 22 日起公约对中国生效)在另一缔约国领土内作出的外国仲裁机构仲裁裁决。

5. 我国内地与香港、澳门之间的仲裁裁决的承认与执行

长期以来,我国内地与香港在仲裁裁决执行问题上都是依照《纽约公约》规定的原则,均给予对方积极协助。内地作出的仲裁可以按照公约的规定,在香港法院得到承认和执行,反之亦然。从 1990 年到 1997 年 7 月 1 日,中国国际经济贸易仲裁委员会作出的裁决

中,有150多件在香港高等法院得到承认和执行。

然而,香港回归之后,由于《纽约公约》是一项国际协议,因此不再适用于内地与香港之间相互执行仲裁裁决。同时,也不能依据香港仲裁条例的规定将裁决书转化为简易判决书的方式来执行。这在一定程度上形成了一个法律真空,造成双方仲裁裁决在对方管辖范围内执行困难。针对这一问题,内地和香港多方努力,根据"一国两制"的原则进行协商,就两地相互执行仲裁裁决达成了一致意见。1999年6月21日,内地和香港签署了《关于内地与香港特别行政区相互执行仲裁裁决的安排》,从2000年4月1日起实施。这一安排是根据《纽约公约》的精神制定的,是自香港回归之后,内地与香港在司法协助领域签署的又一重要文件,是两地司法协助的重要组成部分,是一个主权国家内不同法律区域间的司法安排。

在内地和香港地区作出的仲裁裁决,一方当事人不履行的,另一方当事人可以向被申请人住所地或者财产所在地的有关法院申请执行。有关法院,在内地指被申请人住所地或者财产所在地的中级人民法院,在香港指高等法院。

在内地和澳门地区在仲裁裁决的承认与执行问题上,最高人民法院与澳门特别行政区基于《中华人民共和国澳门特别行政区基本法》进行协商,于2007年10月30日签署《关于内地与澳门特别行政区相互认可和执行仲裁裁决的安排》,成为双方互相认可和执行仲裁裁决的重要法律文件。

第三节　国际商事诉讼

一、国际商事诉讼概述

国际商事争议发生后,双方不能通过协商方式解决,且又不存在有效的仲裁协议,则任何一方当事人都可以向有管辖权的法院起诉,请求通过诉讼方式解决争议,这就是国际商事诉讼。

国际商事诉讼是指法院和其他诉讼参与人就国际商事争议依法进行的诉讼活动。但是,目前国际上没有专门受理国际商事纠纷的法院,没有统一的商事诉讼法,各国一般也没有专门处理商事纠纷的诉讼法,而是将商事纠纷纳入民事诉讼法的调整范围,所以当发生争议时须以诉讼方式解决的,都是由某一个国家具有管辖权的法院依照该国的国际民事诉讼法进行审理的。

尽管国际商事诉讼存在程序严格、烦琐,法官专业知识欠缺等不足,但它作为调解或和解与仲裁外的另一种补救手段仍然具有重要意义。其最大特点就是当事人将其争议诉诸有管辖权的法院后,法院会严格按照法律(合同准据法的相关规定)对争议进行审理,并作出裁判。

国际商事诉讼和国际商事仲裁都是解决国际商事争议的常用的有效方法,但二者有本质区别:

(1)就机构的性质而言,国际商事仲裁机构只具有民间团体的性质,而审理国际民商事纠纷的法院,则是国家司法机关。

(2)就管辖权来源而言,国际商事仲裁机构的管辖权完全来自双方当事人的合意,而法院审理国际民商事诉讼的管辖权则来自国家的强制力。

(3)就审理程序的公开性而言,国际商事仲裁程序一般都是不公开进行的,而法院审理国际民商事争议,除极少数涉及国家秘密或个人隐私的外,原则上是必须公开进行的。

(4)就当事人的自治性而言,国际商事仲裁中当事人的自治性大大超过国际民商事诉讼中当事人的自治性。

(5)就审级制度而言,国际商事仲裁裁决一般实行一裁终局制,而国际民事诉讼则一般实行二审终审制。

二、国际商事诉讼的基本原则

1. 国家主权原则

国家主权原则是国际商事诉讼的首要原则。在国际民商事诉讼中,国家主权原则表现为:

(1)任何一个主权国家有权通过立法的形式,对其领域内的所有诉讼活动和行为进行规定。

(2)任何一个主权国家,除国际法公认豁免外,有权对其领域内的一切人、物和行为行使司法管辖权。除国际条约另有规定外,外国当事人有义务接受所在国法院的这种司法管辖权。

(3)除国际条约另有规定外,一国法院有权依其法院地国的诉讼法律规定受理并审理有关案件,并且只使用该国通用的语言、文字。

(4)一国法院认为外国法院判决违反本国国家主权或公共秩序时,有权拒绝予以承认与执行。

2. 国民待遇原则

国民待遇,是指一个国家对外国人在某些方面给予与本国国民同等的待遇。在国际民商事诉讼中给予外国人以国民待遇,就使得外国人的诉讼权利与本国公民同等。诉讼权利的国民待遇原则现已经为众多国家所采用,并在一些国际条约中予以明确规定。

3. 平等互惠原则

平等互惠原则是指世界各国在进行国内立法或国际立法时,相互赋予对方或他国国民平等的权利。它是处理国与国之间关系的基本准则,也是世界各国进行国际商事诉讼审判应遵循的重要原则。在国际民商事诉讼法领域,它主要表现为平等原则和对等原则。

(1)平等原则,即国民待遇原则,就是国家在平等的基础上相互赋予对方国民以民事诉讼权利和诉讼义务。在同等的条件下相互适用对方的诉讼立法,相互给予司法上的协助。

(2)对等原则,即主权国家之间应以平等为基础,这种平等应当建立在对等的基础之上。若他国赋予本国国民以不平等的民事诉讼权利,不在相同或类似的条件下给予本国法院以司法协助,本国立法或司法机关就可施以对等的限制。

4. 尊重国际条约和国际惯例原则

尊重国际条约和国际惯例原则在国际民商事诉讼法领域表现为：

（1）国家的立法机关在制定国内诉讼法规范时，应考虑到本国所参加缔结或加入的国际条约的有关规定，应考虑到国际社会在有关方面的习惯法。

（2）国家的司法机关在审理有关的国际商事争议时，应该优先适用本国所参加的国际条约的有关规定，在没有明确的国际立法和国内立法规定的情况下，应该参照国际惯例对有关争议作出公正的处理。

三、国际商事诉讼中外国人的诉讼法律地位

外国当事人的诉讼地位是指外国当事人（包括自然人和法人）在某一国家境内享有什么样的诉讼权利，承担什么样的诉讼义务，以及具有什么样的诉讼权利能力和诉讼行为能力。在国际商事诉讼中，赋予外国人一定的诉讼法律地位，目的在于保护外国人的实体权利，保证国际经济交往的正常进行。

赋予外国人什么样的民商事诉讼法律地位，属于一国主权范围内的事，由该国的法律和有关的国际条约规定。从目前各国的实践来看，各国一般给予本国境内的外国人以有条件的国民待遇，即在承认本国境内的外国人在民商事诉讼方面与本国公民享有同样的权利，承担同样的义务的同时，又附加某种限制，如要求支付诉讼费用担保，或者这种国民待遇需要互惠或对等的基础上进行。诉讼费用担保，通常是指外国人或在内国未设有住所的人在内国法院提起民事诉讼时，应被告的请求或依内国法律的规定，为防止其滥用诉讼权利，或防止其败诉后不支付诉讼费用，而由内国法院责令原告提供的担保。这种担保制度中的诉讼费用仅是指除了案件受理费以外的为进行诉讼所必需而应由当事人负担的实际开支。目前多数国家仍对未在国内设立住所或在国内没有财产的原告要求提供此种担保。对于诉讼费用担保问题，中国经历了从要求外国人提供担保到实行在互惠前提下互免担保的变迁过程。

例如，《法国民法典》第十一条规定："外国人，如其本国与法国订有条约允许法国人在其国内享有某些民事权利者，在法国也得享有同样的权利。"又如，《中华人民共和国民事诉讼法》第五条规定："外国人、无国籍人、外国企业和组织在人民法院起诉、应诉，同中华人民共和国公民、法人和其他组织有同等的诉讼权利义务。外国法院对中华人民共和国公民、法人和其他组织的民事诉讼权利加以限制的，中华人民共和国人民法院对该国公民、企业和组织的民事诉讼权利，实行对等原则。"

关于外国人的民事诉讼权利能力问题，从原则上说，外国人的民事诉讼权利能力通常是要由他们的属人法来决定的。即使内国从法律上对外国人的实体民事权利加以某些限制，但这些限制并不必然同时要及于外国人的民事诉讼权利能力。现在已有越来越多的国际条约，明确约定相互对缔约他方的公民和法人等的民事诉讼地位给予国民待遇。

通常，各国在规定外国人的民事诉讼行为能力也适用其属人法的同时，往往还进行补充规定，即如果根据法院地法，有关的外国人有民事诉讼行为能力，则不问其属人法规定如何，就认为外国人有民事诉讼行为能力。

四、国际商事诉讼管辖权

(一) 国际商事诉讼管辖权的含义及意义

国际商事诉讼管辖权是指一国法院有受理、审判具有国际因素或涉外因素的商事案件的权限和资格,是一国法院受理国际商事纠纷案件的权限范围和法律依据。它要解决的是某一特定的国际商事案件究竟是哪个国家的法院具有管辖权的问题。它所涉及的主要问题是,法院应根据什么原则或标志,来确定它是否有权审理某一国际商事诉讼案件。确定国际民商事诉讼管辖权的法律依据有:(1)依有关的国际条约规定,一国法院有权受理某一国际商事诉讼案件;(2)依照国内法的规定,某一类国际商事诉讼案件必须或可以由国内法院管辖;(3)双方当事人协议选择的法院。因为大多数国家的立法都规定,在国际商事纠纷中,允许双方当事人选择管辖法院。在一般情况下,被选择的法院会受理当事人的诉讼,行使司法管辖权。

在国际民商事诉讼中,管辖权的确定有着十分重要的意义。首先,正确解决国际民商事管辖权,关系到维护国家的主权,管辖权是国家主权在涉外民商事司法程序中的必然延伸和表现。因此,每一个主权国家都在立法中规定,凡与本国有某种联系的国际商事纠纷案件,都可以行使管辖权。其次,正确解决国际民商事管辖权,既关系到本国公民、法人乃至国家的民事权益能否得到及时、有效的保护,又关系到国家之间民商事交流能否正常发展。再次,正确解决国际民商事管辖权是受理国际民商事诉讼程序的前提,只有确定了管辖权之后,其他诉讼程序才能开始启动。另外,管辖权的确定直接关系到审理案件的结局,因为不同国家的法院审理案件,往往会适用本国的法律,因而不同国家的法院可能会对同一案件作出不同的判决。最后,正确解决国际民商事管辖权,不但有利于诉讼当事人双方进行诉讼活动和法院的审判活动,而且有利于判决的域外承认与执行,推进民商事领域的国际司法合作与协助。

(二) 确定国际商事诉讼管辖权的原则

确定涉外民商事诉讼管辖的原则要考虑到维护国家主权、以减少冲突为目的的管辖权国际协调、便利管辖法院审理和当事人意思自治等因素。

1. 属地管辖原则

属地管辖原则又称领土管辖原则,是指一国对其领土范围内的一切人、物、法律行为都具有管辖权,但享有司法豁免权者除外。属地管辖原则主张以案件的事实和当事人双方与有关国家地域联系作为确定法院涉外司法管辖权的标准,强调一国法院基于领土主权享有管辖权。

诉讼中的案件事实和双方当事人与法院国的地域上的联系包括:当事人的住所、诉讼标的所在地、被告财产所在地等作为对法院管辖权具有决定意义的连接点。也就是说,上述要素中有一个要素存在于该国境内或发生于该国境内,该国就可以主张对该案件的管辖权。美国、德国、奥地利和北欧国家都是以此作为确定涉外民事管辖权的基本原则。

《中华人民共和国民事诉讼法》确认了属地管辖原则,第二百六十五条规定,因合同纠纷或者其他财产权益纠纷,对在中华人民共和国领域内没有住所的被告提起的诉讼,如果合同在中华人民共和国领域内签订或者履行,或者诉讼标的物在中华人民共和国领域内,或者被告在中华人民共和国领域内有可供扣押的财产,或者被告在中华人民共和国领域内设有代表机构,可以由合同签订地、合同履行地、诉讼标的物所在地、可供扣押财产所在地、侵权行为地或者代表机构住所地人民法院管辖。

2. 属人管辖原则

属人管辖原则,是以当事人的国籍为案件与法院的关系因素来确定管辖权。它主张以当事人双方与有关国家的法律联系作为确定法院涉外司法管辖权的标准,强调一国法院对本国国民有管辖权限。

在法国和意大利等大陆法系国家,当事人国籍对法院管辖权有决定作用。如法国法律规定,在涉及合同债务的案件中,如果原告和被告是法国国民,由法国法院管辖;但是如果当事人双方都是外国人,则一般都排除法国法院的管辖权。意大利法律规定,外国人相互之间的诉讼,原则上并不排除意大利法院的管辖权。

3. 专属管辖原则

专属管辖原则是一国主张它的法院对某些国际民商事案件有独占的和排他性的管辖权,任何个人、组织或其他国家不能任意剥夺该国对这类案件所享有的管辖权。该原则主张一国法院对与其本国利益有密切联系的特定涉外民商事案件具有管辖权,排除其他国家对该涉外案件的管辖权。各国一般都把不动产、家庭、婚姻、继承等案件列入专属管辖的范围。《中华人民共和国民事诉讼法》第二百六十六条规定,因在中华人民共和国履行中外合资经营企业合同、中外合作经营企业合同、中外合作勘探开发自然资源合同发生纠纷提起的诉讼,由中华人民共和国人民法院管辖。这是对特定的涉外民事案件行使专属管辖权,是维护国家主权原则的突出表现。

4. 协议管辖原则

协议管辖原则又称合意原则,是指允许当事人合意选择确定内国或者外国的管辖法院,将他们之间的争议交由其所选择的法院管辖。该原则是当事人意思自治原则在涉外民事诉讼中的具体体现。协议管辖原则是目前国际民商事诉讼中普遍采用的一项原则。

5. 有效控制管辖权原则

这是被英美法系国家确认的管辖权原则。英美法系国家一般将诉讼分为对人诉讼和对物诉讼。对人诉讼指仅能对特定的债务人提起,以保护特定债权人的诉讼;对物诉讼是指可对任何侵害人提起,以保护物权和身份权的诉讼。英美法国家的法院根据"有效控制原则"分别确定对这两类诉讼是否具有管辖权。在对人诉讼中,只要被告在送达传票时处于本国境内,有关传票能有效送达该被告,本国法院就对此案件具有管辖权;在对物诉讼中,只要有关财产处于本国境内,或有关被告的住所处于本国境内,本国法院就对该案件具有管辖权。

(三)中国法律关于国际商事诉讼管辖权的规定

凡是国际民商事案件中的被告住所地在中国境内,被告住所地的中国法院就有管辖权。如果被告的住所地同其经常居住地不一致,只要其经常居住地在中国境内,由其经常居住地的中国法院管辖。凡是被告在中国境内有住所、营业所或设有常驻代表机构的,或者被告在中国境内有非争议财产的,中国法院均可管辖,以上适用的是属地管辖原则。

《中华人民共和国民事诉讼法》第二百六十五条规定:"因合同纠纷或者其他财产权益纠纷,对在中华人民共和国领域内没有住所的被告提起的诉讼,如果合同在中华人民共和国领域内签订或者履行,或者诉讼标的物在中华人民共和国领域内,或者被告在中华人民共和国领域内有可供扣押的财产,或者被告在中华人民共和国领域内设有代表机构,可以由合同签订地、合同履行地、诉讼标的物所在地、可供扣押财产所在地、侵权行为地或者代表机构住所地人民法院管辖。"

《中华人民共和国民事诉讼法》第二十三至三十二条还就特别管辖进行了详细的规定:

(1)因合同纠纷提起的诉讼,由被告住所地或者合同履行地人民法院管辖。

(2)因保险合同纠纷提起的诉讼,由被告住所地或者保险标的物所在地人民法院管辖。

(3)因票据纠纷提起的诉讼,由票据支付地或者被告住所地人民法院管辖。

(4)因公司设立、确认股东资格、分配利润、解散等纠纷提起的诉讼,由公司住所地人民法院管辖。

(5)因铁路、公路、水上、航空运输和联合运输合同纠纷提起的诉讼,由运输始发地、目的地或者被告住所地人民法院管辖。

(6)因侵权行为提起的诉讼,由侵权行为地或者被告住所地人民法院管辖。

(7)因铁路、公路、水上和航空事故请求损害赔偿提起的诉讼,由事故发生地或者车辆、船舶最先到达地、航空器最先降落地或者被告住所地人民法院管辖。

(8)因船舶碰撞或者其他海事损害事故请求损害赔偿提起的诉讼,由碰撞发生地、碰撞船舶最先到达地、加害船舶被扣留地或者被告住所地人民法院管辖。

(9)因海难救助费用提起的诉讼,由救助地或者被救助船舶最先到达地人民法院管辖。

(10)因共同海损提起的诉讼,由船舶最先到达地、共同海损理算地或者航程终止地的人民法院管辖。

《中华人民共和国民事诉讼法》第二百六十六条规定,属于我国人民法院专属管辖的涉外民事案件有:

(1)在我国履行的中外合资经营企业合同纠纷。

(2)在我国履行的中外合作经营企业合同纠纷。

(3)在我国履行的中外合作勘探开发自然资源合同纠纷。

此外,根据国际私法的理论和实践,以及《中华人民共和国民事诉讼法》第三十三条规定,下列情形发生的案件,也应当专属人民法院管辖:其一,因不动产纠纷提起的诉讼,由不动产所在地人民法院管辖;其二,因港口作业中发生纠纷提起的诉讼,由港口所在地人民法院管辖;其三,因继承遗产纠纷提起的诉讼,由被继承人死亡时住所地或者主要遗产所在地人民法院管辖。

五、国际司法协助

国际司法协助,一般是指一国法院或其他主管机关,根据另一国法院或其他主管机关或有关当事人的请求,代为或协助执行与诉讼有关的某些司法行为。国际司法协助实质上是一国法院协助外国法院在本国领域内实施具有主权性质的司法行为。因此,国际社会一般认为,存在条约或互惠关系是进行国际司法协助的依据或前提。国际司法协助有助于促进涉外民商事诉讼活动的顺利进行,并使法院的判决和仲裁裁决得到承认和执行。

对通过司法协助行为适用的准据法,各国国内法和司法协助条约多规定为被请求国法律。在司法协助中,如果请求国提出的进行司法协助的事项跟被请求国的公共秩序相抵触,被请求国有权拒绝提供司法协助。依据《中华人民共和国民事诉讼法》第二百七十六条规定,"根据中华人民共和国缔结或者参加的国际条约,或者按照互惠原则,人民法院和外国法院可以相互请求,代为送达文书、调查取证以及进行其他诉讼行为。外国法院请求协助的事项有损于中华人民共和国的主权、安全或者社会公共利益的,人民法院不予执行。"

1. 司法文书的送达

司法文书的域外送达指法院在诉讼过程中,按法律规定将有关诉讼文书送交当事人或者其他诉讼参加人的一种诉讼行为。根据各国国内立法和有关国际条约的规定,国际司法文书的送达主要通过以下途径来进行:

(1)外交途径,即由一国法院将需要越境送达的司法文书交给本国外交部,由本国外交部通过外交途径送到被送达国家的外交机关,再由该国外交机关转交给该国法院,由法院送达相关当事人。在没有条约关系的情况下,各国一般采用这种方式进行送达。

(2)领事途径,即由一国法院将需要越境送达的司法文书交给本国驻被请求国的领事,由领事代为送达。

(3)法院途径,即由一国法院将需要越境送达的司法文书交给被请求国法院。采用此种途径必须以国际条约为基础。

(4)通过指定的中央机关送达,即由一国法院根据内国法律和国际条约的有关规定将需要送达的文书交给本国司法机关,再由本国司法机关将文书通过一定的途径委托被请求国指定的中央机关代为送达。这种送达方法是通过国际司法协助的途径来进行送达,它必须按照双方共同缔结或参加的双边或多边条约的规定,通过缔约国的中央机关来进行。

中华人民共和国司法部为中央机关和有权接收外国通过领事途径转递的文书的机关。但中国跟外国缔结的双边司法协助条约指定何者为中央机关有以下三种情形:①指定司法部为中国的中央机关;②同时指定司法部和最高人民法院为中国方面的中央机关;③同时指定司法部和最高人民检察院为中国方面的中央机关。

(5)个人送达,即一国法院将需送达的司法文书委托给具有一定身份的个人代为送达。这种个人可能是相关当事人的诉讼代理人,也可能是当事人选定的或与当事人关系密切的人。这种方式一般为英美法系国家所承认和采用。

(6)邮局送达,即一国法院将需送达的司法文书通过邮局,直接邮寄给国外的诉讼当事人或其他诉讼参与人。许多国家法律允许通过这种方式对外送达有关司法文书,但前提条件是受送达人所在国家法律允许。

(7)公告送达,即将需送达的文书的内容以张贴公告、登报或广播的方法告知有关当事人或其他诉讼参与人,自公告之日起经过一定的时间即视为送达。此种方法通常是在受送达人地址不明确或采取前述六种方法都不能实现时才被采用。

《中华人民共和国民事诉讼法》第二百六十七条规定,人民法院对在中华人民共和国领域内没有住所的当事人送达诉讼文书,可以采用下列方式:

①依照受送达人所在国与中华人民共和国缔结或者共同参加的国际条约中规定的方式送达;

②通过外交途径送达;

③对具有中华人民共和国国籍的受送达人,可以委托中华人民共和国驻受送达人所在国的使领馆代为送达;

④向受送达人委托的有权代其接受送达的诉讼代理人送达;

⑤向受送达人在中华人民共和国领域内设立的代表机构或者有权接受送达的分支机构、业务代办人送达;

⑥受送达人所在国的法律允许邮寄送达的,可以邮寄送达,自邮寄之日起满三个月,送达回证没有退回,但根据各种情况足以认定已经送达的,期间届满之日视为送达;

⑦采用传真、电子邮件等能够确认受送达人收悉的方式送达;

⑧不能用上述方式送达的,公告送达,自公告之日起满三个月,即视为送达。

另外,内地法院和香港特别行政区法院委托送达司法文书的,均须通过各高级人民法院和香港特别行政区高等法院进行。

2. 代为调查取证

进行证据的调查取证作为行使国家司法主权的一种表现,具有严格的属地性。一国的法院若未经他国的同意,是不能到他国境内进行调查取证的。在国际商事诉讼程序中,不同国家的法院间也是通过互相委托代为调查取证的,如收集书证、物证、代为询问证人以及代为鉴定和勘验等。

但是,由于各国法律的差异,关于调查取证的范围、取证的方式等取证制度,在各国诉讼法中有所不同,有的甚至存在严重的抵触。如按英美法系国家的诉讼理论和实践,在审理案件前调查必要的证据,不属法官和司法机关的职权范围,而是由当事人及其律师进行,法官仅在审理案件时对双方当事人提出的证据作出法律上的判断。对于国外取证,只要有关的人自愿提供证据,且未施加强制措施,这种纯属私人性质的取证,国家并不介入和干预。大陆法系国家则认为,调查取证专属法官和司法机关的职权,所以取证属公法性质,属国家司法行为,必须由官方机关或经法律授权的个人进行。因此,有关国际条约和双边司法协助条约或协定通常都不作明确规定调查取证的范围等内容。

代为调查取证的一国法院依照本国法律进行调查取证,必要时可以实施本国法律规定的适当强制措施。双方代为调查取证都不收取费用,但是有关鉴定人、翻译人员的报酬,应当由请求方负担。代为调查取证的途径有:

(1)领事取证。一国法院通过该国的领事或外交人员在其驻在国直接调取证据。有两种情形:一是对本国公民取证,二是对驻在国公民或第三国公民取证。中国规定领事取证的对象仅限于领事所属国公民,而不允许外国领事在中国境内向中国公民或第三国公民取证,并且不得采取强制措施。

(2)请求书方式。在传统的国际司法协助中,最主要的取证方式是请求书方式,是大多数国家普遍采用的一种域外取证方式。取证请求书是一国法院向另一国法院发出的正式请求,请求对方协助进行取证。作为一种间接取证方式,请求书取证不会损害外国的国家主权,因为外国国家有权决定是否提供协助,而且在该外国进行的取证过程通常也是在该国法官主持下进行的。因而,请求书取证方式得到了各国的认可。

(3)特派员取证。

(4)当事人或诉讼代理人自行取证。

在中国,关于域外取证的法律规范,其一是规定在国内法中,其二是规定在中国跟外国缔结的双边司法协助条约中,其三是1998年对中国生效的1970年海牙《关于从国外调取民事或商事证据的公约》。

《中华人民共和国民事诉讼法》第二百七十七条规定了协助途径:"请求和提供司法协助,应当依照中华人民共和国缔结或者参加的国际条约所规定的途径进行;没有条约关系的,通过外交途径进行。外国驻中华人民共和国的使领馆可以向该国公民送达文书和调查取证,但不得违反中华人民共和国的法律,并不得采取强制措施。除前款规定的情况外,未经中华人民共和国主管机关准许,任何外国机关或者个人不得在中华人民共和国领域内送达文书、调查取证。"

六、承认与执行外国法院的判决

(一)承认与执行外国法院的判决的含义

一国法院的判决是该国司法机关代表国家行使司法权的表现,所以在原则上一国法院作出的判决只能在该国领域内发生效力,而没有域外的法律效力。要使一国法院的判决在国外发生效力并得以执行,就必须得到他国法院的承认,然后由他国法院赋予其与本国法院判决同等的法律效力,从而能保证可以依据他国法律对不愿履行判决的当事人予以强制执行。

承认与执行外国法院的判决,是指一国法院根据其本国立法或有关的国际条约,承认有关外国法院的民商事判决在本国的域外效力,并在必要时依法予以强制执行。承认与执行外国法院判决的法律依据,各国实践普遍是根据国际条约或互惠原则,委托或协助他国法院加以执行。

承认外国法院的判决与执行外国法院的判决既有联系又有区别:承认外国法院的判决是一国法院对某一国际商事争议案件作出判决后,另一国法院承认该判决的效力并允许当事人自觉执行。这意味着外国法院的判决取得了与内国法院判决同等的法律效力。而执行外国法院判决,则指当事人如果不自愿执行判决,由承认判决的法院强制执行,其法律后果是使外国法院判决中具有财产内容的部分得到实现。可见,承认外国法院的判决是执行外国法院的判决的先决条件,执行外国法院的判决是承认外国法院的判决的结果。但承认外国法院的判决也并非一定导致强制执行判决。对某些判决而言,承认其效力就足够了,而且通常执行外国法院的判决需要更多、更严格的条件。

(二)承认与执行外国法院的判决的一般条件

由于各国司法制度不尽相同,外国法院作出的判决毕竟不同于本国法院作出的判决,因此各国对于外国法院的判决的承认和执行都附有一定的条件。

(1)请求承认与执行的必须是民商事判决。

(2)作出判决的外国法院必须对案件具有合法的管辖权。

(3)外国法院判决已经生效或具有执行力。

(4)外国法院进行的诉讼程序是公正的。

(5)外国法院判决必须合法取得。

(6)不存在"诉讼竞合",即外国法院判决不与本国法院就同一当事人之间的同一争议所做的判决,以及本国法院已经承认的第三国法院就同一当事人之间的同一争议所做的判决相冲突。

(7)承认与执行外国法院的判决不违背内国公共秩序。

(8)外国法院判决所适用的法律符合被请求国家的冲突法规定。

(9)有关国家之间存在互惠原则。

(三)承认与执行外国法院的判决的程序

由于各国司法制度不同,各国法院在承认与执行外国法院判决的程序方面也有所不同,大致可以分为如下几种:

1.执行令程序制度

这一程序制度由德国首创,以法国、德国和俄罗斯为代表的大陆法系国家一般都采用此种程序制度。该程序制度是指一内国法院受理了当事人或其他利害关系人提出的承认与执行某一外国法院判决的请求以后,先对该外国法院判决进行审查,如果符合内国法所规定的有关条件,即由该内国法院发给执行令,从而赋予该外国法院判决与内国法院判决同等的效力,并按照执行本国法院判决的同样程序予以执行。在实行这一制度的国家中,大部分都只对外国法院判决进行形式上的审查,即只审查有无应予拒绝承认和执行的情形。但也有一些国家不仅要求形式审查,还要求对外国判决进行实质性审查,在法律适用和案件实施裁决两方面进行审查。

2.登记程序和重新审理程序制度

以英、美为代表的普通法系国家一般采用此程序制度。英国相关法律规定,外国法院判决中胜诉的一方,可在作出判决后六年以内将该判决向英国伦敦高等法院登记。经英国法院审查,符合英国规定的条件的,即具有同英国法院判决的同等效力,并由英国相关法院予以强制执行。美国在承认和执行外国法院判决的程序上,也效仿了英国的做法。

(四)中国关于承认与执行外国法院判决的法律制度

根据《中华人民共和国民事诉讼法》第二百八十至二百八十二条的规定,可以看出我国对于承认与执行外国法院判决采用的是经过形式审查后发执行令的程序制度。

其中,第二百八十条规定:"人民法院作出的发生法律效力的判决、裁定,如果被执行人或者其财产不在中华人民共和国领域内,当事人请求执行的,可以由当事人直接向有管辖权的外国法院申请承认和执行,也可以由人民法院依照中华人民共和国缔结或者参加的国际条约的规定,或者按照互惠原则,请求外国法院承认和执行。"

第二百八十一条规定:"外国法院作出的发生法律效力的判决、裁定,需要中华人民共和国人民法院承认和执行的,可以由当事人直接向中华人民共和国有管辖权的中级人民法院申请承认和执行,也可以由外国法院依照该国与中华人民共和国缔结或者参加的国际条约的规定,或者按照互惠原则,请求人民法院承认和执行。"

第二百八十二条规定:"人民法院对申请或请求承认和执行的外国法院作出的发生法律效力的判决、裁定,依照中华人民共和国缔结或者参加的国际条约,或按照互惠原则进行审查后,认为不违反中华人民共和国法律的基本原则或者国家主权、安全、社会公共利益的,裁定承认其效力,需要执行的,发出执行令,依照本法的有关规定执行。违反中华人民共和国法律的基本原则或者国家主权、安全、社会公共利益的,不予承认和执行。"

依中国法律和对外缔结的双边司法协助条约或协定的规定,申请承认与执行外国法院判决,除请求书外,还应提供:第一,经法院证明无误的判决副本,如果副本中没有明确指出判决已生效和可以执行,还应附有法院为此出具的证明书;第二,证明未出庭的当事人已经合法传唤或在其没有诉讼行为能力时已得到适当代理的证明书;第三,请求书和上述第一项、第二项所指文件的经证明无误的被请求方文字或双方认可的第三国文字的译本。

练习与实践

一、名词解释

协商 调解 仲裁 国际商事仲裁 仲裁协议 国际商事诉讼

二、思考题

1. 国际商事仲裁具有哪些特点使其成为国际商事争议解决中最常用的方式?
2. 仲裁协议的内容应包括哪些方面?
3. 简述《纽约公约》规定的拒绝承认和执行仲裁裁决的情形以及中国有关承认和执行外国仲裁裁决的法律规定。
4. 简述国际商事诉讼中司法文书送达的方式。
5. 国际商事诉讼与国际商事仲裁有哪些区别?

三、判断题

1. 协商与调解方式需要当事人自愿同意方可进行,但商事仲裁与商事诉讼则不需要。　　　　　　　　　　　　　　　　　　　　　　　　　(　　)
2. 国际商事仲裁机构对争议案件的管辖权来源于仲裁规则。　　(　　)
3. 《纽约公约》规定缔约国不得参加其他有关承认和执行仲裁裁决的多边或双边协定。　　　　　　　　　　　　　　　　　　　　　　　　(　　)
4. 若一方当事人不按照仲裁机构作出的裁决履行义务,另一方当事人可以向仲裁机构申请强制执行。　　　　　　　　　　　　　　　　　　　(　　)
5. 一国法院作出的生效判决在其他国家当然有效。　　　　　　(　　)
6. 对已经进行了部分裁决的事项,终局裁决中不再进行裁决。　(　　)

四、选择题

1. 我国加入1958年《纽约公约》时,作出了（　　）保留。
   A. 没有作出保留
   B. 仅适用于缔约国间作出的裁决
   C. 只适用与商事法律关系所引起的正义的裁决
   D. B与C两项保留

2. 国际商事诉讼中司法管辖权的确定原则有（　　）。
   A. 属地管辖原则　　B. 属人管辖原则　　C. 专属管辖原则　　D. 协议管辖原则

3. 仲裁协议的法律效力表现在（　　）。
   A. 对当事人的效力
   B. 对仲裁机构的效力
   C. 对检察院的效力
   D. 对法院的效力

4. 根据《中国国际经济贸易仲裁委员会仲裁规则》,在国际商事仲裁中适用简易程序的条件有（　　）。
   A. 争议金额不超过人民币500万元
   B. 争议金额超过人民币500万元,经一方当事人书面申请并征得另一方当事人书面同意
   C. 争议金额不超过人民币50万元
   D. 双方当事人约定适用简易程序的

五、案例分析

中国A远洋运输公司与美国B公司签订了租船合同,约定由A公司将其所有的一艘轮船租给B公司使用。租船合同中订有仲裁条款,约定若发生纠纷则由英国某仲裁机构在英国伦敦进行仲裁,适用英国法律。

合同订立后,A公司依约将轮船交给了B公司使用,但B公司却未依合同规定按期支付租金。A公司遂根据合同中的仲裁条款提请仲裁。仲裁庭经审理后作出裁决,要求B公司向A公司偿付租金及其利息和A公司因仲裁而支出的费用。

仲裁裁决作出后,B公司未自动履行偿付义务。后来,A公司了解到美国B公司在中国有可供执行的财产,A公司便向中国某法院提出执行申请,请求该法院承认和执行仲裁裁决。

问题：
(1) 法院是否会受理A公司的执行申请?为什么?
(2) 申请仲裁裁决执行的期限有多长?

参 考 文 献

[1] 沈四宝.中国涉外经贸法.北京:首都经济贸易大学出版社,2009
[2] 屈广清.国际商法.大连:东北财经大学出版社,2018
[3] 何长松.国际商法学.长沙:国防科技大学出版社,2005
[4] 吴兴光,朱兆敏.国际商法.北京:中国商务出版社,2005
[5] 黄瑞.新编经济法教程.北京:清华大学出版社,2006
[6] 史学瀛,乔达.国际商法.北京:清华大学出版社,2015
[7] 汤淑梅.国际经济法案例分析.北京:人民大学出版社,2001
[8] 沈四宝,刘刚仿.国际商法.北京:人民大学出版社,2015
[9] 金光晨.国际商法.北京:人民大学出版社,2004
[10] 冯大同.国际贸易法.北京:北京大学出版社,2004
[11] 刘一展.国际商法.北京:人民邮电出版社,2011